全新譯校 風雲思潮

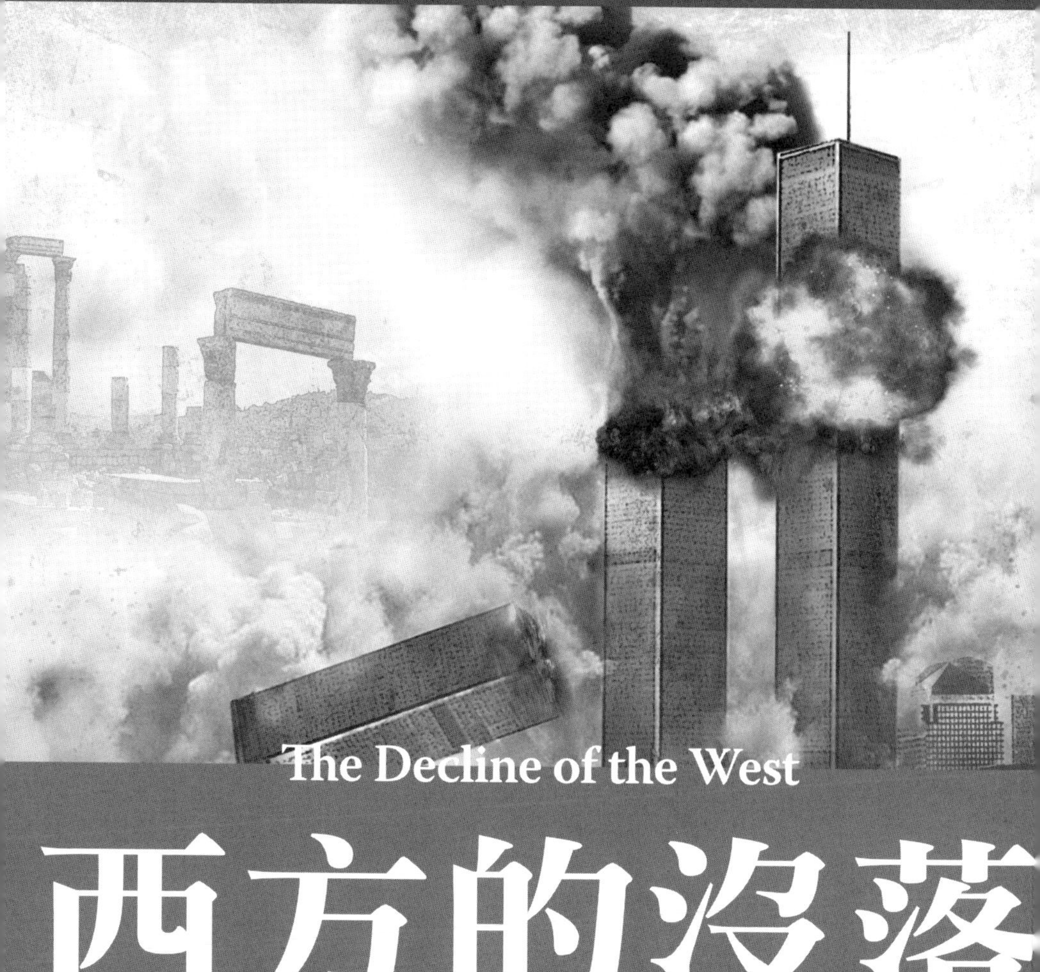

The Decline of the West

西方的沒落

【上】形式與實際

〔德〕史賓格勒 Oswald Spengler 著　陳曉林 譯

獻詩

如果相同的事物，在無限的時空中，周而復始的川流不息，
像成千上萬的拱柱，彼此緊密交錯，生生不息。
則不論大小星辰，萬事萬物，皆能充滿生機，妙合逸趣，
洋溢出生命的歡欣。
而一切掙扎，一切奮鬥，一切吶喊，在上帝眼中，
卻是永恆的安寧而已。

——歌德

西方的沒落（上）

目錄

開拓萬古之心胸
——史賓格勒與「西方的沒落」

一、危機的時代

曠觀人類的文化，二十世紀實在是一個危機重重的時代。曾經輝煌一時的古老文明，如埃及、印度、巴比倫、希臘，固然早已神魂俱逝，面目全非，只剩下一些斷垣殘壁和往事陳述，徒供世人登臨憑弔，臨風殞涕而已；五千年來承傳不絕的中華文化，自十九世紀起，也在雨暴風狂的西方勢力猛撲之下，搖搖欲墜，迄今仍在生死線上，艱難掙扎，而中華兒女，飄零異域，文化血脈，若斷若續的慘況，也早已是不爭的事實。可是，赫赫不可一世的西方文化，在十九世紀，固然聲教四訖，昂揚直上，進入了二十世紀，卻也呈露了不少致命的危機。如今，儘管太空人已經登陸了月球，儘管試管中可能創造出生命，儘管電腦的發展，已足夠當得上「第二次工業革命」之稱，然而，這絲毫掩蓋不了西方文化本身所面臨的陰影與危機。

從現實的層面來看，則西方科技的擴展，漫無節制，已經破壞了生態的平衡、污染了人類的環境、拉遠了貧富的差距，社會問題，紛至沓來，政治鬥爭，無時或息，經濟風濤，日趨嚴重，而在兩大強權的爭霸之戰中，核子武器很可能在一夕之間，把整個星球夷為平地，更是人所共知的事實。

從心靈的層面來看，則典型的西方人，如今在現實生活的浸淫與商業心態的驅策下，心靈方面的空虛、分裂與迷惘，已經到了彰明較著、形之於外的地步。西方人目前對金錢、暴力、與性的空前膜拜，無非是心靈墮落反應於現實世界的一種拓影；而不久前美國青年紛紛唾棄社會、離群索居，以「嬉皮」、「耶皮」的面目出現，一方面固是對社會制度與現前文化的極端不滿，另一方面也可以說是由於心靈空虛、理想無依，想要探索一種新的精神上的價值準據，以為安身立命的基礎。

其實，從第一次世界大戰前後，文藝界的表現中，已可十足看出西方人心靈的漂泊與虛無之感，因為，比較起一般人來，文學家與藝術家，無論在感受上與表達上，都是遠為敏銳的一群。到了第二次大戰以後，這種漂泊與虛無的徵象，更是呼之欲出。繪畫上的「立體主義」與「野獸主義」，把空間拉平到平面之上，再把平面寸寸割裂，似乎正透示了靈魂的撕裂與不安；音樂上從爵士搖滾到「普普音樂」（POP music），表面上喧囂擾攘，震耳欲聾，其實卻已乖離傳統音樂的精神，在強顏歡笑之中，透示了現代人的不滿與煩悶，其情淒而悲，其音哀以思；至於文學，從「達達主義」、「超現實主義」以降，無一不是抒寫了西方人心靈的苦悶與無奈，卡夫卡（Kafka）的「蛻變」、「審判」、喬艾斯（J.Joyce）的「尤里西斯（Ulysses）、福克納（Faulkner）的「聲音與憤怒」（The Sound and The Fury）、卡繆（Camus）的「異鄉人（The Stranger）等，都是活生生的例子，艾略特（T.S.Eliot）的一首名詩：「空洞的人」（The Hollow Man），把西方人靈魂的僵化與心靈的空虛，表述得淋漓盡致——

「我們是空洞的人，
我們是填塞的人，
大家倚靠在一起，
腦袋裏盡是草包填塞不已。
只有輪廓而無形體，只有影子而無色彩，

癱瘓了的力量，毫無動作的手勢……

失落了淬厲的靈魂，只是一些

空洞的人，填塞的人……」

從學術的層面來看，則問題更為嚴重，且不提因資本主義經濟學與共產主義經濟學的頡頏，所造成的意識型態之分裂，即純就西方學術的主幹——科學而言，在二十世的初期，也從理論的基礎上，發生了根本的動搖。物理學與數學，一直是自然科學的主導學科，到十九世紀為止，幾乎整個的西方科學、哲學、與形上學，都已植基於此，而牛頓物理學的體系，到十九世紀也似乎已經窮究天人、完美無缺，數學上的前衛發展，更是一日千里，駭人聽聞。

可是不旋踵間，先是集合論裏發現了所謂「詭論」（Paradox），也就是說：在理論數學上，從顯然簡單清晰的預設出發，用絕對正確的推論方法，卻會得到矛盾的結果，這就從根搖撼了數學的基磐，雖然，經過不少數理名家在數理邏輯方面的努力，已暫時補塞了這一漏洞，並且還引發了本世紀著名的鉅構：羅素與懷德海合著的「數學原理」（Principia Mathematica），以及維也納學圈後來風行一時的「邏輯實徵論」（Logical Positivism）的學說，但並不能證明，從此數學的基礎不會再出紕漏。

相反的，在一九二九年，數學家史谷倫（Skolem）發表了一項定理，說明：就連數學上的基本數系，都無法絕對加以「公理化」（Aximotized），過了兩年，另一數學家戈德爾（Gödel）更證明：人類所建立的每一數學體系，都註定是不完整的，數學裏面有本身無法解決的難題，因此絕對不可能建構出任何絕對完美的體系。這樣一來，任何想以數學作為一切自然科學的基幹的企圖，都已成為十足的夢幻與泡影。

物理學的問題，尤比數學嚴重。本來，牛頓物理學的系統，已公認為絕對真實的自然圖像，根據這一圖像，而形成了「機械論」（Mechanism）的理論基礎，認為：宇宙間的每一事物，都可化約為物質原子的位置和衝力，因此，如果得知一瞬間全部物質質點的位置、和作用於其上的力（或是速度），則此後世界的全部發展，都可以用機械的法則，精確無誤地推算出來。從理論上來檢討，這種「決定論」是正確不訛的。

然而，一九二九年，海森堡（Heisenberg）發表了著名的「測不準原理」（Principle of Uncertainty），證明：我們不可能同時決定任一電子的位置與速度，這便頓使物理學家們的美夢，倏然破滅。尤有甚者，波爾（Bohr）的「互補定理」（Principle of Complementarity），說明：電子依它前後的時序關係，既可視為一種「波動」，亦可視為一種「質點」，換句話說：連最基本粒子的真正性質，都根本不可能予以界定，因此，整個的物理科學，其精密的程度與理論的脈絡，都受了極大的限制，面臨了無法踰越的「極限」（limit）。

自從「啟蒙運動」之後，西方一直沉浸在極端的樂觀主義之中，雖然其間有法國大革命之後的動盪與混亂，但大體而言，西方的各方面都在蒸蒸日上，達爾文的「進化論」，更使西方人相信人類文化，永遠在作直線的進步與上升，未來的遠景，光明而幸福。但是，馬克斯主義的出現，已明顯標示了西方文化的本身，已經發生了嚴厲的危機，而一九一四年八月，第一次世界大戰的爆發，更把西方人從無限樂觀的情緒上拉回來，一下子面對了鐵冷的事實與沒落的徵兆。

第一次世界大戰，如今的歷史家們都已承認，並不是由於任何偶發的因素、個人的情緒、民族的仇恨、或其他的什麼理由所導致的，而實在是由於歐洲各國對外擴張、廣拓市場、海外殖民、爭掠原料，以致經濟利益彼此衝突之下，自然形成的一場劫禍。換句話說：這就是西方文化發展至對外擴張漫無止境時，必然產生的結果，也就是整個歐洲走向日暮途窮的一個明顯的里程。

奧斯華・史賓格勒（Oswald Spengler）的《西方的沒落》，就正是針對世界大戰的來臨，作反省的思考與苦痛的體認，成稿於一九一四年，而初版於一九一八年的一本名作。

二、憂患的智慧

非大智大慧的人，不能透視時代的真貌，尤其不能在安逸的氛圍下，預見憂患之將至，史賓格勒身處的時代，在世界大戰之前，本是一個笙歌處處的時候，歐洲文化的魅力，其時已登峰造極，維多利亞的雍容華貴，哈布斯堡的輕歌曼舞，正代表了物質文明高度發揮的實況，歐洲其時一片繁榮，中產階級樂不可支，工業經濟扶搖直上，貿易利益滾滾而來。可是，在這樣一種時代氛圍之中，他竟能獨具慧眼，抗懷千古，於戰前就著手寫他的《西方的沒落》。

史賓格勒生於一八八〇年五月二十九日，死於一九三六年五月八日。在柏林大學接受數學、哲學、歷史和人文的教育，以一篇研究希臘哲學家赫拉克利特斯（Heraclitus）的論文，獲得柏林大學的博士學位，然後在慕尼黑的一家中學裏，擔任數學教員，生活極度貧困，住在一間沒有電燈設備的小屋中，獨自做他的研究與沉思的工作，甚至沒有能力購買他所需要的參考書籍。

第一次大戰的初期，他在燭光之下完成了《西方的沒落》上卷，卻乏人問津，無法找到出版商替他出版，直到一九一八年，此書才在維也納首次問世，一時震撼了整個歐洲的文化界，毀譽交加，使他一夜成名，一九二一年，他又收回該書重新校訂，一九二二年再度出版時，下卷亦已完成。這書影響之鉅、享名之隆、評議之多，在西方的哲學文化界，是史無前例的，曾被譯為英文、法文、義大利文、西班牙文、蘇俄文、日本文等多種文字。

史賓格勒和尼采、叔本華一樣，是個終身的獨身主義者。他雖不是普魯士人，卻是布倫茲維的士族，在外貌上，與典型的普魯士種全無兩樣——光禿的頭腦，既大且長，堅毅的眼神、樸實的嘴唇，外表一派粗獷。他一生中從未生病，最後由於心臟病突發，死於慕尼黑家中，死時距他五十六歲的生日，還差三星期。

史賓格勒一生不慕榮利、不治生計，惟以歷史文化為念，他俯仰千古，深造有得，縱覽當世，慷然有感，「心所謂危，不敢不書」，乃從西方文化的現象出發，深入到整個人類的歷史經驗之中，抉幽發微，窮源探本，建構起他自己的思想體系，而以憂患的意識貫穿其間。故而，《西方的沒落》一書，實在是潛心焦慮的發憤之作，而不是故作驚人之言，以求欺世駭俗。

事實上，德國近世的哲學源流，原來就是生於憂患之中，才能窮理盡性，特立獨行，在氣象上與其他西方哲學，截然不同。康德、黑格爾、歌德，都是生當德意志民族尚未統一之時，眼看英法諸強，趾高氣揚，而邦國疹瘁，統一無期，乃期從精神上、知識上、道德上，為德意志人民打出一條生路來，所以其境界之高邁、識見之深遠、用心之良苦，在西洋哲學中，堪稱戛戛獨絕，菲希特的「告德意志同胞書」，發表於普法戰起國難當前的時刻，正是德國哲學家的孤懷遠識，付諸實踐的一個著例。後來的叔本華和尼采，也都是「生年不滿百，常懷千歲憂」，困心衡慮，悲懷憫世，對於整個歐洲文化的弊病，三致意焉。史賓格勒在精神上實為這一德國哲學傳承的後裔。此所以他自傲於他的著作，可無愧於號稱「德國的哲學」。

即在承平盛世，人類自何處來？人類將何處去？人類的命運終竟若何？人生的價值畢竟何在？也總有若干的思想家或學問家，在孜孜矻矻，求其解答。何況身當憂患，目擊苦難，文化的發展，失其常態，固有的風教，面臨破滅，民族的生命，失所依託，而大部分的人類，行將被投擲於漂流無定的命運之中，慘遭鉅劫，當此之時，真正的有心之人，必定潛心於整個時代環境與歷史文化的思索，以期挽狂瀾於既倒，立生民之大極，中國的孔孟程朱、陽明船山，固是如此，西方的史賓格勒以降，諸文化哲學家與歷史哲學家，亦莫不皆然。司馬遷的「太史公自序」，與「報任少卿書」，已把此義表述罄盡：「蓋文王拘而演周易，仲尼厄而作春秋；屈原放逐，乃賦離騷，左丘失明，厥有國語；孫子臏腳，兵法脩列；不韋遷蜀，世傳呂覽；韓非囚秦，說難孤憤；詩三百篇，大抵聖賢發憤之為作也。」「此皆人意有所鬱結，不得通其道也，故述往古，思來者！」

史賓格勒《西方的沒落》，正是這種憂患之中，「述往古，思來者」的結果，也就是憂患之中，生命智慧的結晶，所以陳義高遠，不同流俗。

三、深刻的洞見

史賓格勒早歲即已博極群籍，讀書萬卷，凡於歷史、哲學、科學、藝術、宗教、社會、政治、經濟各方面，無不涉獵，堪稱一「百科全書式的人物」，加以天才高妙、意趣深遠，為文如天馬行空、神龍夭矯，每每主幹之中，歧出枝枒，枝枒之上，復起主幹，是以《西方的沒落》一書，卷帙浩瀚，頭緒紛繁，往往片紙隻字，便有新義，吉光片羽，託旨良深，極難作一綜合的傳述。此處僅列示幾點在觀念上與眾不同，令人豁然開朗、嘆為觀止的地方，以說明史氏實在深具哲學的智慧與洞觀的慧眼，能夠透過表相，直探奧窔。

首先，史氏把歷史世界與自然世界區分開來，而以生命本身，來統攝這兩者，他認為歷史世界是活潑潑的世界，是有機的現象，所重的是命運、是時間、是生成變化的本身（becoming），而自然世界是死板板的世界，是無機的現象，所重的是因果、是空間、是已經生成的事物（becomed），而人對這兩種對立而互補的世界之掌握，應該是從「整個的人」，而不僅只從人的「認知部分」出發。

其次，史氏把整個的人類文化，列為論述的對象，而以每個文化的整體，作為處理的個案，他論列每一文化的性徵、風格、歷史過程，一一如數家珍，避開了煩瑣的細節，直探到民族靈魂的深處，這種宏偉的氣魄與鑑別的直覺，開了後來文化學研究的先河，在這方面他的才情與方法，是獨步天下的。

再次，他抨擊以西歐歷史為世界史的中心的說法，認為那只是「托勒密式的歷史系統」，他代之以歷史領域內「哥白尼式的發明」，即承認西方歷史，只是人類文化史之一部分，其他各大文化的歷史，也皆具有自足的地位與獨特的成就，未可妄加軒輊。比起大史學家房龍以西方的歷史，命名為《人類的故事》（*The Story of Mankind*）來看，史氏的確是高明了不知幾許倍。

再次，史氏以有機體的生命歷程，來擬喻文化的發展過程，認為文化也有誕生、茁長、成熟、死亡的命運，或者說是春、夏、秋、冬四個階段的變遷，這容或有人認為不盡合理，但畢竟也是一種言之成理的創見，在相當程度內，有其不可忽視的真知灼見在。當然，他說：「文化，正如同田野裏的野花一樣，漫無目的地生長著。」「它誕生、茁壯、衰老、而後一去不復返」。這樣帶些神秘意味的論點，是頗為引人疵議的，但是，湯恩比（Arnold J. Toynbee）為解決此一問題而提出的「挑戰與反應」（Challenge and Response）理論，是否又能人人滿意呢？

還有，史氏認為世界都會的崛起，象徵著大都市已取代了人類的母土，鄉野的萎縮，使人們失落了根柢，一逕雜居在城市之中，則敏銳而冷酷的理智，淆亂了從前原始的智慧，結果終至造成金錢至上，人情冷漠、性慾橫流、生命斲喪的現象，大部分人栖栖惶惶，不知所以，終至成為一片癱瘓的景觀，證之不久前美國社會學家黎士曼（David Riesman）的《寂寞的群眾》（*The Lonely Crowd*）（按：《寂寞的群眾》一書中文版已由黎登鑫譯出，由桂冠公司出版）書中，所抒寫的實況，史氏之言，可謂已十足應驗，他在這方面的先見之明，實是不容否認的。

再有，他從對熱力學上「熵」（entropy）的觀念與「熱力學第二定理」（Second Law of Thermodyn amics）的思考，而推斷理論物理學已面臨極限，也已談言微中，正合事實。他論斷報紙等大眾傳播工具的運用，必定會被金錢所控制，從而強造民意，操縱輿論，使民主政治徒成虛假的幻景，到如今也已近乎兌現，而今日電視的無遠弗屆，桎梏性靈，尤在史氏所憂心者之上。

總之，正如史氏在書中第一頁所言：「乍看之下，西方的沒落，就好似其所對應的『古典文化的沒落』一樣，是一個為時空所限的一般現象而已，但在瞭解了它所有的重要性之後，我們認識到，這乃是一個哲學的問題，這裏包括了有關『存有』的每一個重大的問題！」

四、精闢的論點

《西方的沒落》的主題旋律有二，經常交互出現，最後合成一體。其一，是指出各大文化自有不同的象徵、風格、與特徵，也就是所謂「形態異」的問題；其二，是標示各大文化有其共同的命運、歷程、與階段，也就是所謂「形態同」的問題。因為「形態異」，所以各個文化都是獨一無二的、自成一體的；又因為「形態同」，所以各大文化都可以置於一個視景之下，作「相應」的比較與對照。

史賓格勒對各大文化的「基本象徵」（Prime Symbol），所作的陳示，可謂是曠古無匹的驚人之見，他所用的方法，「能品而近於神」，完全已算是藝術的手法，他是以活生生的歷史體驗、描摹、洞察，加上緻密的對比、並列、感受，所形成的一種獨特的歷史形態學處理方法，他稱之為「觀相的」（Physiognomic）形態學。以有別於一般只重解析與因果的「系統的」（Syrtematic）形態學。在這種方法下，他列示出他書中每一高級文化的「基本象徵」。

所謂「基本象徵」，也就是每一文化的「有力主題」，一個文化的生命歷程，也就是它開展和實現它自己的主題的全部過程，因此基本象徵與文化生命，彼此密不可分。史氏認為：古典文化的「基本象徵」是「有限的實體」、西方文化的「基本象徵」是「無窮的空間」、阿拉伯文化的「基本象徵」是「洞穴」、中國文化的「基本象徵」是「道」，此外，如俄羅斯的則是「無垠的平板」、埃及的則是一種「路途」等，全書對此等象徵，就各文化形之於外的表現，如科學、建築、藝術、宗教等，均分別有所印證。待一個文化的主題，其全部的形式內涵均已發揮殆盡、完滿實現之後，這個文化也就完成了自己的使命，也走完了生命的歷程。

以古典文化與西方文化的對比為例，史氏指出：古典數學以歐氏幾何為代表，數字是一種度量，一種比例，以捕攝其「有限的實體」：西方數學則以解析幾何為代表，數字已是一種函數，一種變量，以分析那「無窮的空間」。古典的物理學，是「靜力學」，追求靜態的平衡，西方的物理學，則是「動力學」，專意追求動態的變化。古典的雕像，輪廓分明、比例嚴謹，西方的音樂，飛幻空虛、超妙入神；古典的建築，具體實在，一望可盡，西方的教堂，卻飛柱縱橫，尖聳入雲，好似伸向於無限的天穹，這都是因為希臘人的覺醒意識中所見的客觀世界，是有限的、具體的、切近而靜態的，其基本象徵是「有限的實體」；而西方人的覺醒意識中，所見的客觀世界卻是無窮的、虛幻的、遙遠而動態的，其基本象徵是「無窮的空間」。

阿拉伯的宗教與文化，一直錯綜複雜，迷離恍惚，為歷史學家所不敢問津。可是史賓格勒卻以兩個概念，「歷史的偽形」與「洞穴的感受」，一舉澄清了阿拉伯文化種種的迷霧。「偽形」本是一個礦物學上的名詞，意指：一個礦坑中原有的礦石已被溶蝕殆盡，只剩下一個空殼，而當地層變化時，另一種礦質流了進來，居於該一殼內，以致此礦的外形與內質截然不同。

所謂「歷史的偽形」，即是指在阿拉伯文化尚未成形時，由於古典文明的對外擴張，武力佔領，以致整個被古典文明覆壓於上，不能正常地發展，故而其文化型態與宗教生命，皆一時被扭曲而扼抑，但古典文明其實已經血盡精枯，只剩下一個空殼，故而一旦阿拉伯文化在重荷之下脫穎而出，其基督教便立刻征服了整個的希臘世界。這同時也完滿解釋了伊斯蘭教何以能以一個沙漠中的小派倏忽興起，如飆風驟雨，席捲了偌大的領域。

而阿拉伯文化的基本象徵——「洞穴」的感受，則可統一地解釋所有的近東宗教：猶太教、太陽教、祆教、基督教、景教、摩尼教等，使千百年來盤根錯節的宗教史，有了豁然開朗的面貌，這不能不說是史賓格勒的非凡成就與貢獻。史氏同時認為：目前的俄羅斯文化，自彼得大帝力行西化之後，正處在西方文化的「偽形」覆蓋之下，尚沒有表現出自己的精神特色。我們觀夫西方文化的反動與流毒——馬克斯主義，在今日俄國所造成的悲慘事實，當可發現史氏對此，實有過人之明。

在各大文化的共同命運上，史氏也在思想方面、社會方面、政治方面，一一研循出彼此對應的階段，從而支持他論斷西方已趨沒落的觀點，他認為文化沒落的表徵，如：唯物史觀與實用科學的提倡、偉大藝術與宗教感受的終結、抽象思考降落為職業性的課堂哲學、「世界沒日」思想的傳播、金錢勢力的長成、政治操縱的活動，最後便必然會隨之以一切文化的最終命運：「凱撒主義」（Caesarism），即武力獨裁的帝國主義。

此外，史氏論列文化中其他種種事象時，那種切中肯綮、發人深省的詳密觀察，那種破空而來、倏忽而隱的慧思靈光，也都令人激賞。例如，他以耶穌被捕，帶至羅馬巡撫彼拉多面前時，彼拉多問他：「真理是什麼？」（What is truth？）而耶穌反問以：「現實是什麼？」（What is fact？）來描摹真理世界與現實世界、宗教心態與塵世心態之間的對立，實在精彩萬分。

五、推倒一世之豪傑，開拓萬古之心胸

在社會科學乃至歷史哲學的領域內，達爾文與馬克斯所標舉的進化理論，一直是被大多數人奉為金科玉律的學說，如斯賓塞（Spencer）、摩根（Morgan）、森奈（Sumner）等，大抵都認為歷史為一直線進步的發展形式，而他們所依恃的，無非都是自然科學的餘緒，而且所用的是不夠精密的自然科學的方法，一旦自然科學的本身，在理論基礎上起了革命性的變化之後，這一干學說，即已顯得窘迫不堪，再面對西方文化如今的實況，確已顯得危機重

重，所謂「進步」、所謂「上升」、所謂「最大多數的最大幸福」、所謂「共產主義的人類天堂」，更早如同海市蜃樓一般，經不起微風一吹了。

而史賓格勒的《西方的沒落》中，所推論的種種情狀，卻已大多應驗，若合符節。推其所以能夠臻此之故，除了在方法上擺開自然科學的分析解剖式的觀念，而逕自從他的生命體驗之中，自行思考出一套活生生地「進入」（living into）文化現象、縱覽文化現象的方法學之外，他個人的卓絕才華、淵博學養、憂患智慧、悲憫情懷，也都是原因之一。尤其重要的是：他能真正的面對生命、面對人生，他在書中，一再強調生命之流與歷史之流，合成大化流衍，浩瀚不絕，人必須真正「生活於」生命與歷史之中，才能體會生命、瞭解歷史。

雖然在史氏之前，已有俄國的達尼拉夫斯基（N.J.Danilevsky,1822–1885），在《俄羅斯與歐洲》一書中，提出了一些文化律則的雛形概念，但此書流行既不廣，影響亦極微，且史氏也根本不知達氏其人其書，故而，若謂史賓格勒是歷史型態學、乃至文化學（culturology）的開山之祖，也不能說是言過其實。

另一位文化哲學與社會科學的巨擘索羅金（P.A.Sorokin），曾著有《社會文化動力論》（*Social and Cultural Dynamics*）、《社會、文化與人格》（*Society, Culture, and Personality*）等鉅著，他在一本介紹文化學的著作《危機時代的社會哲學》（*Social Philosophies of An Age of Crisis*）中，列出九位文化哲學家的名字，均是曠觀人類歷史文化，而論斷西方文化正面臨危機者，依序是：達尼拉夫斯基、史賓格勒、湯恩比、宋巴特、貝第葉夫、諾斯羅普、克魯伯、史懷哲，無不是學富名高的當世俊彥，事實上，這些人自湯恩比以下，包括索羅金本人在內，均或多或少受到史氏的影響與啟發，而其論點，也大致不出《西方的沒落》一書之外。

湯恩比就曾自述，他的《歷史研究》（*A Study of History*）十巨冊，實曾深受史賓格勒的《西方的沒落》所影響，在一九四八年刊行的《文明在審判中》（*Civilization on Trial*）中，他說：「當我閱讀史氏那些閃耀著歷史透視的尺頁時，我懷疑我的整個探討，不說答案，甚至連問題還沒有在我的腦海中形成之時，是否即已被史賓格勒所解決了。我自己基本見地之一：歷史研究之最小可能的理解範圍，應是整個社會（whole socicties），而非在其中任選出來的孤立部分，如現代西方的民族國家、或希臘羅馬世界的城邦國家；我的另一見解：所有可稱為『文明』一類的社會歷史，在某種意義上都是平行而相應的，這些，在史賓格勒的思想系統裏，也正是主要的部位。」

雖然，湯恩比一方面繼承、另一方面也批判了史賓格勒，但他絕不否認史氏的天才與創見，確是超凡軼俗，世罕其匹。索羅金也承認這一點。

以整個的人類文化，作為研究的對象，以整合的生命智慧，作為研究的方法，以描摹與透視，補自然科學之不足，以命運與時間，為歷史哲學之樞紐，大開大闔，淋漓盡致，細推慢敲，刻畫入微，如此的氣魄，如此的才情，當真可謂是「推倒一世之豪傑，開拓萬古之心胸」，無怪乎能夠帶起一種新的文化學風，為歷史與哲學拓出一片遼闊的原野。

雖然，西方的學術界始終不肯正式承認史賓格勒的地位，但史氏的歷史哲學，浩浩淵淵，豈是學院的門牆所能囿限？而他也正認為：活生生的哲學思想，成為經院中職業化的說教與遊戲式的詭辯，正是文化沒落的具體表徵！而歷史哲學界新起的人物，如梅耶荷夫（Hans Meyerhoff）、韓培爾（C.G.Hempel）、柯林吾（Collingwood）、納格爾（Nagel）、德萊（W.H.Dray）等人，從正統學院派的立場來看，也許各有專長，可是從其對歷史與生命的反省來看，則在氣象上與史賓格勒，簡直無法相提並論。

在氣象上、論旨上、精神上，與《西方的沒落》一書最相近，而且寫作於異地同時，彼此不曾受到對方影響，顯然獨立思考成書的，據個人看來，唯有中國梁漱溟先生的《東西文化及其哲學》。

六、言其所信，瑕不掩瑜

當然，任何真正提出創見的人文著作，往往免不了會帶有一些偏見，何況是一部上下幾千年、縱橫千萬里，涵蓋了整個人類的歷史文化的巨作？但是，一般碩學名家，對於《西方的沒落》所作的批評，卻大多只從細微末節處著手，斤斤於一些史實的考訂與態度的詰疑，卻不能直探史賓格勒創作時的心靈。例如：索羅金曾認為：「社會團體」（Social Group）的觀念，應與「文化團體」（Cultural Group）的觀念分清，而文化並非整合，因而也談不上衰老解消，但事實上，這只是個人取材與用語上的不同，而不是真正客觀的存在有不同的社會單元，大異於文化單元，而史賓格勒對於「語言」、「種族」、「國家」及「文化民族」間的劃分，也已說得明白，並不曾混為一談。

另一位文化哲學家凱西勒（E.Cassirer），因為史氏過重直覺和透視，乃批評：「《西方的沒落》根本不是一部科學的書，史賓格勒鄙視、並公然向一切科學方法挑戰。他自詡發現了一套新方法，準此，歷史和文化的事件，能在此方法下，具有同樣的精確性，正如一個天文學家，預知一次日蝕或月蝕一樣地可以預斷……但依史賓格勒，文明的興起、下降與沒落，並不靠所謂的自然律。是命運而非因果，作為人類歷史的原動力……」因而認定：「史氏的書，事實上只是一部歷史的占星學——一個占卜者展露他那陰鬱的啟示錄式的幻象。」事實上，史賓格勒在一開始時，便已指出自然科學的方法，不足以賅備歷史世界之內涵，所以他蓄意提出一套新的歷史形態學方法，來檢視各大高級文化的生命。我們可以看出：這套方法中，注重描述現象、直呈事象，撇開解析與思辯，直接注重本質直觀的地方，實在和本世紀哲學上的一大主流，即胡塞爾（E.Husserl）所創的「現象學」（Phenomenology）統緒，有不謀而合的地方，斥之為「占星學」，可謂對史氏的苦心與功力，兩皆缺乏同情的瞭解。

另有人認為：史氏為一「悲觀主義」者或「定命主義」者，沒有「知其不可為而為之」的道德勇氣，沒有提出一套拯救世界的具體方案，在道德情操上，不能與另一位文化哲學家，赤道非洲的史懷哲醫生相比。事實上，史賓格勒與史懷哲，所側重的論點，各有特色與重點，未可籠統評斷。而史賓格勒在書中的「修正版序言」中，已對「悲觀主義」的評語，表示了他自己的態度。

在我們看來，史氏的偏見，倒毋寧在他承襲了德意志哲學傳統的心態，尤是黑格爾「歷史哲學」中那一套心態，對於日耳曼民族，抱持了一種過分的優越感，是以書中每每不自覺地流露出一種過分的自信，甚至有時偏向軍國主義式的驕傲，這確是他的偏見所致。無怪乎有人把他的書，與尼采的著作，同列為鼓舞了德國納粹興起的原因之一。而史氏也深受西方思想中「二元對立」意向的影響，全書的結構與體系，頗側重於二元的劃分和對比，這一方面固然是精彩的特色，另一方面恐怕也正是他整個思想中最值得檢討的地方。

還有，史氏對於中國文化的瞭解，頗欠深入，不曾真正「生活於」中國的歷史傳統之中。他以中國的西周，來比擬古典的荷馬時代、與西方的日耳曼時代，認為同是貴族的封建時代，這大致還站得住；而以中國的「戰國時代」，比擬於古典文化中的希臘社會革命、與亞歷山大的崛起，以及西方近代的法國革命與拿破崙的事蹟，也還不致於離譜。但他認為自秦始皇建立統一帝國之後，中國歷史即已完全停滯不進，而至東漢以後，中國文明已陷於僵化，這在我們看來，便覺得是犯了一般西方史家流行的偏見，不能真正理解到中國歷史的核心。事實上，秦漢以後，中國社會雖然陷於一治一亂的反覆循環，在政治型態上沒有根本的變化，但在文化成就上，還是哲人輩出，道統不絕，直到十九世紀，才在西方文化的侵襲下，真正面臨了生命存亡的危機。而我們也不能斷言：中國文化已一定永劫不復，因為「中華子弟多豪傑，捲土重來未可知」啊！

此外，史氏以「道」來作為中國文化的「基本象徵」，似乎也嫌簡略，未能說得分明。而墨西哥的馬雅文化，史氏認為是在西班牙的槍砲屠殺下，暴死中途的一個高級文化，如此則此一文化，並未能開展與實現它文化上的「有力主題」，並未能依春、夏、秋、冬的次序，走完它生命的歷程，這個例外，也是史氏書中不盡令人滿意的地方。但是，史氏以蓋世的才華，仗縱橫之健筆，抱憂患的情懷，述生命之整體，其願力之宏，其境界之高，直可謂「提其神於太虛而俯之」，如此的血路心城，豈論脩短？而且，他只是目擊世亂將起，文化沒落，故而窮源探本，言其所信而已，初未計較其是非得失，也未自命其完美無瑕。

七、截斷眾流，自成一家

昔胡適先生的《中國哲學史大綱》上卷初出，轟傳一時，蔡元培認為具有「截斷眾流」的手段，梁任公在演講中，也讚許：「這書自有他的立腳點，他的立腳點很站得住，這書處處表現出著作人的個性，他那敏銳的觀察力，緻密的組織力，大膽的創作力，都是『不廢江河萬古流』的！」可是後來的學者，已發現此書頗受歐美實證主義的影響，在視景與觀點上，都有其侷限之處，以言帶開風氣則有餘，若論樹立楷模則未必，而且後來馮友蘭的《中國哲學史》，也已取代了它的地位。

可是史賓格勒的《西方的沒落》，則真是兀然自立，一空倚傍的巨著，書中處處都是學養的精華、心血的結晶、石破天驚的真知灼見，論「敏銳的觀察力，緻密的組織力，大膽的創造力」，這書才真當之而無愧。在雜然紛陳的諸多歷史事件與社會現象之中，史賓格勒能夠取精用宏，這小識大，透視表相，直探真髓，故而在歷史哲學的領域內，他正是具有了「截斷聚流」的手段。

在一般科學性的著作中，我們所看到的，大抵是生冷的解析、嚴謹的論證、煩瑣的考訂，看不到作者本人整個人格的展現，也看不到活生生的歷史與生命，故而也許能從其中攝取知識，卻很難由此得到智慧，而《西方的沒落》，卻整個是作者生命力量的投射、生命感受的呈露、與生命智慧的閃爍，而他所處理的，也正是活生生的生命歷程，而不是死板板的系統素材，故而，儘管他有偏見，儘管他有闕失，我們還是能欣賞到其中的無數精微之言、深奧之意。當然，這書也許並不能成為「放之四海而皆準」的真理，然而，正如存在主義的鼻祖齊克果（**Kierkegaard**）所言：「也許一切的哲學系統，到頭來都只能視作美學成就來欣賞罷了。」

中國是一個歷史之國，史學的成就，自成一系。自史遷以降，才人輩出，蔚為大觀，如劉知幾的《史通》、司馬光的《資治通鑑》、王船山的《讀通鑑論》、章實齋的《文史通義》，都能熔經鑄史，鑑往戒來，表現出深厚的文化智慧，而太史公的《史記》，更是震古爍今、戛戛獨絕，為世界歷史著作之瑰寶。只是以往的史家限於時代環境，視野大受侷囿，不可能看到世界的全貌，所以匯通中西史學、縱覽人類文化、建立整合學說，尚有待於今日。就個人所知，國內的胡秋原先生，在史學知識的造詣、與史學體系的建構上，所表現的氣魄與成就，廣大賅備，已經為這方面樹立了良好的基礎，他的「二重文化危機」之說，也認為西方文化如今已面臨危機，與史氏之見。多少契合，而對中國歷史的闡述，自尤在史氏之上。

無論如何，在歷史哲學的領域內，史賓格勒的《西方的沒落》，是必須越過的一塊里程碑。而他對西方文化的反省，由最近俄國文豪索忍尼辛「致俄國領袖書」中，所指陳的西方之弊病看來，也無不顯示確有真知灼見，故能異地同詞，所見相合。而且，在他的書中，他所建構的體系，確也窮神極化，完滿自足，不失為一經典之作。故而，我個人認為，司馬遷自序的話，在某一程度內，也頗適用於史賓格勒的身上：

「究天人之際，

通古今之變，

成一家之言。」

事實上，任何一本真正的著作，只要能夠「成一家之言」，也就足夠自傲了，其他種種，恐怕都是餘事而已。

陳曉林

一九七五年八月於臺北

第一版原序

這本書的整個手稿，是三年寫作的成果，在世界大戰爆發之前，即已完成。一九一七年的春天，又重整了一遍，並在某些細節方面，加以補充與澄清。但本書的付印問世，畢竟還是因當時的情況，而告拖延下來。

雖然本書的視域與主題，是「歷史哲學」，但也含有一項更深刻的用意：即在當代主導觀念正在成形、而惡兆已經十分明顯的時候，針對當前這一重大的劃時代的時刻，作一評估。

書名早在一九一二年即已決定，顧名思義，頗能表達本書的主旨：對照著古典時代的沒落，而描述出我們自己如今正在進入其間的、歷時達數世紀之久的，一個世界歷史的樣態。

如今，事情已經證明了甚多，而不曾否定一件。很明顯地，本書中的觀念，必然會在此時、在德國出現。尤有甚者，由本書中的諸項前提，新的世界圖像可以清晰地浮現出來，而戰爭，不過是其中之一而已。

我相信今日的哲學，已不應是從一些僅只有成立的可能、僅只在邏輯上為可證明的各種哲學中，揭櫫出其中之一而已，而應是逕直寫出我們這個時代的哲學。在某種程度而言，這也已是一種自然的哲學，是所有的人都能模糊預感到的哲學。不揣僭越的說，像本書中這樣深蘊歷史本質的觀念，不是發生於一個時代之內，而是由觀念本身，塑造出這個時代，這實在不是筆者個人，能得而私之者。它屬於我們整個的時代，並影響了所有的思想家，只是他們本身並不知道罷了。個人能對此一哲學，提出一己的態度——包括其謬誤與優點——一方面乃是偶然，另一方面，也是個人的命運與幸福。

奧斯華．史賓格勒

一九一七年十二月於慕尼黑

修正版原序

從本書最初簡短的輪廓，到全書最後的形態，發展成相當出人預料的篇幅，前後歷時十年之久。在這結束全書的時候，對我原先想要表達的，對我當時的觀點、以及今日的觀點，作一次回顧，該不算是十分不當的事。

在一九一八年版[1]的「引介」中——這「引介」無論就內在或外在而言，都可算是本書的一個切片——我曾陳述了我的信念，即：本書已列示出一項不容爭辯的觀念，只要這觀念形諸文字之後，便無人能夠反對。其實，我應該改為：只要這觀念為人瞭解之後，便無人能夠

1　一九一八年出版者，為全書之上卷，此處則是全璧。

反對。而要瞭解這一觀念，我越來越認為：我們不應只著眼於這一個階段，而應放眼於整個的思想史，並期待於新生的一代，因為新的一代，天生就有能力做到這一點。

我要補充說明：本書只能認作是一項最初的嘗試，充滿了慣常的謬誤、殘缺，而且也不是沒有內在的衝突。書中的評論，其嚴肅性，遠不如當初所想望者，然而，曾經深入鑽研活生生的思想學說的人，必定會了解：我們實在不可能透視於「存在」的基本原理之中，而毫無衝突的情感摻雜其間。思想家的本分，就是按照他自己的視域與理解，而為時代賦予象徵的意義。他別無選擇，他必須在他的時代環境囿限之下思想。對他而言，所謂真理，終究只能是他誕生前，即已成立的世界之圖像。真理並不是他所發明的，而只是在他的生命之中，呈現出來而已。

一個思想家所提出來的真理，其實根本即是他的本身（himself）——是他的存有，形之於文字，是他人格意義，形成為學說，這與他的生命有關的部分，實是不可移易的，因他的真理與他的生命，本就認同一致（identical）。這一象徵格局（symbolism），是哲學的本質所在，它承受了人類的歷史，並將之表達出來。而由此產生的各種淵博的哲學著作，實如汗牛充棟，徒然增加專業性論文的數量而已。

當然，我在本書中所發明為「真確」的事理，其本質也不是可以從血液與歷史所賦予的條件中隔離出來，而本身自成真理，因為這是不可能的。它只能對我而言，以及，我相信，對未來時代的前導心靈而言，才為真確。但是我必須承認，在這些年的風暴狂飆之中，我所寫出來的東西，只是對我面前清晰矗立的事理，所作的一項非常有欠完整的敘述而已。我仍須在今後的歲月中，致力於整理相關的事實，與覓尋表達的形式，才能將我的觀念，表現為一種最最有力的形式。

要使這一形式完美無瑕，將是不可能的——生命本身只能在死亡之中，才告完全實現。但我已曾再次努力，以求將甚至本書中最早期的部分，也提升至我如今已能明確說出的層次。至此，我便告別了這一本書，以及隨之俱來的希望與失望，優點與缺點。

我所關心的結果，此時已證實無誤，並且——從其慢慢在廣泛的學問領域中，所發生的效果來判斷——別人也同樣關心本書所述的觀念。當然，本書不可能表述出一切的事象。它只是我在眼前所見的事理之一邊，只是對命運的歷史與哲學，所作的一次新的曠觀——不過，確實是這一類作品中的第一部。

本書徹頭徹尾是直觀（intuitive）與描繪（depictive）的，其寫作筆調，力求以闡述的方法，來呈示物象與關係，而不是提出一堆類別紛紜的概念而已。本書只為那些在閱讀時，能夠活潑潑地進入到書中的字句與圖像內的讀者而寫的。讀者要能如此，無疑會很困難，尤其是在面對神秘之際，我們的敬畏之感，往往使得我們不能領受到：在思想中，把解析與透視同一體時，所能獲致的滿足。

當然，那些淺見之徒，永遠生活在昨日，因而反對任何只為明日的覓路者而設的觀念，他們對本書立刻便發出呼喊，指為「悲觀主義」。但是，這些人只是以為探求行動的本源，即等於行動的本身，只是熱衷於搬弄定義，而不知道命運為何物。我的書不是為這些人而作的。

所謂瞭解世界，我認為即是與大化冥合，物我為一（**being equal to the world**）。重要的是活潑潑生命的現實，而不是什麼生命的「概念」，那只是理想主義的鴕鳥哲學（**ostrich—philosophy**）所標榜的東西。不為浮詞所動的人，便不致認為本書所述，是悲觀主義，至於其他人士，不足掛齒。由於本書內容太過濃密，為了便利有心尋求生命的體認，而非定義的搬弄的嚴肅讀者，我在附註中提到一些書名，可以有助於一瞻更其遼遠的知識領域。[2]

現在，到了最後，我急於再一次提及兩位人物的名字，我的一切學問，實在都由這兩人而來：歌德與尼采。歌德給了我方法，尼采給了我懷疑的能力。——若是有人要我具體表出我與尼采的關係，我會這樣說：我所用的「俯瞰」（**overlook**），即是由他的「曠觀」（**outlook**）而來。至於歌德，在思想的模式上，實在是萊布尼茲的門徒，雖然他並不自知。故而，儘管這些年來，一切的不幸與厭煩，我還是可以自認、並驕傲地宣稱，最後在我手中

2 這些參考書名，在本版中已予刪去。

形成的，是一種「德國的哲學」。

奧斯華．史賓格勒

一九二一年十二月於布萊肯堡

譯例

一、本書原是德文，此處係據愛金生（Charles F.Atkinson）的英譯本迻譯，所據版本為一九六二年卡諾普書局（Alfred A.Knopf, Inc）的「全一冊」版（one—volume edition）。本書原為上下兩卷，合為一冊後，頗有刪削，但所刪處均為煩瑣之論據與明顯的偏見，全書論旨，不受影響。

二、英譯本凡於刪削處，以中括號〔〕表示，中譯仿此不變。

三、書中重要觀念或名詞，英譯或以大寫、或以斜體表示，中譯本一律以**方體字**示出。

四、書中重要人名、書名、關鍵名詞，首次出現時，一律附英文，有時為凸顯其重要性，乃於間隔甚遠處重複出現時，再度附上英文。

五、凡為著者本人的註腳，一律附「原註」字樣，其餘註解，為譯者自行添加者。

六、除聖經依定譯外，其餘引文，一律為譯者自擬。

七、序詩兩首，卷前者為原書所附，第二部前之「玉連環」詞，則係譯者依書中文義，自行選取加添者。

八、原書初版時，上冊之末附有三表，以列示各大文化相應的精神、文化、政治三方面的發展階段，但因頗有削足適履之處，曾受譏評，本版已予刪去。茲為求完整，特列入附錄，以供參考。表二的內容，其經驗論證，相當龐雜，為求齊一起見，參照表三的年序釐正，俾便一目瞭然。

九、譯者雖盡力比照原文，然仍恐謬誤在所難免，如蒙指出，當於下一版時改正。

第一部
形式與實際

第一章　概念的引介

在本書中，我們第一次作下述的冒險嘗試：嘗試預斷歷史的發展，嘗試在文化的命運中，看清那些尚未經歷到的階段，尤其是看清這實際上已處在完成狀態的，此時此地唯一的文化——西方的歐美文化。

歷史是否有邏輯可言？除了在漠不相關的事件中，那些偶然發生、無可計數的因素之外，是否有某些東西，我們可以稱之為「歷史人性的形上結構」？是否有某些東西，獨立於我們看得很清楚的外在形式之外？這些我們看得很清楚的外在形式——社會的、精神的與政治的，是否只是由某些東西衍生（derived）而來？是否只是次要的事實？世界歷史是否經常把某些基本特徵，一再呈現於我們的肉眼之前，以證明某些結論？如果是的，由此前提而獲得的推理，又可推論到何等限度？

由於人類歷史，乃是強有力的**生命歷程**的總和，而這些在習慣性的思想與表達上，被冠以諸如「古典文化」或「中國文化」或「現代文明」等高等頭銜的**生命歷程**，其本身即具有自我與人性的色彩。因此，是否可以在生命本身之中，尋到一系列必須被有次序地，且強制性地經歷到的過程？對於任何有機物而言，誕生、死亡、青春、老大、生命期等，皆是基本的表徵，而這些表徵，是否還具有無人察覺到的某些嚴肅的意義？一言以蔽之，是否所有的歷史，都奠基於一般生物學的「基型」（archetype）之上？

乍看之下，西方的沒落，就好似其所對應的「古典文化的沒落」一樣，是一個為時空所限的一般現象而已，但在瞭解了它所有的重要性之後，我們認識到，這乃是一個哲學的課題，它包括了有關「存有」（Being）的每一個重大的問題。

於是，如果我們想要發現：西方文化的命運將以何種形式完成？我們首先必須弄清：什麼是**文化**？文化與可見的歷史、生命、靈魂、自然及心智間的關係是什麼？文化的證明是以何等形式顯現出來？而這些形式，又可被接受、且引為象徵，到怎樣一個程度？——這些形式，指的是：民族、語言與紀元、戰爭與意理、城邦與神祇、藝術與建築、科學、定律、經濟形態與世界意念、偉大人物與重大事件等。

認知死板板的形式，其方法是**數學的定律**；認知活生生的形式，其方法是**相似的擬喻**

（Analogy），經由這些方法，我們可以區別世界的「偶極性」與「週期性」（Polarity & Periodicity）。

世界歷史的表達形式，被侷限於數字上。而一些年代、紀元、場所、人物，卻一再若合符節地重複展現，這一直是一個知識上的問題。例如：討論拿破崙時，人們很難不提到凱撒與亞歷山大，這一擬喻，在我們看來，前者是形態學上不能接受的，而後者才是正確的。腓特烈大帝（**Frederick the Great**）在他的政治性著作，例如他的《沉思錄》（*Consideration*）中，作了很多非常確定的擬喻，他把法國比作菲力浦統治下的馬其頓，而把德國比作了希臘，他寫道：「直到現在，德國的色摩比亞隘口——亞耳撒斯和洛林，仍在腓力浦手中。」這恰好也點出了紅衣主教福樂利（Flory）的政策特徵。他也把哈布斯堡宮的政策，與波本王朝的相提並論，並把安東尼的被逐，與屋大維混為一談。

然而，所有這一切，都只是片斷而任意的看法，只能導致詩意的、或失真的短暫傾向，而非對歷史形式真有深刻的體認。到現在為止，還沒有人已在這一領域內樹立起他自己的方法，甚至也沒有人已有最輕微的「察知」（Inkling）——察知到這裏有一個歷史學的根柢。從這根柢出發，我們可以得到歷史問題的廣泛解答。由於它裸呈了歷史的有機結構，擬喻將成為歷史思想的福音。在精詳周密的意識形態影響下，所發展出來的擬喻技巧，將必然會帶來合乎邏輯的結果，與不可避免的定論。但是，迄今為止，擬喻竟是一個禍因，因為擬喻的濫用，使得歷史學者依照自己的品味，各自便宜行事去了，而不再嚴肅的體認到：他們最基本，也最艱苦的工作，即與歷史的象徵主義及其擬喻方法，密不可分。

如是，我們的主題原先只包括了今日文明的有限問題，至此乃擴大成為一種新的哲學——未來的哲學，而這也將是西方歐洲的心靈，在下一階段所可能具有的唯一哲學，如果那業已「形上枯竭」（metaphysically exhausted）的西方靈魂能夠負荷的話。我們的主題，擴展成**世界歷史的形態學觀念**，以及歷史世界（world—as—history）的形態學觀念，以相對於傳統的自然世界（world—as—nature）的形態學，而後者，幾乎是迄今為止的唯一哲學主題。我們的主題，也重新檢討了世界的形式與運動，檢討其深度及最終的重要性。但這次是按照完全不同的態度來檢討的，例如，我們把世界的形式與運動，集中在生命的**圖像**之中，而不是集中在包含所有已知事物的圖像中，我們把它們當作**正在進行的事物**，而非已經完成的事物。

歷史的世界，乃是由於恰好與其相反的自然世界賦形（given form）而來的，這是人類存在的一個新觀點。可是，雖然這觀念在理論上和實際上，都具有無可比擬的重要性，迄今還沒有人曾體認到這一觀點，更不要提展現它了。有些人曾含糊籠統地察覺到一些，也有些人曾遙遠而短暫地注視過一些，但沒有人曾正面地思考過它的一切意蘊。在我們面前，有兩種方法，可使我們內在地把握、並經歷我們周遭世界，在此處，我嚴肅地把這兩種方法區分清楚：其一，是有機的世界感、意象的內涵、圖像與象徵、瞬間的事實，按照計劃而得的想像秩序的目的，以及編年的數字（chronologrial number）。另一，則是機械的世界感、定律的內涵、公式與系統、經常的可能、根據體系而得的經驗解剖的目標，以及數學的數字（mathematical number）——數學數字與編年數字的分別極為重要，而迄今無人曾予注意，我在此特予提出。

正因無人注意此一觀點，所以，我們眼前的所謂歷史研究，不過是攝取一些日漸明朗的精神——政治事件（spiritual—political events）的表面價值，然後把他們排列到「因」「果」的體系之中，並將他們形成一種顯而易見的方向罷了。如此一種「實用主義的」（pragmatic）歷史處理，不過是一種變形的「自然科學」而已，而那些支持唯物史觀的人們，也根本不諱言此點，只是他們的對手，倒大都沒有注意到這兩種方法的相似性。

我們所關心的，不是此時或彼時所出現的歷史事實是什麼，而是它們的出現，顯示了什麼重要性？指出了什麼端倪？我迄今還沒有發現有任何人，曾仔細地思考過，那在內部維繫文化各支脈的展現形式的「形態學關係」（Morphological Relationship）。然而，若從這形態學觀點來看，則即使是些很單調乏味的政治事項，也具有其象徵的特徵，乃至形上的特徵，諸如：埃及的統治系統、古典的貨幣制度、解析幾何、支票體制、蘇伊士運河、中國的印刷術、普魯士的軍隊、羅馬的道路工程，都可以作為一種象徵，而獲致統一的瞭解與欣賞。

然而我們立刻便可發現，迄今尚無一種理論分明的歷史處理的方法。過去的歷史處理，其方法完全取自科學的領域，物理學幾乎完全包辦了認知的方法，於是，當我們以為我們在從事歷史研究時，其實我們僅僅是在作著客觀的「因果連繫」（connxions of cause and effect）的把戲而已。而歷史學家的收集與整理資料，並加以解釋，從物理學家與數學家的標準來看，卻又是很不夠周密的。

而事實上，除了因果的必然之外，生命還擁有另一種有機的必然，即**命運的必然**。我把前者叫做「空間的邏輯」（Logic of Space），而後者叫做「時間的邏輯」（Logic of Time）。這事實，是一項最深刻的內在的確定，這事實充盈在整個的神話學領域及藝術的思想之中，並構成了所有歷史的精華與核心。但是，若經由「純粹理性批判」（Critique of Pure Reason）[1]所研定的認知形式，來加以探究的話，恐怕連邊都沾不上。這一事實仍有待於理論的建構。

數學及因果的原則，導致現象世界的**自然秩序**；而編年學及命運的觀念，則導致現象世界的**歷史秩序**。這兩種秩序，各以其理，合成了整個世界。這兩者的差別，只有能洞觀世界的慧眼，才能認辨清楚。

1「純粹理性批判」，是大哲學家康德的三大批判之一，康德哲學，在本書中代表死板板的系統哲學與因果原則，故而頗受抨擊。

歷史對個人的意義

自然是一「形態」（shape），高級文化的人們在這形態之中，綜合並傳譯他們所感覺的印象；而歷史是一個「造像」（image），人們從這造像來印證世界的存在，與他個人的生命間的關係，所以研究後者時比較切近真實。人們能否創造此等形態？此等形態中，何者統治了人們的覺醒意識？乃是所有人類生存的一個根本問題。

於是在人類面前，認識世界有兩種可能的路子。但是，在開始時，必須注意到：這兩種可能並不是必然的**真實**（actualities）。而我們若要研究所有的歷史，我們必須先解答一個迄未提出的問題：「歷史為誰而存在？」，這問題乍看來是弔詭（paradoxical）的，因為很明顯地，歷史是為每一個人而存在，每一個人，及其整個的存在與意識，都是歷史的一部分。但是，下面兩個態度是大有區別的，一個是：個人經常意識到，他的生命只是廣大的生命過程中的一元素，而這一廣大的生命過程已行進了千百年。另一是：個人認為自己是置身事外，自給自足的。因為對於第二種意識形態而言，並無所謂世界歷史與歷史世界可言。但是，如果整個國家的自我意識都是如此，又怎辦？如果整個文化都奠基於此一反歷史的精神之上，又怎辦？

古典與印度：非歷史的

對於不同的民族、時代及習俗，所作的每一種心理比較與分析，就其最廣泛、最具涵蓋性的意義而言，即是歷史研究。這種歷史研究之於整個文化的靈魂，其關係就正如同日記與自傳之於每個人一樣。但是古典文化沒有記憶（memory），也就沒有所謂歷史組織。古典人（按：指古典文化的人，即希臘、羅馬人）的記憶，與我們的完全不同。在他們的覺醒意識裏，沒有所謂過去與未來，只有「純粹的現在」（pure present），以一種我們完全不能理解的強度，充滿了他們的生命，因此古典生命的每一項產物，尤其是雕塑，經常引起歌德的驚羨。這種「純粹的現在」，其本身便指出一「時間之否逆」（Negation of Time），其最大的象徵便是所謂「多力克圓柱」（Doric Column）。[2]

在晚近的神話分析中，我們發覺其結構是偏極性的，而非週期性的，對於希羅多德

---

2 「多力克圓柱」為古希臘建築中最古樸的形式，源於多力斯（Doris）地區，本書中，此等建築代表早期古典文化的具體成就，亦即代表早期的古典文化。

（Herodotus）及索福克利斯（Sopbocles）[3]，對於泰美斯多克利斯（Themistocles）[4]或羅馬的執政官而言，所謂「過去」，已本能地被稀釋（subtilized）成一種沒有時間性、且不會改變的印象。然而，對於我們的世界感、及我們的內在心靈而言，過去的千百年，乃是一個明確地具有週期性及目標的歷史組織。職是之故，雖然古典人很熟悉巴比倫人、尤其是埃及人的嚴格的編年學及年曆推算，也很熟悉他們那些廣泛的天文學的運作、及精確的時距度量中，所透示出來的永恆感、及對現世的忽視，可是這一切都不曾為他所接受，而成為他本身的一部分。

至於古典的歷史著作，可取修西底特斯（Thucydides）[5]為例。他的長處在於他能把當時事實，處理得栩栩如生，且自成解釋，並且因為他本人既是將軍、又是執政官，所以他對當時的事件，能具有驚人的**實際**的看法。由於這種經驗的性質，他的著作便成了那些博學的職業歷史家所不能模仿的典型。但是，修西底特斯完全沒有述出事件的全景，也完全沒有眺望千百年歷史的能力，而這些，在我們西方的歷史觀念裏，卻是絕對必要的。

3 希羅多德為希臘大歷史家，號稱「史學之父」。索福克利斯為希臘三大悲劇作家之一，另兩者為艾士奇勒斯與優里披底斯，在本書中均有論列。
4 泰美斯多克利斯（525—460 B.C.）為雅典政治家及海軍指揮官。
5 修西底特斯（460—400 B.C.）雅典名歷史家。

古典的歷史傑作，經常是陳述作者「本身」的政治現況，這與我們正好相反，我們的歷史作品，除了處理那遙遠的「**過去**」之外，便一無所有。修西底特斯甚至連處理波希戰爭，都告失敗，當然不必再指望其能處理希臘的全史，至於埃及的歷史，則更是他力所不及的了。他與波利比亞斯（Polybius）及塔西陀（Tacitus）[6]一樣，當他一遇到他的實際經歷所不能及的外力時，他的眼光便告模糊了。對於波利比亞斯而言，甚至連第一次布匿克戰爭（The First Punic War）[7]都是不可解釋的，而對於塔西陀而言，竟甚至連奧古斯都的統治，都是離奇不堪的。

至於修西底特斯，他的缺乏歷史感，可以完全從他的著作的第一頁看出來，在第一頁中，有一個驚人的敘述：「在我誕生之前，世上沒有任何重大事件發生過！」[8]

---

6 波利比亞斯（198—117 B.C.）為希臘歷史家，塔西陀（55—117 A.B.）為羅馬歷史家。

7 布匿克戰爭，為羅馬與迦太基之爭霸戰，共有三次。

8 與埃及的日曆及編年系統相形之下，希臘人嘗試模仿出來的此類東西，不但過時，而且拙樸。以奧林匹克會期為計算年曆的標準，與基督紀元的編年體制相比，極不準確，也未普遍流行。事實上，希臘民族並不普遍需要知道其祖父或曾祖輩的經歷的日期，只有少數學問中人，才對曆算有興趣。我們此處所注意的，不是曆算是否精確的問題，而是其是否流行，人們的生命是否以此為調整準據的問題——原註。

埃及人與西方人：歷史的

埃及的靈魂，其結構很明顯的是注重歷史的，並對「無限」（Infinite）具有原始的熱情。它把「過去」與「未來」視作整個的世界，而「現在」只被視作兩者之間一狹小的交界區而已。埃及文化乃是「**關心**」（Care）的化身，而「關心」乃緣於要在精神上，平衡過去與未來兩者。對未來的「關心」，表現在手匠選用花崗岩或玄武岩作為素材上[9]，表現在鑿刻的建築中，表現在精複的統治系統裏，表現在灌溉網上[10]，而這些必須與對過去的「關心」相切合。埃及的「木乃伊」（mummy）是一最重要的象徵，死者的屍體由木乃伊而經久不朽，正如他的人格可由人身雕像（portrait—statuettes）而永垂不朽一樣，這樣的雕像常放置在其墓木之中，並被認為有一超越的「相似」，將雕像與他本人連繫在一起。埃及人對過去所持的態

9 這是一件具有象徵意義的事。埃及建築以石頭為基準；而希臘人，雖然眼前即有梅錫尼時代（Mycenaean Age）——即早期先希臘的青銅時代（西元前一五〇〇——一一〇〇）——的石頭建築，而希臘土地上也極多石頭，卻蓄意地轉向於以木頭為主。埃及的列柱，自始即用石砌，而多力克圓柱卻是木製的，這明白表出古典靈魂對時間的強烈憎厭之情——原註。

10 希臘城市之中，即沒有一個曾完成任何一項此類的、表示對未來世代關心的工程。梅錫尼時代的道路與河流，自荷馬時代希臘民族出現起，即已頹壞失修，而至於湮沒廢置——原註。

度，與其對死亡所具之感受，兩者關係良深，這關係即表現在其對死者之陳列上。埃及人否認永恆，而古典人則將永恆視為其文化的全部象徵。埃及人甚至將歷史銘記在其編年的日期及圖像上。

從希臘名君梭倫之前的時代（pre—Solonian Greece）起，古典人從沒有傳下任何東西來，沒有年代、沒有真名，沒有一件可以確知的事情——正因為我們不甚知道希臘前期的歷史，才誇大了希臘後期的重要性。可是埃及，從三千年前，甚至更早以前，即留下很多國王的名字，甚至其確實的版圖，而其新王朝（the New Empire）想必已有一套很完整的歷史知識。如今，那些偉大的法老王的遺體，躺在我們的博物館中，其面目栩栩如生，成為其「永生意志」（the will to endure）的悲慘象徵。

沒有任何偉大的希臘人，曾寫下任何其由內在的眼光，所綜攝成的「經驗樣態」（phase of experience），甚至蘇格拉底也沒有就其內在生命，說過什麼重要的話語。古典的心靈是否可能反應那諸如派西孚（Parzival）、哈姆雷特或維特（Werther）[11]等西方文化中人所表現的生命活力，是很有問題的。對於柏拉圖，我們不能發現其主要學說的思想演進情形，他那些零

11 派西孚為華納歌劇中，有名的聖杯武士，其原作者為吳爾夫蘭（Wolfram）；哈姆雷特即莎士比亞筆下的丹麥王子；維特則是歌德《少年維特的煩惱》中的主角。

散的著作，不過是他各時期，採用不同的觀點所寫下來的論文而已。他無意關心這些觀點是否連繫、或如何連繫。相反的，但丁的「神曲」，則是一本深度自我檢討的作品，從第一頁起，便是西方精神歷史的自我檢討。至於歌德，他永不會忘懷任何事，他的作品，據他自己承認，只是他平生大懺悔的一些片斷，故對他而言，所謂古典的「純粹的現在」，其意義亦甚小矣。

雅典被波斯人摧毀之後，所有的古代藝術作品皆被棄於塵埃，我們不曾聽說有任何希臘人，為了要保存歷史事實，而擔心梅錫尼城（Mycence）或法西特斯城（Phaistos）[12]的被燬。相反的，西方人對固有的一切的虔誠，尤其是對固有文化的虔誠，可由佩脫拉克（Petrarch）[13]身上得到證明。佩脫拉克是古物、古幣及原稿的收集者，是典型的關心歷史的人，他觀察悠遠的過去，神遊渺邈的境界，生活於其時代，而不屬於其時代。他的靈魂深處，只可由其對「時間」的觀念上，獲得理解。中國人的收集傾向，雖具另一色彩，但卻更為熱情，在中國，每個旅遊者都勤奮地追尋「古蹟」，而中國哲學的基本原則——那只可意會不可言傳的「道」，即係從此一深摯的歷史感情而來。在希臘時代，各處確也收集與展列古物，但那完全

12 皆為希臘著名古蹟所在地。

13 佩脫拉克（1304—1374）義大利抒情詩人與古典學者，人稱「文藝復興之父」。

是基於對神話的興趣，根本無人注意這些古物的年代與目的問題。

在西方民族之中，是日耳曼人首先發明了機械鐘（mechanical clock）——這一象徵時光飛逝的可怕玩意。數不盡的鐘塔，其聲響迴盪在西歐，日以繼夜，成為其歷史的世界感的一個最美的展示。在沒有時間觀念的古典世界的鄉間與城市中，我們找不到這一類的東西，直到伯里克里斯時代，白晝的時間，僅能由日光陰影來約略估計，從亞里斯多德起，ω'ρα 這一字眼才有了「小時」的意義，在此以前，根本沒有精確地分割一天時光的方法。在巴比倫及埃及，水鐘與日刻在很早的時代便已發明；然而在雅典，直到柏拉圖才造出了一種實用的漏壺，而這也僅僅是日用品中的一樣小小的附屬品，根本絲毫不能影響古典人的生命情感。

有一個很奇怪、但也很確切的事實——希臘的物理學（是靜力學，而非動力學）中，既不知「時間」這一因素的用途，也不感「時間」這一因素的缺乏，然而，我們如今的物理學卻精密到千分之一秒。世上唯一的沒有時間性的、反歷史的演進觀念，即是亞里斯多德所倡的「實體學」（entelechy）。

明乎此，即知我們的責任甚鉅。我們西方文化的人們，其具有的歷史感情，在全世界文化中而言，是一例外，而非一通則。世界歷史是我們的世界圖像，而非別的人類的圖像。印度與古典的人們，毫無世界演進的觀念。可能，西方文明終究是與眾不同的，可能將永不會再有一個文化、一型人類，在其醒覺意識中，「世界歷史」四字，佔了如此強而有力的地位！

世界歷史是什麼？

世界歷史是什麼？當然，是**對過去的一種有秩序的展示，一種內在的陳述**，是感覺形式（feeling—form）的一種可能的表達。但對形式的感覺，不管如何確定，卻不是形式本身，無疑地，我們「感覺」到世界歷史，經歷到世界歷史，也相信世界歷史可如地圖一般地閱讀。然而，直到今天，我們所知的僅是世界歷史的一部分形態，而非即其形態本身——其本身該是我們自己內在生命的一種「反映影像」（mirror—image）。

由於那個把歷史分割為「古代——中古——現代」的不可信、空洞而又毫無意義的架構，完全統治了吾人的歷史思考，以致我們這個從日耳曼——羅馬帝國時代起，才在西歐的土地上發展起來的文化，竟不能覺察到，自己在高級人類的歷史中的真正地位，也不能判斷出，自己的相對重要性如何？和估計出自己的方向何在？將來的各文化，將很難相信這一歷史架構的真實性，它那直線進化的觀念、那毫無意義的對比，越來越顯得荒謬不堪。新的歷史領域，已次第進入我們的知識範圍之內，而此一架構、實已不克負荷此等新知了。

可是，雖然如此，這一歷史架構，卻從不曾被人認真抨擊過。這一架構，不惟限制了歷史的領域，更壞的是它還支配了歷史的階段。在此一架構中，西歐被認為是一固定的支柱，是地球上與眾不同的地方——不為別的，只因為「我們」生長在西歐。而那些千百年來悠久而偉大的文化，其歷史都卑遜地環繞於這一支柱，——好一個太陽與行星的系統！我們指定了一小塊地方，作為歷史系統的自然中心，並使它成為歷史的太陽；從而觀察各歷史事件，並從而判斷其重要性。

對於西方文化而言，雅典、佛羅倫斯、或巴黎當然要比洛陽或佩特里巴特（Pataliputra）[14]重要。但是，是否可以用此等價值標準，來建立一個世界歷史的架構系統？如果可以的話，則中國歷史家，大可建立另一世界歷史系統，而把十字軍、文藝復興、凱撒與腓特烈大帝一筆帶過，絲毫不予重視。從形態學的觀點來看，我們的十八世紀，為何要比過去的六十個世紀來得重要？以僅僅包括幾個世紀之久，且完全侷限在西歐的所謂「現代」歷史，來相對於籠蓋數千萬年之久的「古代」歷史，而把所有先希臘（pre—Hellenic）文化的內容，統統雜亂無章地投入「古代」史，作為附錄事項，這是否可笑？

我這樣說，並不是誇張。為了維持此一蒼白無力的架構，我們不是已把埃及與巴比倫，

14 佩特里巴特，印度古都名。

列為古典文化的序幕，而根本不顧及它們各是一個獨立而自足的歷史，比起我們那起自查理曼大帝（Charlemagne），終於世界大戰的所謂「世界歷史」，不惟未遑多讓，而是猶有過之？我們不是已以窘澀的態度，把巨大而複雜的印度及中國文化，全放進了歷史書的註腳之中？至於偉大的各美洲的先期文化，我們不是已完全視若無睹，忽略過去了？

在這一流行的西歐歷史架構中，我們成為所有世界事件假想的中心。各偉大的文化，皆環繞於以我們為中心的軌道上運行著，其最適當的稱謂，莫若「托勒密式的歷史系統」[15]（Ptolemaic System of History）。而在此書中，用來替代此一系統的，是我稱之為歷史領域中的「哥白尼式的發明」。在我的系統中，不承認古典文化或西歐文化，相對於印度、巴比倫、中國、埃及、阿拉伯及墨西哥文化而言，有何特殊的地位。因這些分別存在的文化，從物質的觀點來看，並不弱於古典文化，而且經常在精神的偉大、及力量的飛騰方面，超越了古典文化。

「古代──中古──現代」的架構，其最初的形式是馬日型世界感（Magian world-sense）[16]的產物。它首次出現，是在居魯士（Cyrus）以後的波斯教及猶太教中，乃承受了「但尼爾書」（the Book of Daniel）的「天啟感念」（apocalyptic sense）而來，寖假而發展為後期基

---

15 托勒密，為西元第二世紀亞歷山大城之天文學家與數學家，其所建立之天體系統，以地球為宇宙中心。中世紀科學一直以托勒密系統為支柱，直至哥白尼「地動說」出，方被推翻。

16 馬日型文化，是史賓格勒對阿拉伯文化的通稱，在本書中，佔有極重要的地位。

督教的世界歷史概念，尤其是諾斯替系統（Gnostic Systems）[17]。

這一重要的概念，雖然將其心智的基礎，侷限於一狹隘的限制之中，本身卻是不可非難的。印度及埃及的歷史都不曾有類似的情形。因為馬日的思想家，把「世界歷史」視作一幕唯一而至高的戲劇行為，其舞臺迤邐於希臘至波斯間的大陸，在這戲劇中，東方那嚴格的二元世界感，不惟表現在類如當時形上學中所謂「靈魂與精神」、「善與惡」等的兩極概念上，而且表現在宗教的「災異」（Catastrophe）所呈出的圖像上，所謂災異，即是世界創生與世界毀敗間的一個世紀性的大變遷。

那些散見在古典文學及聖經之中的二元世界感，皆出現在這一圖像之中，它代表了一個極易了解的對抗：——異邦人對猶太人、基督徒對非基督徒、古典對東方、偶像對教條、自然對精神的對抗，可是它賦有一個「時間的暗示」（Time Connotation），即是：在這戲劇中，其一必勝另一。於是歷史的時代變遷，乃披上了宗教「救贖」式的外衣。簡單地說，這一「世界歷史」是一狹隘而偏私的概念，可是，在其本身的範圍之內，卻合理而完滿。當然，它只能是這一區域及這些人類所持有的，不能有任何自然的擴張。

但是，「古代——中古」這兩個時期，由於加上了另一個我們稱之為「現代」的時期，

17 諾斯替系統，為中世紀偉大的思想系統，係融合希臘哲學、基督神學與東方神秘主義而成。

乃首次將歷史的圖像，賦予了一種進化的看法。原先的圖像是靜止的，它代表一自足的假設，它具有一平衡的外觀，且有一個唯一而神聖的行動——「災異」——作為其轉捩點。但是，一旦這圖像被完全不同的人類選用之後，這圖像很快便轉換成了一種直線進化的概念：從荷馬或亞當——當然，現代人也可以用印歐人、石器時代或直立猿人等，取代他們——經耶路撒冷、羅馬，而發展至佛羅倫斯、巴黎，任由各別的歷史家、思想家或藝術家的胃口來選用，他們可自行對「古代——中古——現代」這一個三期的架構，作任何解釋，自由得很。

這第三個名詞：「現代」，在形式上已表明：它乃是這一系列三個時期的最終的名詞。而事實上，從十字軍時代起，它已一再延伸，至於無遠弗屆。即使不必多事敘述，這一名詞，至少也意味著：經過古代及中古之後，仍有某些確實的事情，正在發生，這些事情的完成與全盛，乃在古代與中古的領域之外，且自有其自己的特點。至於特點何在？每一個思想家，從學院派人士，到目下的社會主義者，想必各有自己的發現。

在西方文化正開始之時，出了一個著名的佛洛勒斯主教耶爾琴（Joachim of Floris），他是第一位黑格爾式的思想家，他傳佈了奧古斯汀（Augustine）的二元世界觀，他的心智是哥德式的（Gothic）[18]，他把他那時代的新基督教，以有別於「舊約」與「新約」宗教的第三名稱表示之，他把三個時期分稱為：天父的時代、聖子的時代、以及聖神的時代（the Age of the Father, of the Son, of the Holy Ghost）。他的傳教，感動了法蘭西斯教派及多明尼各教派的精華人物：但丁與湯瑪斯・阿奎那，他的教義烙進了他們的靈魂深處，並喚起了一個世界觀，此一世界觀慢慢地，確已取代了我們的文化中的歷史感受。

近代的萊辛（Lessing）[19]經常把相對於古典時代的他當時那一時代，稱之為「後期世界」（After—World），他的基本觀念：「人種的教育」（education of human race）分為三個階段：孩提、青年與成年，即是從十四世紀的神秘教派而來。易卜生也將此一觀念，籠統地帶進了他的作品「皇帝與加利利人」（Emperor and Galilean）中。在此書裏，他藉了巫師馬克西蒙之口，直接地展現了諾斯替的世界觀，而在一八八七年，他又發表了有名的「斯德哥爾摩通訊」，更進一步加以發揮。如上可見，在西方人的意識中，似乎總急於要指出一個最終的結局，來承續其目前的現象。

但是，上述那位佛洛勒斯的主教耶爾琴的觀念，只是對神聖的世界秩序，作了一些神秘

18 哥德式一詞，源於日耳曼蠻族之哥德人（Goths），後用為指十二至十六世紀，西歐的一種特殊建築風格，以穹門、飛簷、曲弧、高頂為其特徵。在本書中，哥德式代表西方早期文化。

19 萊辛（1729—81）德國著名劇作家及批評家。

的瞥視而已，一旦將之置於推理的途徑中，作科學的思考時，它便失去了所有的意義，不值識者一哂了。——而十七世紀以來，科學思想越來用得越多，於是，它也就越來越無所施其技了。

把世界歷史呈現在每個人面前，使每人按其自己的宗教觀、政治觀及社會觀來任情評斷，並使這一神聖不可侵犯的三相（上古——中古——現代）歷史系統，能讓每個人各以其自己的主觀立場，來加以估價，這該是一個十分完美的方法了吧！但實際上，這也就是說：以某些事物作為一個基準，來評判整個千百年來的歷史，例如：「理性時代」、「人性」、「最大多數的最大幸福」、「啟蒙運動」、經濟的進步、國家的自由、國邦的征服或世界的和平等，都可以作為基準。於是，我們乃據此判定別人都無視於「真理之路」，或不能遵行「真理之路」，因為他們的意願和目標，竟和我們的不一樣。對於這種想以「計劃」（programme）來解答歷史形式之謎的**遲鈍的企圖**，歌德的話不啻是一記當頭棒喝：「生命中所重要的，乃是生命本身，而不是生命的結果！」

當我們轉而注意：研究各種特殊藝術或科學的歷史家時，我們發現了與上述情形完全一致的現象，例如：——

「繪畫」——從埃及人到印象主義者，或

「音樂」——從荷馬到貝魯特（Bayreuth）[20]及以後，或「社會組織」——從史前時代的穴居野處，直到今日的社會主義，俱各**呈現出一種直線進步的圖形**，其價值一致作著直線的上升。沒有人曾認真思考過：**藝術**可能是生命本身的一種特定的跨躍，它可以視作各特定地區，或特定形態的人類，其自我表現的種種形式。所以，任一種藝術的整個歷史，也許僅僅是各種不同的發展，各種特殊的藝術的累積而已，不能視為整體，而冠以種種名詞，賦以種種細節的。

我們知道，每一有機生物，其生命的韻律、形式、持續、以及表現細節，皆由該一生物之「種類特性」（properties of its species）而決定。看著一棵千年老齡的大橡樹，沒有人敢說，它此刻是否正在真實而正確的生命途徑上前進，看到一條一天天長大的小毛蟲，也沒有人期望它是否還能持續生長兩三年。在這些情形中，我們很確實地感覺到一種「極限」（limit），而這種極限的感覺，與我們對內在形式的感覺是頗相一致的。可是，相反的，在高級人類的歷史中，我們卻以那藐視一切歷史（即生物）經驗的、過分的樂觀主義，作為我們對未來生命過程的基本看法。於是，每一個人都以為：自己可以在有生之年，投身於某些

20 貝魯特以其每年一度的華格納音樂節而聞名，故此處即用以指華格納的音樂，為西方音樂集大成者，也即是史賓格勒心目中，音樂沒落的表徵。

顯著的前進系列之中，而永垂不朽。這種觀念，全無科學根據，乃是一廂情願。「人類」，事實上，本來既無目標、又無觀念、又無計劃，全無任何異於蝴蝶或蘭花等生物之處，「人類」只是一個動物學上的名詞，或竟只是一個空名詞而已[21]。可是，當我們驅退妖巫的幻影，打碎魔魘的圈套，便立刻看到了一些驚人的實際形式——「生命」！具有無比的內涵、深度與運動的「生命」！生命的真理，迄今仍被一些口號與標語，被一個枯燥無味的架構及一些妄人的「理想」掩蔽著，不曾大白於天下。

我認為：上述那直線型的歷史空殼，只能把人們的眼光，侷限在某些聲勢顯赫的往事陳跡之中，不如代之以：注意某些強而有力的文化表現，更能開拓人們的視線。我「看到」每一個文化，從其終身依附的母土（mother—region）之中，以原始的強韌之性，跳躍而出；每一個文化，在其自己的影像之內，各具有其物質，其「人類」；每一個文化，各有其自己的觀念、自己的熱情、自己的生命、意志與感受，也各有其自己的死亡。

這其中真是轟轟烈烈，有聲有色，有光有熱，可惜，迄今竟無智者能覷破此一奧秘，這其中，文化、民族、語言、真理、神祇、風景，一如橡樹與松樹，一如花蕊、枝脈與葉子

21「人類？實在是一種抽象觀念，自古至今，以迄將來，都只有人，而不會有什麼人類。」歌德致魯登的信上如是說——原註。

一樣，茁盛而後老衰，——只是沒有老衰的「人類」。每一文化有其各自的自我展現的可能性，它興起、成熟、腐敗，而一去不復返。

每一文化既有其各自的自我展現形式，所以世上並不只有一種雕塑、一種繪畫、一種數學、一種物理學，而是有許多種，每一種的精純之處，皆迥異於其他；每一種皆侷限於其文化的持續期（duration）中，而且自給自足，就如每一種植物，各有其獨特的花蕊或果實，各有其獨特生長與凋落的方式一樣。這些生命的精華——文化，正如**田野裏的野花一樣，漫無目地的生長著**。文化，正如植物與動物一樣，乃是屬於歌德的「活生生的自然」（living nature），而非屬於牛頓那「死板板的自然」（dead nature）。我把世界歷史，視作一幅漫無終止的形成與轉變的圖像，一幅有機生物的奇妙的成長與萎縮的圖像。而一般職業歷史家，卻相反的，把它視作一種不斷地在每一時代裏，增加自己長度的絛蟲一般。

但是，「古代——中古——現代」這一架構畢竟已經發揮盡了它的用處。作為一種科學的基礎，它雖然太偏頗、狹隘、淺薄，可是我們以前沒有其它的形式，可以用來排列我們的歷史資料，而且多虧了它，世界歷史經過了一番過濾，留下了我們可以分類的「殘基」（residues）。可是，這一架構所應存在的時代，早已過去很多世紀了，我們的歷史資料增加得甚快——尤其是那些不能塞進此一架構的歷史資料——於是，這一架構不得不開始分解，成為一片污泥。

歷史的相對論

當柏拉圖說到人類時，他指的是希臘人而非野蠻民族，這與古典人生命與思想中的反歷史形態，恰相符合，而他由這一前提所導致的結論，無疑對希臘人而言，是完整而重要的。然而，當康德說到倫理觀念時，他認為是適合於所有時代、所有地方的人類。他並沒有多說這一事實，因為對於他本身及他的讀者而言，這是理所當然的。在他的美學中，他列舉了藝術的原則，不是林布蘭（Rem brandt）藝術的原則，不是菲狄亞斯（Phidias）藝術的原則，而是一般藝術的原則[22]。但是，他所認定的思想形式，事實上只是西方思想的必要形式，吾人試一覘亞里斯多德那與他截然不同的結論，便足以知道這一事實。亞氏的才智，其洞察力不下於他，但其結構則完全不同。

西方的思想家，乃是我們可能寄以期望的唯一的思想家，然而西方思想家缺乏下述種

22 林布蘭（1609—1669）著名的荷蘭畫家與蝕刻家；菲狄亞斯，西元前五世紀希臘偉大的雕刻家。在本書中，此二人分別代表西方與古典兩大文化的典型藝術家。

種：——洞察其資料的歷史相對特性，即其資料只是某一特殊文物的展現；確知其資料之真實性，有其必然的限制，而不可逾越；瞭解其所認定之「不可動搖」的真理、與「永恆不變」的觀點，只是對他本人為真確的，及對他的世界觀而言是永恆的而已。於是，進而尋出其他文化的人們，以同樣的確定性，所抱持的「真理」與「觀念」。只有如此，才能使未來的哲學，真個完美無瑕，也只有瞭解了活生生的世界之後，我們才可以瞭解到歷史的象徵意義（Symbolism）。世上沒有什麼東西是永恆的、普遍的，我們必須不再提及：什麼「思想」的形式、什麼「悲劇」的原則、什麼「國家」的天職。所有這些所謂普遍的真理，只是「訴諸特例的謬誤」（fallacy of arguing from particular to particular）。

但是，比邏輯的謬誤更令人焦慮的是：哲學的重心，已從抽象系統式轉向於實際倫理式（Practicalethical）了，而我們西方的思想家，從叔本華以降，已從認知的問題，轉向於生命的問題（生命的意志、權力意志、行動意志）。於是，康德的那種便於檢證的、理想而抽象的「人」，已變成了實際的活生生的人，無論其為原始的或進步的，在歷史過程中，已由民族來加以結合。故而，如今更不能用那個有其固定限制的，所謂「古代——中古——現代」的架構，來界定（define）人類觀念的結構了——然而，事實上我們已濫用了這一架構。

讓我們考慮一下尼采的歷史水準，他的種種觀念，諸如：腐化輪迴、軍國主義、價值轉換、權力意志，皆深植於西方文明的本質之中，且對於分析西方文明，有著決定性的重要意義。但是，我們可曾發現：他的觀念，到底奠基於什麼？很明顯的，是奠基於希臘與羅馬、文藝復興與現代歐洲，以及一些對印度哲學的模糊籠統的印象——一句話，奠基於「古代——中古——現代」歷史。嚴格說來，尼采從未脫離這一架構，他那時代的思想家皆是如此。叔本華、孔德（Comte）、費爾巴哈（Feuerbach）、霍布士（Hobbes）、或史特靈堡（Strindberg），他們的思想領域，是否要比尼采廣闊一點呢？他們整個的心理背景，不也僅僅是純粹的西歐文化產品而已？

迄今為止，西方人對於空間、時間、運動、數字、意志、婚姻、財產、悲劇、科學諸問題的所言所思，皆是狹隘而可疑的。因為人類永遠在為問題追尋其答案，沒有什麼答案是十全十美的。從來無人瞭解到：不同的問題可導出不同的答覆；而事實上，任何一個哲學的問題，其本身即隱蓄了一個企望——企望從含蓄的問題中，獲得一個明朗的確定。任何一個時代，其所產生的大問題，皆游移（fluid beyond）於所有的概念之上，所以，只有經由一組有歷史限制的答案，並佐以絕對無私的基準，來加以衡斷，才能獲致其最後的秘密。

不同的文明，有不同的現象，不同的人類，有不同的真理，思想家們要麼就承認所有的真理，要麼就全部不承認。如此一來，人們想要瞭解世界歷史，瞭解歷史世界，西方目前的世界觀，必須如何地大加擴張與深入！尼采及其同代人的幼稚的相對主義，必須如何地大加超越！人類對於形式及心理的洞察力，必須如何地大加改進！人們必須如何地超越其自我的限制，其實際的興趣，與其歷史的水準！

歷史之眼

相對於以前那種，由傳統及個人的選擇而來的，隨便而狹隘的歷史架構，我提出這自然的、「哥白尼式」的歷史過程之形式，此一形式深植於歷史過程之中，僅有具有無私慧眼的人，才能看到。

這種慧眼，是歌德發明的。歌德稱之為「活生生的自然」者，即是我們所謂的世界歷史、歷史世界。歌德很恨數學，作為一個藝術家，他永遠以形象，來描繪生命與發展，描繪「正在進行」的事物，而非「已經完成」的事物。對他而言，機械的世界永遠是有機的世界之對頭，死板板的自然永遠是活生生的自然之敵人，定律永遠是形式之反面。他是一個自然主義者，他所寫的每一行作品，都展示了正在進行的事物的影像，展示了活生生的、發展中的「印象形式」（impressed form）之影像。同情、觀察、比較、瞬息而內在的確認、理智的慧眼，這些，都是他得以認識運動中的世界現象之秘的方法，就是這些，沒有其他。這種像天神一般的洞察力，使他敢於在維米之役（the Battle of Valmy）[23]前夕，在野營時宣稱：「此時此地，世界歷史正開始了一個新的時代，而你們各位，可以說乃是『過去的人』！」沒有任何將軍、沒有任何外交家，更不必說哲學家了，能如此直接地感受到歷史的「進行」（becoming）。這是對一個偉大的歷史行動正在完成之際，一個人所能提出的最深刻的判斷。

正如歌德能看清植物形式的發展、脊椎動物的衍生、地質層次的變遷——這些，都是自然的命運（Destiny），而非**因果**（Causality）——吾人將在此，依據很多頗具挑戰性的事項，來試著發展人類歷史的形式語言（form—language）、週期結構、與**有機邏輯**（organic logic）[24]。

從很多別的觀念看來，人類習慣上，被當作地球上的有機生物之一種，人類的生理結構、自然行為，與其整個的現象概念，都可得到一個統一的瞭解。可是我們處理的觀念，卻與眾不同，雖然植物的命運與人類的命運，有其深刻的關係，而成為抒情詩人們的永恆主題之一；雖然人類的歷史與那囿於永無窮盡的野性傳奇、冒險、寓言的其他高級生命集團的歷

23 一七九二年九月二十日，發生於法國北部維米一地的戰爭，由法國對抗普奧聯軍，此役法軍戰勝。

24 形式語言，意即「表達方式」，為本書中常用以描述文化現象的用語；週期結構，即指文化誕生、茁壯、老衰、沒落的循環；有機邏輯，即是以時間、命運、歷史等觀念，來瞭解文化的方法，此三者皆為本書重點所在。

史[25]，頗為相似。可是，我們現在只擬將相似的擬喻，加諸這一觀念之上，將人類各文化親切地、不保留地，置於想像世界，而不將之驅入預製的架構之中。讓這些字眼：「青春」、「老衰」、「成熟」、「腐化」，最後成為各有機組織的**客觀描述**，而非如目前所常見的，成為社會學、倫理學與美學中的**主觀評價**，與個人評準。我們將古典文化當作一個自給自足的現象，認為它具有、並展現了古典的靈魂，並將之置諸埃及、印度、巴比倫、中國及西方文化之旁，並在此等高級的文化個體之中，決定其各自的典型的起伏時期、與必要的騷亂時期。如是，世界歷史的圖像，將自己展現出來，展現在我們西方人的面前。

古典歷史圖像的片面解釋

從上述世界觀看來，我們目前較狹隘的工作，首先即是要決定從一八〇〇年至二〇〇〇年這一時期內，西歐與美國的狀態——即決定這一段時期，在整個西方文化史上的「編年史地位」（Chronological position）。在每一個文化的傳記之中，都必定會有相同於我們此一時期

25 指尚未進入文化狀態之原始種族。

的一章，我們須決定這一章的重要性如何，並經由其政治的、藝術的、心智的、及社會的表現形式，來決定其有機與象徵的意義（Organic and Symbolic Meaning）。

以擬喻的精神來看，我們這一時期，在編年學上正平行於大希臘風時代（Hellenism），而這一時期的顛峰——世界大戰，正對應於從希臘到羅馬的過渡時期。羅馬，它那嚴格的現實主義——非精神的、野蠻的、重訓練的、實際的、新教的、軍國主義式的——經由擬喻的方法，加以理解後，正給了我們瞭解我們的未來的鑰匙。我們用連字號——所聯成的「希臘——羅馬時期」，中間那一豎所代表的破斷的命運，正發生於我們身上，即是：已經完成的**文化**，正在與即將來臨的**文明**分離開來[26]。很久以前，我們就該看出來，古典世界的發展情形，正完全是我們西方世界的發展情形的一個副本，表面上每一細節皆不相同，可是，驅使這兩大文化，走向其命運的終點的內在力量，卻完全相同。

不幸，要想瞭解這個，我們需要對古典歷史的圖像，作一根本與目前不同的解釋，而我們目前的圖像，乃是不可信地片面的、膚淺的、偏見的、有限制的。我們過分地感覺到，自己與古典時代的**親近關係**，並過分地傾向於不經思考，便去確定這一關係。表面的相似，是一大陷阱，我們整個的古典研究，當從整理與批判，轉而解釋其精神意義時，便墜入了陷

26 文化與文明，在本書中分別具有不同的意義，稍後即可看出。

阱。十九世紀所有的宗教哲學、藝術歷史與社會批判工作，並不能使我們瞭解艾士奇勒斯、柏拉圖、阿波羅與戴奧奈索斯、雅典城邦與凱撒主義，而只能使我們開始認識到：這些事物對我們自己的內在而言，是何等不可測的陌生與遼遠──甚至，比墨西哥的神祇與印度的建築，還要更陌生些。

我們對希臘──羅馬文化的判斷：永遠搖擺於兩個極端之間。經濟家、政治家及新聞記者，傾向於以目前人類為基準，來判斷以前人類的一切。相反的，藝術家、詩人及哲學家，則感到不安於現狀，而選擇某一過去的時代，作為基準，來批判現在，這與前者，是一樣的絕對與獨斷。兩者都是膚淺的獨斷主義者。簡單說，目前只有兩種認識古典文化的途徑──唯物的與唯心的。在排列因果關係時，唯物論者把純粹的政治事項當作「因」，而以宗教、心智與藝術的事實為其「果」。而唯心論者，則迷失在古典的崇拜、神秘、習俗、與古希臘頌歌的詩句的秘密之中，絕少注意到普通的日常生活。

唯心論從佩脫拉克初起時，業已萌芽，它創造了佛羅倫斯、威瑪及西方的「古典主義」文化。唯物論則出現於十八世紀中葉，隨著文明的成熟、經濟的勃興而俱來，故其誕生之地是英國。事實上，唯心唯物的對立，即是**文化人**與**文明人**之間觀念的對立，這一鴻溝太深了，太人性化了，所以我們很難看出、或征服這兩個觀念的缺陷。

在所有的歷史上，從沒有像我們的文化，那麼熱情的崇拜另一文化的類似情形。我們已將我們內心深處的精神需要與感覺，整個的投射於古典文化的圖像之上。對於古典文化的崇拜者而言，他們崇拜古典文化，比崇拜「眾神之母」（the Great Mother of the Gods）還要虔誠，在這些人看來，連談及羅馬人的中央集權狂熱，或文籍保存不全，都似乎是褻瀆的。

但是另一派人，則正好相反。他們認為對古典文化的崇拜，已耗盡了我們自己的文化精髓。儘管古典文化距我們如此之遠，他們還是認為希臘人與他們自己沒有什麼不同，於是他們作一簡單的代換工作，便獲得了他們的結論——完全忽視了古典文化的靈魂。他們認為希臘羅馬時代的「共和」、「自由」、「財產」，與他們此時此地的「共和」、「自由」、「財產」之間，全無一絲內在的關聯，他們太蔑視古典了。

宗教與藝術現象，並不比社會與經濟現象更基本、更重要，但是，反過來說，社會與經濟現象，也不見得比宗教與藝術重要。對於那些超越個人的興趣，而獲得完全自由的眼光的人而言，他會一空倚傍，無所仰企，無視於因果的關係與價值的轉換。對於這些人而言，個別的事實，其相對的層次，端視它們的形式語言（form language）及象徵意義（Symbolism）所表現的純度與強度而定，根本與所謂善惡、高低、實用與理想等問題無關。

「文明」的問題

如此看來，《西方的沒落》，所包蘊的，無非是「**文明**」（Civilization）的問題。我們的面前，有一個與所有高級歷史有關的基本問題：**文明**是什麼？如果把**文明**當作**文化**的有機——邏輯（organico—logical）的結果、完成與終局，**文明**究竟是什麼？

每一**文化**，皆有他自己的**文明**。到目前為止，**文化**與**文明**二詞，乃是不確定的，多少帶點倫理色彩的，而且是有分別的詞眼。在本書中，這兩個詞眼，第一次具有了週期性的意味（period sense），用來表達一個嚴格而必然的，有機發展過程。「**文明是文化不可避免的最終命運**」，根據這一原則，我們可以獲得一個觀點，從而使歷史形態學中最深奧、最重要的問題，獲得解答。

文明是一種人性發展（按：即一種文化發展）所達到的最外在、最不自然的狀態。**文明**，即是**文化**的結論。**文明**到來時，已經生成的事物，替代了生成變化的過程，死亡跟隨著原來的生命，殭化替代了原來的擴張。心智的成熟與硬化，使得「世界都會」（world city）替代了原始的母土（mother earth），人類也失去了多力克與哥德式的精神狀況——那種孩提時代的精神狀況。文明即是終局，不可避免的終局，文化，由於其內在的必然，皆一一會走到這一終局。

所以，我們第一次能夠瞭解到：羅馬人即是希臘人的後繼者，從而明白到後期古典時代的種種深奧的秘密。準此而言，那麼，羅馬這一野蠻民族，並未開創，而僅終結了一個偉大的文化發展。這一事實，其意義畢竟為何？羅馬人是非精神的、非哲學的、缺乏藝術的、排斥異族至於殘忍地步的，不計一切追求具體成功的，他們正介於**希臘文化與虛無**（**nothingness**）之間。像羅馬人這樣，把想像力全指向於實際的事物，在雅典文化中是絕無此事的。簡而言之：希臘，重靈魂——羅馬，重理智，而這一對立，正是**文化**與**文明**之間的區別，這一對立並不是只適用於古典文化。歷史上一再出現羅馬人這種，心腸甚硬、完全反形上思考的人，而每一**文化**的晚期，其心智與物質的命運，皆操在這種人手中。作為一種歷史的過程，純粹的**文明**，便正存在於那些已經過分擴張、耗盡心力，而已變成無生機或已死亡的形式之中。

文化到文明之間的過渡時期，在古典世界，是發生於西元前第四世紀，在西方文化，則發生於十九世紀。從這過渡期以後，所有重大的心智決定，皆發生於三四個「**世界都會**」之中，而不再由全世界來決定。從前，即使是一個小村莊，也是世界的一部分，而現在，世界都會則已吸盡了整個文化的內容，那些古老而廣大的土地，變成了俗不堪言的地域，只配以其剩餘價值，來奉養世界都會中的高級人類。

世界都會與**鄉野區域**，是每一個文明的兩大基本觀點，它們構成了整個歷史的新形式問題，我們如今生活於其中，可是絕少意識到這一問題的重要性。一個城市、一個點，竟取代了一個世界。廣大的地域，整個的生命，集中於這一個點，而其他地方，則萎縮了。於是，以前那種真實的、土生土長的人類萎縮了，代之以一種新的流浪者，杌隉不安地黏附在流動的人群之中，這便是寄生性的城市居民。他們絕對是無傳統的、無地域的、敏黠而無內容的，他們輕視那些鄉下人，尤其輕視那些高級的鄉下人——鄉下的仕紳。這一變遷，是文化走向無機、走向終結的一大步，——它的重要性如何？

世界都會的崛起——意味著大城市已取代了母土，取代了「家」。世界都會的人，不是個人，而是**一群人**（not a folk, but a mob）。世界都會對代表**文化**的一切傳統，無論其為貴族、其為教堂、為特權、為朝代、或為藝術的習俗、為科學的知識，皆具有不可理喻的敵意。在世界都會中，敏銳而冷酷的理智，淆亂了從前原始的智慧。它對於「性」與社會，所採取的新式的自然主義，使我們退化到原始的本能與原始的狀況之中。公開的辯論與運動的角逐，使野蠻的習性再度出現，——所有這一切，都有助於**文化的閉幕**，而開啟一個新的人類生存的狀態，——一個反地域的、蒼涼而無前途的生存狀態，可是，這是不可避免的。

這是必須注視的事實，可是不能用黨派的、唯心論者的、或道德家的眼光來注視，也不能用這個或那個「基準點」（stand—point）來觀察。如果，我們真正要想瞭解目前時代的大危機，我們只能用高級的、超越時間性的，能透視古今千百年歷史形式的眼光，來注視它。

對我而言，克拉蘇（Crassus）[27]時代的羅馬，是一個有很重要的象徵意義的時代。

克拉蘇是羅馬三執政之一，是手握重權的投機者。羅馬人對他所統治的羅馬，有驕傲的記憶，那時，高盧人、希臘人、安息人、敘利亞人在羅馬人面前，全嚇得發抖。可是，當時羅馬人的生活可憐得很，住在黑暗的郊外，多層的木樓之中，無可奈何地接受那軍事擴張的結果：很多有名望的、古老而高貴的家族，他們的祖先曾擊敗過賽爾特人及閃米人，可是後代子孫卻由於不曾加入這一狂野的投機，而失去了先人遺下的房產；在人口稀少的雅典城，那些從羅馬來旅行的暴發戶，張著嘴呆望著柏里克里斯時代的文化遺產，茫無所知，正如同現在美國的大腹賈，在西斯汀教堂中（Sistine Chapel），呆望著米開蘭基羅的作品一樣。每一件可以移動的藝術品都取走了，代之以羅馬式的建築物，那麼巨大而驕傲地，聳立在那些低下而謙卑的古老建築之旁。諸如此類的事情，其中便蘊有一個觀點，我們可以很明顯、很直接地看出來。歷史家的工作，便是以形態學的觀點，來考慮這些事情，而不是去讚揚它或責備它。這一觀點是——**金錢**。

從此刻起，我們可以證明，所有重大的衝突，無論其為有關世界展望的、有關政治的、抑或有關藝術的、科學的、感覺的，皆受著同一個相反的因素所影響。過去的**文化**，其政治

27 克拉蘇（115—53 B.C.）羅馬政治家與將軍，與凱撒、龐培合稱羅馬「前三雄」。

的標記為何?今日的**文明**，其政治的標記又為何?我可以指出:**古典文明**的政治標記，即是「雄辯術」，而對**西方文明**而言，則是「新聞學」，而這兩者都是為同一個事物在服務:那個代表**文明**的權力的——**金錢**。

金錢的精神（money—spirit）無聲無息地，穿過了人類生存的歷史形式，它並不毀滅，甚至很少攪動這些歷史形式。舉例而言，從早期的西皮阿（Sepio）[28]，到後來的奧古斯都，羅馬狀態的改變，比一般想像中要小很多。如今，這些歷史形式雖然存在，可是改變亦非難事，幾個大政黨，成為有名的決策中心，一小群高高在上的首腦們，也許並不出名，可是卻決定了一切，他們底下那些大量的二流政治家們——古之修辭學家、護民官，今之代理人、新聞記者——則是地方上選出來的，以保持那所謂民意自決的幻象。

不提及其經濟關係，而逕自瞭解希臘人，是可能的，可是，相反的，羅馬人只能經由其經濟關係，才能被人瞭解。古之卡羅尼亞（Chaeronea）之戰與今之萊比錫（Leipzig）之戰[29]，是最後的為一個理想而戰的戰爭。在第一次布匿克戰爭時，在一八七〇年普法戰爭時，那經濟的動機，已再不能被忽視了。

28 西皮阿（273—183 B.C.）羅馬大將，於第二次布匿克戰爭中，擊敗迦太基的名將漢尼拔。

29 卡羅尼亞之戰，發生於西元前三三八年，為馬其頓建立希臘霸權之戰。萊比錫之役，發生於一八一三年十月，拿破崙在此為英、普、奧、俄各國聯軍擊敗，失去霸權，首度放逐。

結論——帝國主義

從羅馬的世界統治來考慮，它本身乃是一個「負面現象」（negative phenomenon），並不是羅馬具有過剩的能力，以致如此。事實上，羅馬自查瑪（Zama）之戰後[30]，從未有過過剩的能力[31]，相反的，這反而是羅馬缺乏韌性的結果。羅馬人事實上，根本沒有征服世界，他們僅僅攫取了那些任何人都可以攫取的戰利品而已。歷史上盛極一時的「羅馬帝國」之存在，並不是真有極度的軍事與經濟能力，如同與迦太基爭霸的布匿克戰爭時代所顯示的那樣，而只是因為古老的東方，其時正放棄了所有對外的自決而已。我們必須不被那耀眼的軍事勝利所迷惑。帶著一些訓練不良、缺乏指揮、陰鬱沮喪的軍團，陸克拉斯（Lucullus）與龐培（Pompey）竟征服了整個廣闊的帝國疆域，這是在那易卜薩斯（Ipsus）之戰時[32]，根本不可想

30 查瑪之戰，即第二次布匿克戰爭，西皮阿擊敗漢尼拔之役。

31 凱撒的征服高盧，根本是片面的殖民戰爭，這雖是後期羅馬軍事史上的最高成就，但也只顯示羅馬真正的成就，已經油盡燈枯了——原註。

32 羅馬早期崛起對抗其他拉丁聯軍之戰。

像之事。

本來，對於一個從未經過任何真正的考驗的軍隊而言，瘟疫的危險，是很嚴重的，可是對於征服漢尼拔的羅馬人而言，他們竟行若無事。自從查瑪之後，羅馬人從來不曾發動、也從來無能發動一場對抗某一強大的軍事力量的戰爭。他們典型的戰爭實在是早期的對薩姆奈人（Samm'tes）、對皮洛斯（Pyrrhus）、對迦太基人（Carthage），他們偉大的時刻是加奈（Cannae）[33]之役。保持英雄的姿勢，達數世紀之久，根本是任何民族皆力不能及的。普魯士——日耳曼民族，曾有過三個偉大的時刻（分別在一八一三、一八七〇與一九一四），這已是別的民族望塵莫及的。羅馬帝國也不例外，只能表面強大於一時而已。

於是，我在此處，把**帝國主義**當作文化終結的典型象徵。它是僵化了的死物體，一些殘渣剩滓而已，有如埃及帝國、有如羅馬、中國、印度帝國那般。帝國主義正是不折不扣的**文明**。這一現象的形式，正是西方文化不可避免的命運。**文化人的能力**，指向於**內在**，而**文明人的能力**，則發揮於**外在**。基於此，我覺得英國的南非行政官羅德茲（Cecil Rhodes）[34]，乃是新時代的第一人。文化轉而為文明，這是無可選擇的事，不是個人的意願，甚至不是眾人或

---

33 加奈之戰，為漢尼拔與羅馬人之間的大戰，羅馬雖敗，但戰士絕大部分陣亡，極少數臨陣脫逃，羅馬人絕不承認失敗，表現極為卓越。

34 羅德茲（1853—1902）為英國駐南非之財政及殖民總管，史賓格勒視此人為西方凱撒式強人的先驅者

各民族的意願，所能為力的。擴張的趨勢，是命運的劫數，這劫數是鬼魅似的，它抓緊著、強迫著、利用著**世界都會**中的晚期的人類，無論他是否自願，是否自知[35]。

生命即是發展人類的「可能潛力」的過程，對於有腦筋的人而言，如今只有對外擴張的可能性了[36]。即使像那發展中的社會主義，如今正勉力地對抗著擴張，終有一天，它也會以其全副的熱情，變成最主要的擴張主義者之一。此處，作為人類直接的心智表現的政治學，其形式語言，已觸及到一個深奧的形上問題——事實上，根據我們對因果原則的無條件的確信，我們可以知道：**靈魂即是廣延的補足物**（Soul is the Complement of Extension）[37]，故而最終必趨向於擴張。

羅德茲可認為是西方形式的凱撒的先驅者，凱撒時代雖尚遙遠，已將到來。而羅德茲正站在拿破崙與未來的強人之間，正如羅馬的佛萊米尼斯（Flaminias），他於西元前二三二年

35 現代德國人，即是趨向擴張而非出自願的一個顯著例子。德國人已經對外擴展，卻還自信是歌德的民族，愛好和平。甚至新時代的創造者俾斯麥，也不自知，並以為自己已獲致政治程序的「結論」——原註。

36 這可能即是拿破崙向歌德說過的那句重要話語的意義所在：「我們今日尚能奈命運何？政治即是命運！」——原註。

37 廣延，或譯外延，即是指空間的展延而言，如後文第八章「靈魂意象與生命感受」中，可看出史賓格勒此言之全貌。

起，便強使羅馬從事征討高盧，結果觸發了羅馬的領土擴張政策，他可謂是站在亞歷山大與凱撒之間的人物了。

亞歷山大與拿破崙是浪漫主義者，他們雖正處於**文明**的起點，置身在冷洌而清爽的氛圍中，可是前者自比為希臘英雄阿克利斯（Achilles），後者且閱讀《少年維特的煩惱》，故不失為浪漫主義者。相反的，凱撒則純粹是現實主義者，具有絕大的理智力量。如今的羅德茲，已認為政治的成功，無非是領土與財政的擴張成功而已（已近乎凱撒）。他並不自知他所具有的羅馬人的特性。只是，目前的西方文明，尚未具有如此純粹與強度的外形，故羅德茲乃是一先驅者。目前，他只能對著他面前的地圖，跌入那詩意的恍惚之中。

這位牧師的兒子，去南非時尚一無所有，如今已獲鉅富，且正運用其鉅資，以遂其政治目的。他那從開普頓到開羅的橫越非洲大鐵路的理想，他那南非帝國的構想，他用心機迫使礦業巨擘的財富為他所有，他把首都布洛維（Bulavayo）設計成未來主席的住宅，這主席當然是全權的，與南非聯邦的關係，則不確定，大可高下由心了。他的戰爭手段、他的外交處置、他的道路系統、他的企業組合、他的軍隊、他的「對文明的偉大責任」的觀念……所有這一切，廣闊而宏富，將是我們尚未之見的未來的一個序幕，隨著這一序幕，西歐人們的歷史，無疑將告結束。

如果有人不瞭解，這一遠景是不可避免的事實，而不是過於敏感的描述；不瞭解我們的選擇，只能及於：願意如此、抑或什麼都不願意？只能及於：忠於此一命運、抑或絕望於未來、及生命本身？如果有人感覺不到：在強有力的心智實現過程中，在鐵石心腸者的能耐與訓練中，在以最冷酷、最抽象的方法作戰的戰爭中，也自有其宏麗瑰偉的景象存在。如果有人昧於狹隘的理想主義，堅持過去的生活方法——這些人必須放棄瞭解歷史、生活於歷史、乃至創造歷史的願望。

我們要認清楚：十九世紀與二十世紀，迄今看來像是世界歷史直線上升的最高點，事實上，它乃是可以從每一個文化中觀察到的，生命的一階段，而已經到達文化的極限。這一生命的階段，並非以社會主義、印象主義、電氣鐵路、魚雷、與微分方程等，為其特徵，而是以「已經**文明化**的精神狀態」（civilized spirituality），為其特徵，這一文明化的精神，不僅具有上述的一切，而且尚有不少其他創造的可能性。

我們目前的時代，正代表一個過渡狀態，這過渡正確實發生於各個分別的情況之中。而在目前的現況之後，將繼之以一些，已完全確定了的狀態（這在歷史上，已發生多次）。所以，西方的未來，並不是針對我們目前的理想，作無限制的前進，西方的未來，只是一個簡單的歷史現象，其形式與壽命，皆有嚴格的限制與定義。這一段時間，將涵蓋數世紀之久，而且，這可經由某些有用的先例，予以計算出來。

大主題的重要性

一旦我們獲得高層次的思考領域，其他一切，便成餘事。我們可以利用「**文明**」這一簡單的概念，來毫不費勁的解答那些有關宗教史、藝術史、知識論、倫理學、政治學、經濟學的分別的問題，這些問題曾使得現代人的心智，為其熱情地、但徒勞地忙碌了幾十年之久。文明，這個概念，是不可爭辯的真理之一，只須充分清楚地表達出來即可。它是西方文化及其世界感的內在的要件之一。

到現在為止，每一個人還在自由自在地，盼望著他個人所樂於見到的未來。可是從此以後，每一個人必須自己知道，未來**能**（can）發生些什麼?**將**（will）發生些什麼?這是文化的不可改變的必然命運，而不會顧及到個人的理想、希望與意願。當我們用及「自由」這一危險的字眼時，我們並非意味著能自由地便宜行事，我們只意味著，在「必然」與「虛無」之間，作一自由的選擇而已。能夠感覺到這是「必然的事實」，方是一個面對現實的人的表徵。哀悼與抱怨，並不能改變事實，有生必有死，有青春必有老衰，有生命，也必有生命的形式與分歧。現在，已是**文明**的時期，而不再是**文化**的時期了。

這樣的世界展望，確定了未來的大綱、與未來的趨向，斷絕了所有人的希望，無疑會遭到很多人的反對。因為一旦這樣的世界展望，不再僅僅止於理論，而被人們當作實在的生活體系，從而有效地塑造人類的未來時，將對所有的人皆不利，對很多人而言，這更是致命的、悲慘的。我則認為不然。我們是**文明**人，不是**文化**早期的哥德式人或後期的羅考課人（Rococo）[38]，我們必須經由冷酷堅實的事實，來推算我們後期的生命，我們並不能與柏里克里斯時代的雅典人相比，我們乃是凱撒時代的羅馬人，對於西方人而言，將永不會再有偉大的繪畫與偉大的音樂問題。

西方人的建築的可能潛力，在這一千年來亦已發揮殆盡，只剩下向外擴張的可能性了。可是，對於這充滿了無限的希望、美好而堅強的一代人而言，我並不認為，及早發現某些希望必歸泡影，是有任何害處的。而，如果被毀滅的，是那些最親愛的希望，則一個能經得起一切考驗的人，仍是不會驚恐沮喪的。

38 羅考課，十八世紀前期的法國建築與裝飾的風格，以華美纖巧著稱，同期之文學、藝術、音樂、思想，亦統稱為「羅考課風格」。

世界歷史與宗教的關係

所有真實的歷史工作，都是哲學。可是，那些創造體系的哲學家，由於他認定其研究成果的「可行性」，故他的工作常流於不斷的、嚴重的錯誤。他忽視了這個事實：即每一個思想，皆產生於一歷史世界中，故皆有其共同的、必死的命運。他誤認為高級的思想，具有永存而不變的客觀性，他誤認為各時代的重大的問題，都是一致的，故而經得起最終的解析，而能成為最後的答案。

但是，事實上問題與答案，乃是一而二、二而一的。重大的問題，其所以重大之故，只是由於當時對這問題，想求得不含糊的答案的要求，比以往更熱切而已。所以，只有當作生命的象徵來看，問題與答案，才有其重要性。世上沒有永恆的真理，如果哲學是指有用的哲學，而不是那些學院中的把戲，如「判斷形式」、「感覺範疇」之類，那麼，每一哲學，表現了其本身的時代，也僅僅表現其本身的時代，此外無他。

從沒有兩個時代，具有同一的哲學傾向。哲學原則間的差異，並不是有些原則會隨時代而消滅，有些則能經久不滅；而只是有些原則在它的時代中，是成立的，有些則根本從未成立過而已。思想的不朽，只是一個幻象，——其實只是，由哪一種人來表達這一思想而已。人越偉大，哲學越真實，最終是，哲學可能吸收了整個時代的內容，本身認識了這些內容後，將之展現為某一偉大的形式或人格，並將之向前推展，無遠弗屆。可是一定要根據它對生命的必要性，才能決定這一哲學原則的重要與否，顯赫與否。

所以，對我而言，一個思想家，其價值的高下，端視他對他本身那時代中的大事，是否具有洞視的眼光而定。只有根據這一點，才能斷定這個思想家，是否只是一個系統與原則的建構者，在玩弄「定義」與「解析」的把戲而已，或者他正是他那時代的靈魂，在他的作品與感覺中，發抒了時代的心聲。一個不能抓住事實、指揮事實的哲學家：永遠不會是第一流的哲學家。蘇格拉底以前的希臘哲學家，都是商人與政治家，柏拉圖想把其政治理想，施行於義大利的西那庫斯（Syracuse），幾乎窮其一生心力，可是，同一個柏拉圖，發明了幾何的理論，使歐幾里得能建立那古典的數學體系。巴斯卡、笛卡兒、萊布尼茲，都是他們那時代中，第一流的數學家與技術家。

因而，我想，近代所有的哲學家，都將不免面臨嚴肅的批評。他們不曾真正從事於現實的生活，他們之中沒有一人，曾有效地參與高級政治、或現代技術的發展、或傳播事業、或電子發展、或其他任何重大的事情。他們對上述一切，從無行動，也從無有力的概念。他們之中，沒有人重視數學、物理、政治科學，連康德那種程度的重視，都告闕如。

讓我們檢視一下其他時代：孔子曾數度為魯之大司寇。畢達哥拉斯[39]曾組織過一個有如克倫威爾那般的政治運動，而其重要性迄今仍被古典的研究者所低估。歌德，除了作為一個典型的行政官吏之外（雖然他沒有多大的統治領域），並對蘇伊士與巴拿馬運河深感興趣，他關心運河對世界經濟的影響，他忙於研究美國的經濟生活、及其對舊世界的作用如何？也忙於研究工業啟明時代（dawning era）的機器工廠。霍布士是英國攫取南美的大計劃的發起人之一，雖然這計劃執行至佔領牙買加便告中止，他對大英殖民帝國的建立仍與有榮焉。

萊布尼茲無疑的是西方哲學史上，最偉大的心智，他發明了微積分與解析學，但他也曾參預了一些重大的政治體系，其中之一便是誘使法皇路易十四轉移注意力，誤把埃及作為法國的世界政策的重點，因而解救了德國當時的危機。他為此事給德皇所寫的備忘錄中，其概念遠遠超越當時那個時代，有人認為後來拿破崙便曾利用他的概念，從事其東方的冒險行動。在如此的早期，萊布尼茲係已擬了下後來拿破崙堅持不渝的原則，他預言：獲得萊因河與比利時，非法國之福，他預知蘇伊士運河，將成世界爭霸之關鍵。無疑的，國王在這些深奧的政治與戰略觀念上，遠非哲學家之敵。

39 畢達哥拉斯，西元前六世紀希臘偉大哲學家與數學家，數學上「畢氏定理」即為其所發明，史賓格勒在本書中，考定他亦是一偉大的宗教改革者，見第十六章。

每一次檢視現代思想家的作品，我不禁自問：他對於世界政治的事實，對於世界都市的問題，對於資本主義、城市的未來、文明發展與技術的關係，對於蘇俄問題、科學問題，到底有沒有什麼概念？如果歌德在世，必會瞭解這些問題，而且沉迷於其中，不會茫無所知。可是，沒有一位現存的哲學家，有能力考慮這些問題。當然，這些對現實的體認，並不是哲學的內容，可是，我要重複一遍，這是一個不可動搖的徵兆，可以表現出哲學的內在的必然性，豐富的內容，與象徵的重要性（symbolic importance）。

對於這個負面的重要性，我們必須不為幻象所迷。很明顯的，我們已目迷五色，看不到有用的哲學的終極的重要性，我們把哲學與傳教、與煽動、與小說寫作、與演講室中的專業術語（jargon）混為一談。以致於如今，是否可能會有一種真正的哲學出現，都成了問題，如果一個哲學的主義，根本觸及不到，也影響不到這個時代的生命的最深處，這根本不成為一個主義，最好根本棄而不教。而即使是昨天所可能有的主義，至少在今日而言，未必便是絕對必要，不可或缺的。

最終的工作

一個純粹只重有效的對外擴張，而排除偉大的藝術與形上產品的世紀，便是一個沒落的時代。——讓我們坦白地說，這也是一個無信仰的時代，正與「世界都會」的概念相符合。但是，並不是我們選擇了這一時代。我們生來便是文明已完成的初冬時代（early winter），而不是生在文化正成熟的黃金時代（golden summer），生在菲狄亞斯或莫札特的時代[40]，這是無可奈何的事。如今，一切端看我們能否認清自己的地位、自己的命運，坦白的說，一切端看我們是否欺騙自己而定。因為事實上，我們根本已不能逃避此一命運了。任何一個時代的思想，其形上問題，僅有極少數的幾個智者，能夠獲得其解答。在尼采的時代，浪漫主義的流風遺韻，尚未成為絕響，可是很快的，尼采的時代的痕跡，亦已蕩然無存。

系統的哲學家，於十八世紀末宣布終結。康德把系統哲學的可能形式，推展到最高峰，不但是形式本身，他也把西方的靈魂，推展到最終的極限。在他之後，隨之以一種專業化的大眾哲學，不是純理論的，而是實用的、非信仰的、社會—倫理的（social—ethical）。其情形一如柏拉圖與亞里斯多德之後的希臘一樣。這一哲學，正平行於中國文明中的「伊比鳩派」

40 指偉大的藝術時代。莫札特即是著名的奧國音樂家。

楊朱，「社會主義者」墨翟、「悲觀主義者」莊子、「實證主義者」孟子等學派，也平行與古典文化的犬儒學派（**Cynics**）、逍遙學派（**Cyrenaics**）[41]、斯多噶派與伊比鳩派，在西歐，這一哲學起源於叔本華，他是把「生命意志」（**Will to Life**）當作思想中心的第一人，雖然他因受傳統影響，而沿用了陳腐的觀點，例如把現象與事物本身一分為二，使他的哲學大為減色。可是生命意志的觀念仍流行一時，尼采在《查拉圖士特拉如是說》（***Thus Spoke Zarathustra***）中，把生命意志予以光彩地、理論地敘出，馬克斯的經濟學假設，與達爾文的生物學假設，都是由「生命意志」說而來，這兩者已大大改變了西方的世界觀，「生命意志」說並導致了一連串的悲劇觀念，從海貝爾的「朱蒂絲」（**Judith**）[42]，到易卜生的「尾聲」（**Epilogue**），皆受其影響。它包括了一個真正的哲學的一切可能性，同時也耗盡了哲學的一切可能性。

系統的哲學，距我們已遙不可及，而倫理的哲學，也已盡斂鋒芒，可是，還有第三種可能有的哲學，相當於古典的懷疑主義（**Skepticism**），仍適用於西方目前的靈魂世界。這種哲學，可用一種迄今無人知道的方法，使之大白於世人之前，這方法便是「歷史形態學」的方法。這種可能的哲學，實在是必然的哲學。古典的懷疑主義，是反歷史的，它用公開

---

41 逍遙學派，為西列的阿里斯第帕（Aristippus）首創的希臘哲學派別之一，認為個人感覺快樂，即是最大之善。

42 海貝爾（Hebbel，1813—1863）著名的德國詩人與戲劇家。

的否認，來從事懷疑。可是，西方的這一哲學，如果它是一種內在的必然，是精神的秋天（autumn of spirituality）的象徵的話，它該是歷史的（historical）。它的答案的獲得，乃是經由：把任何事均當作相對的、當作一種歷史現象，而它的過程，則是心理學的。

古典的懷疑主義哲學，崛起於希臘，是哲學的否逆，它宣稱哲學是無目的的；相反的，我們則認為歷史哲學，是哲學的最終主題。這才是真正的懷疑主義。希臘人由於蔑視過去的心智成果，而放棄了絕對的價值基準，我們則是經由瞭解過去為一有機體系，而放棄絕對的基準。結果雖同，態度各異。

在本書中，我們的工作是描繪出這一「非哲學」的哲學——西歐所能知道的最後哲學。懷疑主義是純粹的**文明**的表現，它驅散了以前的文化的世界圖像。對我們而言，懷疑主義的成功，乃在於它把所有古老的問題，化成了一個問題——始源的問題（genetic）。種種信念，導致了一個事實，即：每一件事物，無論它是什麼，都必然是某一生命體的表現。認知與判斷，也是活生生的人的行動。過去的思想家們，認為外在的事實，是認知與倫理判斷的結果，但是，對未來的思想而言，則主要是一些表現與象徵。「**世界歷史的形態學，將無可避免地成為一個通用的象徵方法**。」

基於此點，所謂高級思想，具有共同而永恆的真理，這一宣稱，乃墜隕於地，不攻自破。真理只是對於某一特定的人類而言。才是真理。因而，我自己的哲學，也只能表現與反映西方的靈魂，而不能表現古典的、或印度的靈魂，而且只能表現及反映目前這種文明狀態的靈魂，它的世界觀念，它的實際領域，它的有效範圍，都是特定的。

本書的起源

在行將結束這一引介之時，我想添加一些我個人的話。在一九一一年，我預備將我對當前的政治現象、及其可能的發展，所作的一些廣泛的思考，作一綜合的敘述。在當時，世界大戰在我看來，已不但是迫在眉睫，而且是不可避免的了。它是歷史危機的外在證驗（outward manifestation），而我的努力，便是經由檢討以往各世紀的精神，來瞭解這一歷史的危機。

在進行這一原本很小的工作過程中，我被迫相信一個事實：要想有效的瞭解這一時代，我的基本的思考領域必須大加擴張。而且，為了要有效的研究，我們絕不能侷限於某一單純的時代，及此時代的政治事實中，也不能自囿於某一獨斷的思想架構之內，而不作一些純粹形而上的及高度超越性的處理。很明顯的，一個政治問題，絕不能經由政治本身，便獲得瞭解，經常，有深度的東西，只能經由其藝術上的經驗，才能掌握得住，甚至，只能經由科學及純粹哲學的概念，才能被人理解。

十九世紀的最後幾十年，是一個暴風雨中的寧靜時期，它介於兩件巨大而突出的事件之間，其中之一，是法國大革命與拿破崙固定了西歐的現況，達一世紀之久；另一件事，已可看出至少具有同樣的重要性，正在飛快襲來——即使只對這幾十年，作一政治—社會的解析，如果不把有關於「存有」（being）的各種重要問題考慮在內，都是不可能的。因為，歷史世界之中，正如自然世界一樣，無論多麼微小的事物，其本身便是整個基本大趨勢的一部分。於是，原先的主題乃大為擴充，一大堆未曾料及的問題與關係，一一出現。最後，很明白的可以看出來，除非弄清楚了世界歷史本身的秘密，否則沒有一個簡單的歷史片斷，可以完全獲得理解，這證明了：高級人類的歷史，乃是一個有固定結構的有機體。而迄今為止，澄清世界歷史的秘密，這一工作，根本尚未開始。

於是，我以一種與眾不同的眼光，來看目前那日漸迫近的世界大戰。世界大戰並不是由於國家的情緒、個人的影響，或經濟的趨向，而偶然導致的短暫的情況。它是發生在一個大的歷史有機體中，一種歷史狀態的變遷，幾百年前即已預先註定了。這個大危機，已由無數狂熱的問題與爭執，顯其端倪。我們可以看到數以千計的書本與概念，可是，它們是分散的、不相關的，限於專門問題的，所以，它們刺激一時，旋即抑落，而告混淆。

我們雖已看到這些問題，可是卻忽略了它們的共同性。考慮一下：那些表現在形式與內容之爭、線條與空間之爭、圖畫與色彩之爭、風格的表現之爭、印象主義與華格納音樂的觀念之爭，這些藝術問題的爭論。考慮一下：藝術的沒落與科學權威的動搖，考慮一下：因大城市戰勝鄉野而產生的問題，例如：孩童時代的喪失，土地的人口問題；考慮一下：在社會上流動的**第四階級**（fluctuating Fourth Estate）；再考慮一下唯物主義的危機、社會主義的危機、議會政治的危機，個人在城市中的地位問題、私有財產及隨之而來的婚姻問題。同時，考慮一下：一個完全不同的領域，如今已有成篇累帙的書，從神話、藝術、宗教、思想的起源，進而研究人的**心理**，這些心理學的書，不是根據某一理想而寫的，而是根據一個嚴格的形態學觀點。

我深信，這些問題之中，每一個問題，都與其他問題一樣，是確實地指向同一個方向，清楚地指向於一個尚未揭出的歷史之秘。人類面前的工作，並非如其所假設的，有無數個——而是只有一個工作，同一的工作。每一個人似乎都曾隱隱感覺到這一事實，可是沒人能從他自己那狹隘的觀點，來看出那簡單而易解的答案。從尼采的時代起，便已如此，尼采自己雖已掌握了所有決定性的問題，可是，作為一個浪漫主義者，他不敢面對嚴格的事實。

此處我小心地寫下了一個原則，我稱之為「貯蓄—提取原則」（stock—taking doctrine）。這一原則——亦是一內在的必然，它必定會顯示出來，而且只能在此時顯示出來。我們的懷疑主義，並不是對我們已貯蓄的思想與工作，作一攻擊，反而毋寧是作一證實。我們的懷疑主義，乃是確認過去世代的人，所曾發現與獲致的事物，並把它從各特定範圍內所發現的各種真實的、活生生的趨向，作一整合，無論這些趨向的目的為何，皆予以整理，並不是盲目的排除過去的一切。

最重要的是：**歷史**與**自然**的對立。只有經由這一對立的發現，才能掌握住歷史的精華。正如我已經說過的：「人是世界的元素及代表之一，他不僅屬於自然，而且也屬於歷史。」——歷史是第二宇宙，其結構與組成，皆與第一宇宙（自然）不同。形上學家喜愛第一宇宙，而完全忽視了歷史。我最初反省到我們的世界意識之中，這一個基本問題，乃是由於我注意到：目前那些在具體的事象及完成的事物中，笨拙地摸索的所謂歷史家們，他們如何能相信他們已掌握了歷史？歷史根本是正在發生，正在進行的事物啊！

這是那些從事推理與認知，而反對直覺的感受的人，所共有的偏見[43]。這是很久以來的一

43本書的哲學，是得自於今日事實上已無人知道的歌德哲學，以及尼采哲學，但取益於後者的，遠較前者為少。歌德在西歐形上學中的地位，絕少為人認清，當談論到哲學時，他的名字甚至不被提及。因為，他的原則不幸未曾設入於一個嚴格的系統，故而系統性的哲學忽略了他。然而，他確是一個哲學家，他相對於康德的地位，恰如柏拉圖之對亞里斯多德。柏拉圖與歌德，代表「生成變化中」的哲學，康德與亞里斯多德，則代表「已經完成」的哲學，這也就是直觀與解析之分。在歌德的很多零星言論與詩篇之中，含有一些根本不可能以推理方式表達的概念，而這些概念，必須當作一些完美明確的形上原理來看待。下面的話，我不能妄贊一詞：「上帝是在生命之中，而非死亡之中；是在生成與變化之中，而非完成與固定之內，發揮作用。故而，同樣地，理性（Vernunft）是專心致力於透過生長變化與生命流行，而追求神性；而理解（Verstand）卻只利用到已經完成與固定的事物。」這句話正包攝了我整個的哲學——原註。

個混亂的起源，他們的高見是：通過認知後，天下沒有「正在進行」的事物，只有已經完成的事物。換句話說：**歷史**被視作**自然**，而加以處理了。我們必須指出這一點，我們必須指出：把因果的原則、定律的原則、系統的原則，這些自然的科學方法，應用於正在進行的歷史之上，是有毒的錯誤。過去人們以為：人類文化的存在，就如同電或重力的存在一樣，所以可以用分析電或重力的同樣方法，來分析人類的過去，於是，我們急於把科學研究者的種種習慣，作為一個典型的標準，於是，時常有人問及：哥德式建築（Gothic）、依斯蘭宗教（Islam）、波利斯城邦（Polis）的真正意義是什麼？可是沒有人曾究詰到：這些代表某種**活生生的事物**的符記，為什麼必定會在那個時候、那個地點、以那種形式出現？每一個**現象**，都提示出一件形上的奧秘，即：它的發生時間，必是十分適切的，不是漫無定則的。

我們迄今尚未發現，在世界的圖像之中，從**整個的人**，而不是僅從人的「認知部分」（cognizing part），所發生出來的「活生生互依關係」（Living Interdependence），到底是屬於什麼種類？任何一個現象，無論它是宗教的最高產物也罷、是藝術的最高產物也罷，或者僅僅是日常生活中的瑣事也罷，它本身都不僅只是一個供人瞭解的事實，而且也是一種**精神的表達形式**，不僅只是一個**事象**（object），而且也是一種**象徵**（symbol）——所有這一切，在哲學上而言，都是新東西。

於是，在最後，我終於很清楚地，看到了我所需要的答案，這答案是無所不包的，充滿了內在的必然。可是，它只是從一個很易被人發現，但迄今無人發現的原理，所導衍出來的。這個簡單的原理，從我的孩提時代起，就纏繞著我，吸引著我，使我為它的可望而不即，感到苦惱。如今，從一個幾乎可以說是很偶然的機會，我開始寫出了這本書。我知道，由於是第一次嘗試，這本書一定不免有缺點、不完整，不能免於不協調之疵。可是我相信，本書包含有一個不容改變的觀念的敘述，一旦研詰清楚之後，我確信人們將只有接受這些敘述，而無異議。

本書的主題，狹義說來，是分析那現已籠蓋全球的西歐文化的沒落，但由此目的，而導致了一項新的哲學，及這一哲學所專有的方法——世界歷史的比較形態學方法。故本書很自然的要分成兩大部分，第一部分是「形式與實際」，從各大文化的形式語言出發，嘗試去洞察各文化的最初始、最深邃的根底，以使其成為象徵的科學（a science of Symbolic）之基礎。第二部分是「世界歷史的透視」，從實際生活的各項事實，及高級人類的歷史經歷出發，尋求一個歷史經驗的「精髓」（quintessence），使我們能了解我們的未來。

第二章　數字的意蘊

在開始討論之前，我們最好先注意一些基本的詞語，因為在本書中，這些詞語的用法，可能在感受上，有些與眾不同。當然，在討論進行的過程中，它們的意義，也自會漸趨明朗。

一、歌德區分了兩個觀念，其一，是「**生成變化的過程**」（Becoming），另一，則是「**已經生成的事物**」（Become）。我們可以用這一區分，來替代傳統習慣中，所區分的「存有」（Being）與「生成」（Becoming）之別[1]。在我們的意識之中，以及由意識而衍生的結果之中，「生成變化的過程」，永遠是較基本的元件，而「已經生成的事物」，則是次要的元件。

二、兩個不同的詞眼：其一，是「**各自獨具的**」（Proper），另一，是「**陌生疏離的**」

1 見第一章註43。

（Alien），代表了意識中兩個基始的事實。我們所稱為「陌生疏離的」事物：永遠只與我們的「知覺」（Perception）有關，也就是說，它所觸及的，只是外在的世界，感覺的生命。而我們稱為「各自獨具的」事物，則與我們基本的感受有關，也就是說，它所牽涉的，是內在的生命。

三、靈魂與世界的對立抗衡（opposition），在人類的意識之中，是若合符節的。意識有各種不同的等級，從模糊曚昧的知覺，一直變衍到純粹理性的清晰，當然，模糊曚昧的意識，有時也會充盈著內在的慧光，而純粹理性的尖銳與犀利，則可以康德的思想為代表。在康德而言，靈魂與世界的對立，已成了「主體」和「客體」的區別，但是，這種基始的意識結構，是經不起更深一層的分析的。因為，靈魂與世界這兩個觀念因素，永遠是同時呈現，而表現為一個**統一的整體**。

四、生命永遠不斷的在充實自己、完成自己，所以我們每稱之為「此時此刻」（the present）的生命，它恰如生成變化中的事物，具有一個神秘弔詭、似非而是的特性——「**導向**」（direction）。而我們人類，則企圖以一個謎樣的字眼——**時間**（Time），來瞭解「**導向**」的意義。

五、**生命**是一形式，世上各種不同的可能潛力，便發揮實現於此一形式中。而**靈魂**，是感受的貯藏所。它代表了有待實現的，各種可能的潛力；至於**世界**，則是實際的，是已完成的，是已經實現了的生命。

六、有兩種途徑，以供我們認識知識的整體。知識的整體，包括了**生成變化的過程**，和**已經生成的事物**，包括了**生命**，也包括了**生活**。而這兩種途徑的不同，便在於：前者所遵循的，是生成變化的本身，是實現潛力的過程；後者所觀照的，則為已經完成的事物，是已經實現的世界——也就是說，前者是以「**導向**」來洞視事象，後者以「**廣延**」（extension）來涵蓋事象。而事實上，任何事象，都不能只歸因於上述二者的其中任一。這不是一個「二選一」的選擇問題，而是就各種可能的情形，作一系列不斷變化遞嬗的問題，這個問題的兩個極端，便分別呈現為**純粹有機**的世界觀，和**純粹機械**的世界觀。

有機的世界，即是歷史世界；機械的世界，即是自然世界（這些字眼，在此處的用法，有不尋常的意義）。根據純粹自然圖像而來的機械論（mechanism），例如牛頓的世界、或康德的世界，乃是需要經過認知，而後歸納為一體系的。而由純粹歷史圖像而來的有機觀（organism），例如普拉提尼斯（Plotinus）[2]、但丁、布魯諾（Giordano Bruno）[3]等的世界，則必

---

2 普拉提尼斯（205—270 A.D.），在羅馬的新柏拉圖派中，為一主要哲學家，在中世紀哲學上佔有極高的地位。

3 布魯諾（1548—1600 A.D.），義大利著名哲學家，繼承哥白尼，研究行星系統，力持地動學說，觸犯教會威權，慘遭火刑而死，但堅持真理，至死不悔。

須是經由直覺的洞照和內心的經歷而來的。

七、歷史的世界圖像，也可稱為高級的「世界意識」（higher world—consciousness）。為了要獲致此一世界圖像，我們必須學習文化的「語言」[4]，並藉以區別可能的文化與實際的文化。可能的文化，即是「文化民族」的生存之中，所具有的一種概念（無論其為共有的，抑或個人的，即，無論其為「共命慧」、抑或「自證慧」）[5]。而實際的文化，便是該一概念的具體展現，是其所有的實際可見的表現之總和，例如：藝術與科學。高級的歷史，與生命本身、與生成變化的過程，息息相關、密不可分。所以，它就是可能的文化之實際展現的過程。

數字是完全區劃的符記

為了要舉例示明：在外在世界的圖像之中，靈魂如何地尋求實現自己的途徑——也就是說，在「已經完成」狀態的文化，如何表現或描繪出其生存的基本概念——我選擇了「數

4「語言」一詞，在本書中常用為「表達方式」之意。

5 史賓格勒認為每一文化，皆為一個觀念的展現歷程，而「文化民族」，即代表該文化的民族，「自證慧」「共命慧」，係譯者取意於方東美先生「哲學三慧」而來。

字」（number）來作表徵。數字，是一切數學的基本元素。我選擇數字作為示例之用，是因為：雖然只有很少的人，能理解到數學的全部深度，可是，數學在人類心靈的創造活動中，畢竟具有非常特出的地位。

數學是一種最精確、最嚴密的科學，就如同邏輯一樣，可是它比邏輯更易為人所接受，也更為完整。數學是一種真正的藝術，足可與雕刻及音樂並駕齊驅，因為它需要靈感的誘導，而且，是在偉大的形式傳統之下，發展出來的；最終說來，數學，是最高境界的形上思考，就如同柏拉圖，尤其是萊布尼茲所表現的一樣。迄今為止，每一種哲學，皆伴隨有一種屬於此哲學的數學，而共同發展。**數字，是因果必然性的象徵**。正如同「**上帝**」這一概念一樣，數字這一概念，在自然世界中，也蘊涵有其終極的意義。因此，數字的存在，便也可以認為是一種奧秘，而在每一個文化的宗教思想之中，便已可感覺到這一奧秘的印象。

正因為所有生成變化的過程，都具有「**導向**」這一原始的特性；所有已經生成的事物，便也具有另一特性：「**廣延**」（extension）。但「導向」與「廣延」二詞，似乎並不只具有人為的差別。事實上，所有「已經生成的事物」，其真正的秘密，即在於：它們即是已經「展延」了的事物；無論其為空間的展延，或是質性的展延，其真正的秘密，皆可用「**數學的數字**」來具體表現，而不能以「**編年的數字**」來加以測度。數學的數字，其本質之中，即蘊含有「機械的區劃」（mechanical demarcation）這一意義。以此觀點來看，數字實與「文字」

（word）有相同的性質，因為，文字正是以其**包容**（comprising）與**指謂**（denotiug）的性質，來迴避其他的世界印象。

事實上，數字和文字兩者，其最深奧的境界，根本是不可意會，不可言傳的。但是，數學家所處理的實際數字，包括了圖形、公式、符號、圖表，簡言之，數學家所思考、傳達、或寫下的數字符記（number—sign），都如運用得正確的文字一樣，自始便正是這些境界的象徵，是一種想像的事物，對於內在的心靈及外在的眼睛而言，只有把它當作區劃（demarcation）的代表，來予以接受，才能獲得理解，也才能彼此溝通。

數字的起源，與神話的起源也正類似。藉由文字及數字的幫助，人類才有能力來瞭解世界。於是，人類的心智，適切的應用了數學的數字，把數字用來度量、計算、畫圖、秤重、排列、分割，以努力把事物加以「界定」（delimit），也即是，以證明、推論、理論和系統的形式，來牢範一切的事物；而也只有經由此等行為，覺醒的人類，才能應用數字來描繪事象與特性、關係與偏異、單相與多相等——簡單說來，即描繪他所認為的，必要而不可移易的世界圖像，此即稱為「自然」，稱為「認知」。「自然」是可以用數字來數出的，可是，相反的，**歷史**則是一切與數學無關的事物之集合體。自然既是可數的——故而有自然律的數學準確性，有伽利略那令人吃驚的名言：「**自然是用數學的語言寫出來的**。」（Nature is written in mathematical language），而康德更強調：精確的自然科學，所能到達的限度，即是數學所能允許到達的限度。

然而，我們此處所謂的數學，其意義是指：**一切藉形象而思考的能力**，不可與狹義的**科學性數學**（scientic mathematics）相混淆，即是，不可與純粹數學著作與論文中，那種**數字的理論**相混淆。一個文化，其所具有的數學景觀和思想，若以其寫錄下來的數學來作代表，每不恰當，正如一個文化的哲學景觀和思想，每被其哲學論文所誤表一樣。數學從一個原始的泉源中，迸躍而出，而此泉源尚有很多其他的出口。

哥德式的教堂和多力克的神廟，便是**以石頭表現的數學**（mathematics in Stone）。無疑的，畢達哥拉斯（Pythagoras）是古典文化中，第一個以科學方法，把數字作為一切「可理解的事物的世界秩序」之統馭原則的人——他把數字視為基準，也視為比較大小的數量。但是，在他之前，我們已可以在希臘雕像的嚴格規格和多力克柱廊的排列中，發現到一種高貴的物體陳列順序，充分表現了希臘數學的精神。

偉大輝煌的藝術品，每一個都可以用數字為基礎，而獲得解釋。例如，我們不妨考慮一下油畫中的空間展示，便知道藝術品是如何地表達了數學的真髓。若某一文化，具有一種高度的數學天賦，則即使沒有任何數學的科學，它的天賦也可以在技術的領域內，達到成熟而完美的「自我發揮」。在埃及，古王國[6]的金字塔之多向空間，及其建築的技術、水道的系統、公共行政的組合（更不必提那精複的年曆推算了），所展示的那種強力的數學感，我們一旦能體認到的話，就不再有人會仍以為新王朝那種毫無價值的「代數學」（Algebra），能代表埃及的數學水準了。

數字的世界所顯示的，是靈魂的風格。故而數字的世界，除了科學之外，尚包括某些其他的事物。

每一文化，有它自己的數學

準上所言，有一項具有決定性重要意義的事實，迄今連數學家自身都尚蒙在鼓裏。如果數學也像天文學或礦物學一般，僅僅是一種狹義的科學而已，則我們應該可以界定它的目標。可是，事實是，**世上沒有數學本身，而僅有不同的諸個數學**（There is no mathematic, but

6 古王國，是指埃及的第一至第十三王朝。金字塔建於第四至第六期間。著名的三大金字塔Cheops、Chephreu、Mycerinus皆產生於第五王朝，其時，偉大的水道控制工程，亦於阿比都與法雅姆兩地之間建設完成——原註。

only mathematics）。目前我們所謂的「數學史」，其意僅是指單一的、不變的數學概念，不斷發展實現的過程。而事實上，在「數學史」的虛飾的表面底下，是一大堆自給自足的、彼此獨立的發展之複合體。每一個重複的過程，都是這樣的：新的「形式世界」（form—world）誕生，它佔用、改變、並剝除了與它陌生疏離的舊形式。

這便是一部純粹的有機歷史：茁生、開花、成熟、枯萎、死亡，如是而已。讀者必定不可被幻象所騙，古典文化的數學，幾乎是從一片空無之中，萌芽而生的；可是，我們這深具歷史意識的西方靈魂，則是已襲有了古典的科學（當然不是內在靈魂地服膺，而僅是經由學習，而外在地佔用而已），然後很明顯地將之予以改變和完成，乃獲致了西方自身的數學。事實上，它根本已摧毀了那個本質上與它陌生疏離的古典數學——歐幾里得系統，它並不是古典數學的嫡系後裔。在古典數學中，代表人是畢達哥拉斯，在西方數學中，則是笛卡兒。在這兩系數學裏，歸根究柢，所表現的行為，其實是一致的，而其基本的**概念**，則當然是南轅北轍。

數學，及與數學同宗的重大藝術創造，兩者的形式語言之間，關係之深，是無可置疑的。思想家與藝術家之間，其氣質的差異固然很大，但他的覺醒意識，所展出的表達形式，其內在精神，實也如出一轍。雕刻家、繪畫家、作曲家，對「形式」的感覺，本質上都是數學的。展現在十七世紀的解析幾何和投影幾何，其實是一個無窮世界的精神秩序。這種對無窮世界的嚮往之情，也使同時代的音樂，生趣盎然、活力瀰漫，因此它發展出「和聲學」的技術，用和聲（harmony）充實了其時代的音樂。和聲學，便可以視作是**音響世界**的「**幾何學**」。同樣，這種對無窮世界的嚮往之情，也促使同時代的繪畫，發展出「透視法」的原則，這是只有西方文化才有的。透視法，也可以視作是**空間世界**的「**幾何學**」。歌德曾說過一句哲理深奧的話：「數學家，只有在他從自身之中，感到真實之美時，他才算成熟。」由此，我們當可感到，數字的奧妙，與藝術創作的奧妙，其關係是何等緊密啊！

故而，數學是一種藝術。當我們處理某種偉大的藝術的發展時，我們必須也要注意一下同時代的數學，這是有百利而無一弊的。儘管西方音樂理論的變遷，和數學上對「無窮」（infinite）所作的分析，兩者的關係良深，其詳細情形迄今無人曾予研究。事實上，從美學來研究此一關係，所獲必定會遠多於從所謂的「心理學」來研究的結果。如果現有的樂器演變史，不是根據音調配製的技術觀點來寫，而是根據音色和音效的深層精神基礎來寫的，則可以看得更為明顯透澈。

因為在西方音樂史上，是一種「意願」——強烈到近乎渴望的意願，要想用聲音來填滿無窮的空間的意願，促使西方人，早在哥德式的時期，便產生了兩種偉大的鍵盤樂器（風琴和鋼琴），也產生了弓弦樂器——這些是完全不同於古典音樂的七弦琴和豎笛，以及阿拉伯的琵琶的樂器。風琴和翼琴（clavichord），當然是英國的產物，而弓弦樂器，則在一四八〇至一五三〇年間，於北義大利達成了其固定的形式。但是，主要還是在德國，風琴發展成一種控制空間、變化萬端的偉大樂器，而風行一世。類似風琴這樣的樂器，在音樂史上，確還是未之前見的。而巴哈及他那個時代的自由飛幻的風琴演奏，其真正的精神，無非是一種空間的分析——分析那奇妙而巨大的音響世界。這正與當時的數學精神吻合無間。

古典數學，是大小的數量

大約在西元前五四〇年，希臘的畢達哥拉斯學派，已經發展出這樣一種概念，即：**數字是一切事物的本質**。當這一概念出現時，已不僅是所謂「數學發展上的一大進步」，而是代表了一種全新的數學的誕生。這一新的數學的誕生，很久以來，即已由種種哲學問題的態勢、和藝術形式的趨向預示出來。而現在，這一新的數學，由古典靈魂的深處迸躍而出，發展了它的定理公式。這一新的數學，在一個偉大的歷史時刻，忽然誕生了——正如同埃及的數學、與巴比倫文化中的代數天文學及其黃道坐標系統的誕生情形一樣。但這種數學，畢竟是新的數學，因為埃及與巴比倫的數學，在其時早已神魂俱逝；而埃及的數學，甚至根本從未書寫下來過。

古典數學中，最有價值的地方，即在於它的這一命題（Proposition）：「數字是一切可以感覺到的事物之本質。」這一命題，是把數字定義為一種「度量」（measure），恰恰含有古典靈魂中，那種熱情地關注「現世」（the "here"）和「此刻」（the "now"）的世界感受。在這一意義下的度量，意指對某些接近而具體的事物之度量，全無任何玄遠幻變的意味。我們試考慮一下古典藝術作品的內涵，例如：那些自由矗立的裸體人像，是代表古典人的存在感的精華和要件。而這些雕像的韻律，完全是由其各部分的表面（surface）、量度（dimension）、及可由感官覺識到的相對關係（relations），而表現出來。

畢達哥拉斯學派最注重數字的和諧性，此一觀念，雖然其本身可能是由音樂中演繹得出的，可是，卻似乎已成為古典雕刻的規範，因為後者亦注重和諧——注意，古典的音樂，既不知「對位法」，也不嫻「和聲學」。其所有的樂器，俱是表現單純的、豐潤的、近乎清新的音調。至於雕刻藝術，則雕刻過的石頭，其本身只不過是一塊考慮過大小、量度過形態的石塊而已，它到底「是」（is）什麼，完全要看它在雕刻師的鑿刻下，「成為」（has become）什麼而定。如果沒有雕刻師的鑿刻，它只是一團「**矇昧混沌**」（chaos），是尚未實現成形的事物，事實上，在未經雕鑿之初，它根本不具任何意義。與此相同的感受，轉移至較高層次的創作過程中，古典人乃拓展了一種「**宇宙秩序**」（cosmos）的概念，以與「矇昧混沌」的狀態相對立。

對於古典靈魂而言，所謂「宇宙秩序」，意味著外在世界的一種清晰合理的狀態，一種和諧均勻的次序，它包含了各個分殊的事物，而每一分殊的事物，皆為一完美、切近、易於瞭解的整體。這些分殊事物的總和，便恰恰構成了整個世界。各分殊事物之間的空白區間，在我們西方人而言，充滿了所謂「空間世界」（the Universe of Space）這一印象性的表徵。可是，對古典人而言，空間世界根本就無關緊要。從這一個基本觀點反觀過去，也許我們能夠真正瞭解到，一個最深奧的古典形上學概念——即亞諾芝曼德（Anaximander）[7]所謂的「元始」（α'πεcρον）。這個字很難用西方的語言來加以翻譯。它不具有畢達哥拉斯意義的「數字」，沒有可度量的基準，也沒有確定的界限，什麼都沒有；恰如尚未自碎石中雕刻出來的雕像，沒有大小，沒有形式；無法用肉眼來窺度其涯際、蠡測其形狀，只有透過感覺作用的分割，才能成為被人接受的事物，才能成為現象的世界。

這是古典文化的認知作用中，基本的「先驗」（a priori）形式。康德在他的世界圖像中，正是以「空間」的概念來取代了此一先驗的概念，根據了這個，康德堅持：一切事物，都可以「思考解決」的。整個古典數學，歸根究柢，乃是一種「測體學」（stereometry），即「實

---

7 亞諾芝曼德（611—547 B.C.）希臘著名哲學家、數學家與天文學家。

體幾何學」。著名的歐幾里得[8]，在西元前三世紀，即完成了他的幾何系統，對他而言，三角形是一物體最必要的表面，而絕不是如我們西方人所以為的，是三條相交直線的集合系統，或是三度空間中一組點的集合系統而已。歐幾里得把直線定義為：「**沒有寬度的長度**」（length without breadth），在我們看來，這一定義是可憐可笑的，可是——在古典數學中，這一定義卻是輝煌卓絕的，因為它正適合於古典數學的精神。

數字只是屬於「廣延」的領域。但是，正如世上有很多種可能的——也是必然的——文化，世上也有同樣多種有次序地展現廣延的方式。古典的數字，只是其中一種展現的方式，它不處理空間的關係，只處理有限而具體的單位。於是，當然，而且必然的，古典數學只知有所謂「自然數」（正整數）。而相反的，在我們西方的數學中，自然數在複數、超複數、非阿基米德數系（non—Archimedean number system），以及其他數系中，卻只占一個並不重要的地位。

由此看來，西方的無理數（irrational numbers）（即西方的記數法中，十進位的不盡小數）的概念，在希臘精神中，根本認為是不可思議的。歐幾里得，是我們應該多加瞭解的古典數

8 歐幾里得，生於西元前三〇〇年，希臘大數學家，歐氏幾何的創立者，為本書中古典文化在數學上之代表人物。

學家，他說：「不同度量單位的線條，是『不能如數字那樣，彼此相連繫的』。」事實上，一旦發展出無理數的概念，便把數字和「大小數量」的觀念，截然分開了。因為，有些數字，例如圓周率π，是不能以任何直線來定出長度，而準確表出的。

尤有甚者，據此乃形成希臘人一種恐懼感。例如，當考慮一正方形的邊和對角線的關係時，希臘人被迫突然面對另一種全然不同的數字（無理數），而這數字在基本上，對古典靈魂而言，是陌生疏離的。所以，希臘人從自己生存的深處，恐懼這一事實，把它當作一種一旦揭開，便會致禍的秘密。有一項簡單而重要的後期希臘神話，根據這神話，第一個揭開無理數之秘的人，結果沉船沒頂，慘死非命，「因為那不可言傳，無形無態的秘密，必須永遠隱匿於人世。」[9]

古典人有一種深沉的形而上的恐懼，——恐懼他那在生存深處，牢守不移的宇宙秩序，那個在感覺上可瞭解、可接近的宇宙秩序，會突然崩解，而墜入未知的原始深淵。我們若瞭解了此一恐懼，便也就瞭解了古典數字的終極意義——即是，數字是一種「度量」，而不是任何不可度量的東西。於是，我們便也能把握到，古典數字的界限，實具有高度的倫理意義。

9　數學家尤多克薩，已知長寬皆為1時，對角線為$\sqrt{2}$的觀念，但希臘人雖有此一無理數的知識，卻絕不應用——原註。

職是之故，古典靈魂認為無理數的發現，將會推翻整個數字體系的莊嚴序列，推翻完整而自足的世界秩序，其本身是一種對「神」的不敬。在柏拉圖的「提摩亞斯篇」（Timaeus）中，這種感覺非常明顯。把一系列具體實在的數字，轉化為一種數字連續體，不惟對古典的數字觀念是一種挑戰，而且根本是對古典的世界觀的一種挑戰。因此，我們可以理解到，在概念上應毫無問題的「負數」（negative number），何以在古典數學中，不可能存在，更不必提「零」（zero）這個數字了。

沒有零的觀念，便限制了高度抽象能力的創造。而印度靈魂，則是把零當作數字的基始的；零的觀念，正是瞭解印度人生存意義的關鍵。古典世界的覺醒意識之每一生物，皆經由雕刻式的定義，而提昇到實際的層次，故若不能畫出來的，便不能算是「數字」。

希臘的阿基塔斯（Archytas）與尤多克薩（Eudoxus）[10]，用所謂「面積數」（surface—number）與「體積數」（volume—number）這兩個名詞，來指謂我們所稱的二次方與三次方。所以，很容易看出來，更高的次方，在他們思想中是根本不存在的。因為，對那執著於固定感受的心靈而言，四次方立刻便意味著已擴展到四度空間，這在他們是不可思議的，是「荒謬的」。至於那些我們常用的表記，例如 e^{-ix}，或者即使是分數次方，如 $5^{\frac{1}{2}}$，這些早從十四世

10 兩人是西元前四四〇—三五〇年間，畢達哥拉斯之後，希臘著名的數學家，其論文迄今尚有部分殘存。

紀的數學家歐瑞斯蒙（Oresme）起，便應用於西方數學中的東西，對他們而言，更是毫無意義的鬼畫符。

歐幾里得認為兩條線之間，整個的數字關係，不外是**邊長的乘積或相除的分數**（當然是定分數）而已。很明顯的，由於這樣，「零」這個數字的概念，便不可能出現，因為在他的觀點裡，零是無意義的。而我們西方，所具有的心靈的構造與古典人根本不同，不可以根據我們的習慣來批判他們，而把他們的數學，當作只是「數學」發展中的「初步雛形」。古典人為自己所拓展的世界裏，為了他們自己的目標，而發展成的古典數學，其本身是完整自足的（self—contained）——只是，對我們西方人而言，當然不是。

阿里斯塔克斯的數學世界；戴歐芬塔斯與馬日數學

數字，是完全嚴謹的理解的意象，是純粹思想的意象，**數字本身之中，便具有抽象的確實性**。然而，數學能否確實應用於意識經驗的實際中，其本身便是一個問題，一個永遠不斷的重提，但從未解決的問題——而數學系統與經驗觀察的符合一致，在目前而言，只能視為「自明之理」（self—evident），而不能加以證明。雖然一般人的觀念——例如叔本華——認為數學是植基於直接的感覺證驗之上的，可是，我們不妨以歐幾里得幾何來示例一下。歐氏幾何，雖然表面上與各時代通用的幾何皆能符合無間，卻只能「大約」與現象世界相一致，只能**在非常狹隘的限制下**相一致——事實上，只能限制在畫板上。例如，擴展這些限制，則歐幾里得平行線，將會如何？

根據非歐幾何，平行線將於地平線處相交——我們西方的透視法藝術，便根據此一簡單的事實而起。但是，歐幾里得是一位在古典時代的思想家，他完全是與古典精神相吻合的，故而，他不會去考慮一個：由一位觀察者、及兩個無窮遠處固定的恆星，所構成的三角形，以證明他的幾何公理，是否合於現象真理；因為，這些是既不能畫出來，又不能「直覺地領悟出來」的事象。他的感受，正是典型的古典文化的感受，不敢面對無理數，也不敢給予空無一物的「零」這個數字以任何意義，而甚至在凝思宇宙關係時，也無視於「無限」（infinite）這個概念，而只能硜硜自囿於古典數學的基本表徵——「比例」（propotion）觀念之中。

希臘薩摩斯島的阿里斯塔克斯（Aristarchus），在西元前二八八至二七七年間，是隸屬於亞歷山大城的天文學家圈子中的。該天文學圈子，無疑與加爾底亞——波斯學派有關。他曾描繪出一個以太陽為中心的世界系統[11]。經過哥白尼的再發現，以太陽為中心的系統，曾從根搖撼了西方人的形上感情——例如，布魯諾即是有名的例證——而完成了一些強而有力的徵兆，證明了浮士德、哥德式的世界感受，是對無窮表現狂熱的嚮往。事實上，浮士德的世界感受，對無窮具有無比的信仰，已早就經由其教堂的形式，而透露了出來。但是，阿里斯塔克斯當時的希臘世界，對於他的作品，根本漠不關心，在很短的時間裏，便被世人遺忘了——當然，這是我們可想而知的。

事實上，阿里斯塔克斯系統，在精神上根本不近於古典文化，甚至可能對古典文化造成危險。但是，有一點經常被人遺漏的事項，即：阿里斯塔克斯系統，與哥白尼的系統，仍有不同的地方，而此不同的地方，乃恰恰使它能符合於古典的世界感受。此即它假設：**宇宙是包含在「有限的」物質中的**，而在視覺上看來，應為一中空的圓球，在這圓球之中，才有如同哥白尼所示那樣的行星系統，不斷運行著。

在古典的天文學中，地球和其他星體，經常是被當作兩種不同的整體，無論他們如何說明其運行細節，他們還是認為地球與其他星球，根本不同。——而與此相反的概念：地球只

11 在阿里斯塔克斯僅存的著作中，其實仍保持了希臘的幾何觀點，故而我們可以推定：他沉迷於加爾底亞的天文學，也只是一個短暫的傾向——原註。

是星空中的一個星體而已，則在托勒密系統與哥白尼系統中，都是視為當然的。由於認為宇宙是一個天空中的球體，所以，那本來可能危及古典文化那種有限的，感覺的心靈的「無限原則」（principle of infinite），便被覆蓋住了。

也許有人會以為：無限的概念，無疑是由阿里斯塔克斯系統中導衍出來的，可是事實上遠在他的時代之前，巴比倫的思想家已經獲得了此等概念，而希臘卻全無此等思想的出現。相反的，在阿基米德有名的關於沙粒的論文中，他證明把一立體的物體（這事實上，便是阿基米得所認為的宇宙）裝滿沙粒，會得到非常高（high）的圖像結果，但卻絕不是無窮高。他的此一命題，也許曾一再被引用為積分學（Integral Calculus）的初步概念，事實上，其本身原是對我們所謂的「分析」（analysis）的一種否定。

尤多克薩、阿波羅尼斯（Apollonius）、阿基米德，無疑是古典數學家中最敏銳、最大膽的幾位，他們主要用直尺和圓規，對「已經生成」的事物，作純粹視覺的（purely optical）分析，而其基礎，即是古典的雕刻式的思想。在他們所用的方法中，我們必須特別提到阿基米德的「逼盡法」（exhaustion—method）。在最近發現的阿基米德致依羅陀深斯的信函中，他論及用內接矩形，以求拋物面的截面積的方法，而不用相似多邊形的方法。但是，此等極端精密而複雜的方法，仍是根據柏拉圖的某些幾何概念而來的。雖然表面上，與我們西方的巴斯卡的方法，有可類比之處，我們仍可看出，他與巴斯卡畢竟有絕大的不同。與黎曼

（Riemann）[12]的積分法相比之下，阿基米德的方法與今日所謂的「求面積法」之間，更是有尖銳的觀念上的對立。如今，阿基米德的方法，其本身不過是一不幸的殘存者，它所謂的「表面」（surface），如今已被代之以「封閉函數」（bounding function），而它所用的描畫法，如今早已不用。古典與西方的數學心靈，從未像在此例中，互相如此接近過；而也從未像此例那麼明顯地，可看出兩個不同的靈魂之間，隔閡是如此之深，根本不可能彼此溝通。

數字是死亡的象徵，固定的形式是生命之否逆，公式與定律在活生生的自然上，撒播了死板板的謹嚴性，所以，數字造成死亡。「浮士德」第二部的「母親」（Mother）一節中，歌德如此寫道：

「意象的領域，無遠而弗屆。
形成，變化……
永恆的心靈，不斷的活動，
創造相同的萬事萬物，

12 黎曼（1826—66）德國大數學家，為非歐幾何之奠立者之一。在黎氏幾何中，並無平行線存在，因其幾何圖像均以曲面建構，故而所有直線均會相交，而三角形三內角之和恆大於一百八十度。

永遠不停的周而復始。」[13]

在對永恆的奧秘，作如此的預測時，歌德與柏拉圖非常相近。他的這一段相當難以理解的詩文，事實上乃是柏拉圖的觀念——一個「精神」有各種可能的潛力，而此等未誕生的形式，要掙扎形成有活動、有目標的文化，要形成由此精神，所規範、所決定的藝術、思想、政治與宗教。所以，一個文化的數字思想與世界意識，乃是相關聯的，而由此關聯，前者被提昇到超越一般的知識和經驗，而變成了一種**宇宙觀**。

因此之故，世上有多少種高級文化，便就有多少種數學、多少種數字世界。只有如此，我們才能瞭解到一項必然的事實，即：那些最偉大的數學思想家，那些數字領域中創造性的藝術家，每每經由一種深沉的宗教直覺，才能作出他們諸文化中，最具有決定性的數學發明。古典的「阿波羅式」的數字[14]，我們必須當作是畢達哥拉斯的創作——**而他即曾奠定了一個宗教**。

在西方，那位偉大的布列克森的主教（西元一四五〇年），尼古拉・庫色納斯（Nicolaus

---

13 依安斯特博士之英譯轉譯。

14 阿波羅本為希臘音樂、詩歌、預言等之神，代表年輕與美。寧靜莊嚴，具體切近，在本書中，為古典文化之代表，以對應於西方之「浮士德式文化」。

Cusanus）。也是經由一種直覺的引導，才從自然中「**神**」的無窮觀念，而發明了微積分的「極限」概念（Infinitesimal Calculus）。萊布尼茲在兩個世紀以後，完全奠定了微積分的方法和符號，而他本身，也是由於對「神」的原理，及其與無窮的關係，作純粹形而上的沉思，才體會、並發展出「位置分析」（analysis situs）的概念——這可能是對純淨而無垠的空間，所作的解釋之中，最為神奇靈妙的一種。刻卜勒與牛頓，也都具有嚴肅的宗教氣質，他們與柏拉圖一樣，都深信正是經由數字作為媒介，他們才能直覺地瞭解到，「神」的世界秩序之本質。

我們常常被教以：古典文化中的代數學，乃是經由西元二五〇年左右的戴歐芬塔斯（Diophantus）的成就，而第一次脫離了感覺的限制，閱始有了廣度和深度。但事實上，戴歐芬塔斯並不曾真的創造了代數學，而只是把代數學帶入我們所知的古典數學架構中而已——他的成就是如此的突然，我們不得不假定，他所表出的概念，根本是早已存在的。而他的成就，並不曾豐富了古典的世界感受，而毋寧是壓服了那個世界感受。因為古典的數字，是「大小」的表徵，而代數學，則是一種「變數」的學問。

戴歐芬塔斯也許並不自覺，但他在本質上，乃是反對那個他所欲建立的古典基礎的。從他身上，我們可以看出在歐幾里得式的意向（intention）表面下，滋生了一種全新的「極限感受」（limit—feeling），我把這感受，定名為「**馬日的**」（Magian）**世界感**。戴歐芬塔斯不但不曾擴大「數字是一種大小數量」的概念，反而消除了此一概念。而沒有一個希臘人，能夠想像那種不定數a，或無名數3之類的數字——因為它們既非大小，也無長度。在戴歐芬塔斯的作品中，數字不再是固定事物的度量和本質。當然，他尚不知有零和負數，可是他也不再用畢達哥拉斯派的數字。他所表達的數字的「代數不定性」，也與後來西方數學中的「操控變化」（controlled variability），即函數變化，有相當的不同。

這種**馬日**的數字，我們雖然不知其細節，但已可覘見其大要：它經由戴歐芬塔斯（很明顯的，他並非起點），大膽而合乎邏輯地，於第九世紀的回教世界中阿貝息德時期（Abbassid period）[15]，進展至巔峰狀態，我們可以從阿卡瓦雷（Al—Khwarizmi）與阿西茲契（Alsidzshi）[16]等的作品中，欣賞到此馬日的數學。

西方數學，是函數的觀念

15 阿貝息德，為定都巴格達之回教世界中，回教國王哈里發（Caliph）之通稱，西元七五〇年至一二五八年之回教文化，統稱阿貝息德時代，其名來自穆罕默德之叔父阿貝斯（Abbas）。

16 兩人皆為回教世界中之大數學家。

笛卡兒的解析幾何，出現於一六三七年。他最具決定性的成就，並不是如我們所以為的，只是在於他於傳統幾何的領域內，介紹了新的方法和概念，而是在於他介紹了一種明確的**新數字觀念**。這種新的數字觀念，把幾何於視覺上可認知的結構、與可量度的線條的範限下，整個解放了出來。有了笛卡兒的幾何，分析無窮空間，乃成為事實。古典那種有限的世界感的特徵——那些可以感覺到的元素，諸如具體的線條和平面等，被代之以抽象的、空間的、非古典的元素——「點」（point）。從此時開始，「點」乃被視為一組純粹的坐標數字，由古典的教本和阿拉伯的傳統，所導衍來的那種數量大小及感覺度量的概念，已被摧毀殆盡。代之而起的，是空間中點與點之間的**變數關係值**。

一般而言，我們不認為這是幾何的替代品，在古典傳統的正面之後，這只能是一種想像的事物。「幾何」這個詞眼，有其相當確定的阿波羅式的意義。而從笛卡兒時代起，所謂的「新幾何」，則由綜合和分析兩部分所構成，綜合的工作，是對空間中「點」的相對位置而作，而空間已不復限於三度空間；至於分析的部分，則把數字根據空間中點的「位置」（position），而予以定義。如此，把長度代之以位置之後，便帶有一種純粹空間的概念，而不再是一種實質的概念了。

對傳統幾何的摧毀，最明晰的例子，我以為是把角度函數（angular functions）轉化成為週期函數（periodic functions），因而進入了無窮的數字界域。在此數字界域內，角度函數便變成了級數（series），而根本不復留有歐幾里得圖像的絲毫跡象了。在此數字界域的各部分中，圓周率 π，如同納皮爾數基 e（Napierian base）[17]一樣，與各種數學都發生關係，而不復有舊的所謂幾何、三角及代數間的分割。這些新的數學關係，本質上既非算術的，也非幾何的，所以，在新的數學領域內，已沒有人再夢想要實際上畫出圓弧、或展示出指數圖形了。

正對應於古典靈魂中，由畢達哥拉斯發明了它自己獨具的阿波羅式數字——那種可以度量大小數量的數字的時候，西方的靈魂，也經由笛卡兒及其同時代的人（巴斯卡，費瑪，岱沙格等）[18]，而發明出一種不同的數字表記。而這數字表記，正是狂熱嚮往無窮空間的浮士德傾向之產物。

由古典文化注重事物的實質存在，而生成的代表**純粹大小**（pure magnitude）的數字，也正可與如今代表**純粹關係**（pure relation）的數字，互相平行，而形成對照[19]。而如果我們可以

17 納皮爾（一五五〇—一六一七）為蘇格蘭有名之數學家，為自然對數之發現者。e即自然對數之基底。

18 巴斯卡（Pascal 1623—62）法國著名之哲學、物理、及數學家；費瑪（Fermat）、岱沙格（Desargues）同為西方數學史上赫赫有名之人物，「費瑪不定問題」，迄今仍為數學上不可解之難題，引出無數數學技巧及定理之發現。

19 相同地，古典文化中之具體錢幣（coinage）與西方文化中之複式簿記（double—entry bookkeeping），也在各自的貨幣思考中，形成類似的對照，可見本書第二十章。

把古典「世界」，古典的「宇宙秩序」視為是植基於：對可見的限制所具的深刻需要，而由實質事物的總和所組成；則我們也可以說：我們西方的世界圖像，乃是無窮空間的展現，在無窮空間中，一切可見的事物，只成了低層次的事實，而臣服在無窮的面前。

西方文化的表徵，乃是「函數觀念」（idea of function），這是任何其他文化，所從未夢想到的觀念。函數絕不是前此已有的數字概念的擴張，而根本是完全脫離了前此已有的數學概念。於是，不但是歐幾里得的幾何，而且連阿基米德的代數，對西歐那真正重要的數學觀念而言，都不再有任何的價值。自此而後，數學已只在於抽象的分析。即使像乘冪數（power），最初只表示一組相同數值的連乘積，如今經由指數與對數（logarithm）的概念，以及它在複數、負數、和分數形式中的應用，也已經根本消失了其原有的「數量大小」的意義，而轉移至超越的關係世界中去了。此種超越的關係世界，全非希臘人所能想像，因為他們只知道兩種正整數的乘冪，分別代表面積和體積，所以，他們接近不到此等的世界，例如：

$$e^{-x}, \sqrt[\pi]{x}, \frac{1}{ai}$$

從文藝復興以來，每一項接踵而至的重要創見，諸如——虛數與複數，於一五五〇年卡德納斯（Cardanus）介紹出來；無窮級數，經由一六六六年牛頓在「二項式定理」上的重大發現，而奠立了理論的基礎；微分幾何及定積分，是萊布尼茲的成就；以「集合」（aggregate）作為一種新的數字單元，由笛卡兒開其先河；以及一些新的運算程式，像正積分的方法，以及把一種函數，展開成其他函數的級數，甚至無窮級數的方法，這些，都是浮士德式的數學，壓過了流行的感覺型數字感受的一種勝利，這也是新數學在實踐新的世界感受中，所必須贏得的勝利。

在所有的歷史上，從來沒有第二個文化，像我們的文化那樣，在科學方面，對古典文化付與如此長期而顯著的敬仰和謙遜。經過了非常長久的年代，我們才有勇氣去思考我們自己獨具的思想。但是，雖然我們經常只是意圖和古典文化相媲美而已，可是我們所作的每一步努力，實際上，都使我們遠離了原來想像的理想。因此，**西方的知識進展史，只是一部逐漸脫離古典思想的歷史**，這種脫離，絕非出自本意，而是在潛意識的深處不知不覺地被驅迫著而然。所以，新數學的發展，事實上是由一個克服數字的「大小數量」觀念，而作的冗長、秘密、而最終獲得勝利的戰爭所構成的。

今天，數學所用的「符號語言」（sign—language），誤表了它真正的內涵。這主要是由於一般人、甚至數學家，仍然以為數字是一種大小的數量，試看：我們所有的數學表記，是否仍以此作為基始？但是，事實上，表示函數的，並非個別的符號，如X，π，5等，而是以函數本身為單位，為元素。變數的關係，不再能作視覺上的界定，它已構成了一種新的數字；而這種新數字，必須建立一套新的表記方法，而完全不受古典數字的影響。

我們試考慮一下，下面兩種方程式之間的差別（如果方程式一詞，可以用來表示這兩個不同的事物的話）：$3^n+4^n=5^n$ 及 $x^n+y^n=z^n$。後一方程式，即有名的「費瑪不定方程式」。前一方程式，包含的是一些古典的數字，即：作為「大小數量」的數字；但是，後一方程式所表示的，卻是**一個數字**（one number）的不同種類，只是由於根據了歐幾里得——阿基米德的傳統，寫成與前一式相同的形式，此一差別乃被掩蓋住了。在前一式中，等號＝表示諸確定而實在的「大小數量」之間的關聯；而在後一式中，等號的意義是：在一個變數的領域內，存有一種關係，此即：若有某一變化發生，則必然隨之以另一確定的變化。第一個方程式的目的是，定出一具體的「大小數量」之量度，故第一式有其「結果」；而第二式，一般而言，並無「結果」可言，而只是在 $n>2$ 時的一種「關係」的代表圖像與符號而已（$x^n+y^n=2^n, n>2$，此便是有名的費瑪問題），而此 n 可能並非整數。一位希臘的數學家，必然會覺得，他不可能瞭解到此等運算的意義何在，因為它的意義，並不在於「解出」此方程式。

事實上，正由於引進了本質上反希臘觀念的無理數，那個把數字當作具體而確定的事物的觀念，便崩解了。自那時以後，數字的系列已不再是遞增的、片斷的、固定的實體，而成了一種單進向的連續體（unidimensional continuum），按照數學家岱迪肯（Dedekind）的理論，此連續體的每一「切割」（cut），便代表了一個數字。

這樣的數字，已很難與古典的數字調和一致了。因為古典的數學，在1與3之間，只知道有一個數字（即2），而對西方數學而言，則1與3之間的數字，乃是一**無限的集合**。當我們更進一步引進了虛數（$\sqrt{-1} = i$），及最後又引進了複數（其一般形式為$a+bi$）以後，線性的連續體，更擴大成為高度超越的「數體」形式，即：一個同類元素的集合體。此體中的每一「切割」，如今已代表一個「數面」（number-surface），此「數面」包有一個由「低勢」（low potency）數字所組成的無限集合。例如，對複數而言，實數即為「低勢」數字，於是，這已根本完全沒有古典通俗意義的數字的影子了。

這些「數面」，自歌西（Chauchy）與高斯（Gauss）[20]加以應用後，在「函數論」中已成為重要的角色，而它們乃是純粹的思想圖像（pure thought-figures）。古典的心靈，勉強尚能體會到正無理數，例如$\sqrt{2}$等，而把它當作否定的樣式，事實上，他們已以足夠的概念，將之驅除於意識之外。可是，像類如$x+yi$形式的東西，則已完全超過了古典思想的理解力之外，而我們西方，正是由於把數學定律，擴展到整個的複數體系中，而使這些定律仍能適用，才能奠立了「函數論」，而最後把西方數學，發展到它目前的純粹性和統一性。直到達

20 高斯（1777—1855）德國著名之數學家與天文學家，對解析幾何之貢獻極大。

至了這個地步，我們的數學，才能無保留地用來支持與之平行的領域——西方的動態物理學（dynamic physics）；而古典的數學，則正適用於它自己注重單獨物象的實體世界，以及從魯西柏斯（Leucippus）到阿基米德，所發展成的「靜力學」（static mechanics）。

恰恰相對於古典文化的愛奧尼亞時期（Ionian period），巴鏤克數學的輝煌時期[21]，乃是在十八世紀，從牛頓及萊布尼茲的決定性發明以後，經過尤拉（Euler）、拉格雷基（Lagrange）、拉普拉斯（Laplace）與德蘭伯特（D'Alembert），一直發展到高斯[22]。一旦此一巨大的創造活動，生了翅膀，它的高飛遠舉，實在是有如奇蹟一般。人們很難相信自己的眼睛，在那個瀰漫了懷疑精神的時代，目擊了似乎根本不可能的真理，一個接一個的出現[23]。德蘭伯特發明了微分係數後，還必須說道：「再往前進，你才有信心。」邏輯本身，似乎已招致反對，而它的基礎，似乎也證明是謬誤的了。可是，最終的目標已經達到，這一世紀正是

21 愛奧尼亞本為小亞細亞古地，於西元前十一世紀為希臘人殖民，形成燦爛之古代希臘文化；巴鏤克，本為一六〇〇—一七五〇年間，歐洲之一種裝飾繁褥的成熟期建築、音樂、藝術風格，後用以指稱此一期間之西方文化。

22 以上數人，均為西方大數學家。

23 故而柏克萊主教（Bishop Berkely）在他的「致異教數學家講道書」中，銳利地質問：數學家如此挖掘到信仰的根基，是否有意批判神性的本身——原註。

抽象與非物質的思考之狂歡慶祝的世紀，在這一世紀內，數學分析的大家，以及與他們精神一致的大作曲家，巴哈、格魯克（Gluck）、海頓（Haydn）與莫札特，這些罕見而深刻的心智，都為他們精妙的發明與思想，而歡欣鼓舞，不可一世，而歌德與康德，則踽踽獨行。

從內涵看來，這一世紀正平行於希臘的愛奧尼克（Ionic）的成熟世紀，即數學上的尤多克薩與阿基塔斯的世紀（西元前四四〇—三五〇），我們也可以把雕刻上的菲狄亞斯、柏里克利特斯（Polycletus）、愛肯曼尼斯（Alcamenes）等大師的表現，與雅典衛城（Acropolis）的建築成就。一併算在此世紀內——在這一世紀內，古典的數學和雕刻的形式世界，已展盡了它所有可能的潛力，因此，這一形式世界，隨即終結了。

畏懼與希祈

我們從上面經觀察到，像孩子一樣，原始的人類，慢慢獲得了對數字的瞭解（這是其自我生成的內在經驗），及由此而具有了外在世界的觀念。一旦此等原始曚昧而驚訝的眼睛，感覺到了有秩序、有廣延的黎明世界之後，便開始作重大的掙扎翻騰，要從單純的印象世界中，掙脫出來，而要把外在世界與他自我的、內在的世界分離，便不可避免地使他的覺醒生命，有了「形式」、有了「導向」；又因為突然意識到自己的孤獨無依，便自靈魂中產生了一種基本感情——**希祈**（Longing）。有了希祈的感情，乃促使「生成變化的過程」向其目標進行，推動了每一內在的可能潛力的完成與實現，也展開了個體生存的概念。正是由於這童稚的希祈之情，在意識之中愈來愈清晰明確，成為一個有固定導向的感受，於是，最後在成熟的精神之前，便出現了所謂「時間之謎」（enigma of Time）——奇異的、誘人的、不可解釋的時間之謎。突然地，「過去」與「未來」這兩個詞眼，具有了其重大的意義。

但是，這種源自內在生命，而由上天所賜的希祈之情，在每一文化靈魂的本質中，其實也即是一種**畏懼**（dread）之情，所有「生成變化」的過程，都向「已經生成」的方向進行著，那裡是它的終點。故而，生成變化的基本感情——希祈，便也觸及了人類對「已經生成」的事物，所具的基本感情——畏懼。在目前，我們便可感覺到時光在不斷流逝，而過去的時間，便意味著那逝去的過程。這便是我們那永遠畏懼的根源，我們畏懼一去不回的、已經達到的、已經終極的事物——我們畏懼死亡，畏懼世界本身，因為它是「已經生成」了的事物，而在這「已經生成」的範圍內，死亡是不可避免的事。

我們也畏懼可能的潛力已經發揮、生命的內在已經完成、而我們的意識亦已到達其目標的那種時刻，這種人類在童稚時代，即已具有的深刻的**世界恐懼**，從未離開過高級人類、教徒、詩人、藝術家等，它使人在隱約可見的陌生力量之前，感到無比的孤獨無依，而這種陌生的力量，透過感覺現象的帷幕，一開始便在威脅著他。至於「導向」，它是所有「生成變化的過程」本身所固有的，由於它的嚴格殘酷的**不可逆性**（irreversibility），也使人感到它是一種陌生疏離而又充滿敵意的東西。於是，人類那想要**求得瞭解的意志**（will—to—understanding），便不斷尋求，要想把不可思議的事物，賦以一定的名稱，要想把未來轉形為過去，這事是超乎我們的理解力的。而時間，便與空間相反，它永遠有一種奇異的、困惑人的、壓抑似的曖昧性，沒有一個嚴肅的人，能無視於此等曖昧性。

世界恐懼，無疑是所有原始感受中，最具創造力的一種。人類因為有了最成熟與最深厚的形式與意象，不但人類內在的意識生命，而且反映此生命的變化無窮的外在文化，也都是由於有了世界恐懼，才能具有此等形式與意象。世界恐懼，就像一種神秘的旋律，不是每一個人的耳朵都能覺察到的，它**貫穿了每一項真正的藝術創作的形式語言，貫穿了每一種內在的哲學，每一項重要的行動**。而且，雖然在數學的領域內，很少人能覺察到它，可是它畢竟是數學中，偉大問題的真正根柢。只有那些精神上業已死亡的、文化秋天時城市中的人們，例如漢摩拉比時代的巴比倫、托勒密時代的亞歷山大城、回教時代的巴格達、今日的巴黎與柏林的人們；只有那純粹理智的人、詭辯家、感覺主義者、達爾文主義者，才失去了世界恐懼、或能夠經由在他自己與陌生世界之間，建設一毫無秘密可言的「科學的世界觀」（scientic world—view），而**逃避**了世界恐懼。

希祈是與某些不可捉摸的事物有關的，這事物的千百種變幻莫測的**證驗**（manifestations），全包含在「**時間**」一詞之中。而另一種基本感受——畏懼，則表現在理智的、可瞭解的、可描繪的「**廣延**」表徵之中。因此，我們發現，每一種文化，各有其自己的方法，來覺知出時間與空間、導向與廣延之間的對立，而時間先於空間，導向先於廣延，正如生成變化的過程，要先於已經生成的事一樣。**希祈先於畏懼，最後變成了畏懼**，這一過程不容反逆。前者並不屈服於理智，而後者是理智的奴隸，前者純重經驗，而後者純重知識。用基督教的語言，這兩種世界感受之間的對立，可以表述為：「畏神與愛神」（Fear God and love Him）。

在原始曖昧的人類靈魂中，正如同最初的嬰孩時代一樣，有一種原始的感受，驅使它要尋找各種方法，來處理廣延世界中的各種陌生力量，這些陌生的力量，嚴酷而堅定，布滿了整個空間。而人類的這種防衛行動中，最精妙、最有力的形式，便是那因果的定律與系統的知識，把陌生的一切，用符記和數字來加以軌範。

當理智的形式語言，已鑄成了一些牢固的銅瓶，把神秘的事物捕獲進來，並加以瞭解之後，世界恐懼便靜靜止息了。這是所有偉大的**文化**所共有的方法，也是文化靈魂所知道的唯一實理現自己的途徑，即：把**廣延加以象徵化**（symbolizing）、把空間及事物，皆加以象徵化。我們發現，在下列各項事實中，基本的方法，都是一樣的：牛頓物理學中、哥德式教堂中、摩爾人的回教堂中，所瀰漫的絕對空間的概念；林布蘭（Rembrandt）的繪畫、與貝多芬四重奏中陰暗的音響世界，所具有的空間無窮之感；以及在歐幾里得的規則多面體、巴特農萬神廟（Parthenon）的雕刻；古埃及的金字塔；佛教的涅槃觀念；西索特斯（Sesostris）[24]、查士丁尼一世（Justinian I）與路易十四（Louis XIV）治下宮廷習俗中的孤離統治（aloofness）；以及艾士奇勒斯、普拉提尼斯、但丁心目中的「上帝」概念；以及現代技術中那遍及世界的「空間能量」（spatial energy），所代表的，都是將**廣延**加以**象徵化**，以展現文化特性的現象。

幾何與算術

如我們所見的，在古典世界中，每一行動的起點，都是那個「已經生成的事物」的秩序，因為它是明確的、可見的、可度量的、可計數的。而相反的，我們西方的、哥德式的形式感受，則是一個毫無拘束的、強烈意志的、無遠弗屆的靈魂，所具有的感受。它所選取

24 西索特斯，為西元前一九七一——一八四三年間，埃及中王國十二王朝之國王，共有三世，將埃及帶至內外繁盛之巔峰。

的表徵，是純粹的、不可感覺的、無窮的「空間」。我們這無窮空間的宇宙，其存在，對我們而言，是不待贅言的，可是，對古典人們而言，卻根本便不存在。事實上，我們的物理學中的無窮空間，是在無形中假定了非常繁多，且極端複雜的存在體。而它的存在，只是我們的靈魂所能接受的，因之，也只有對我們這一型的覺醒生命而言，才是真實的、必然的、自然的。簡單的說明，永遠是最困難的，從笛卡兒以來，我們整個的西方數學，都在於對這個偉大而神聖的表徵——無窮的空間，作理論上的解釋闡明。而在古典的數學和物理學中，對「無窮的空間」一詞，則根本全無所知。

在此處，我們從希臘文學中，所承襲而來的古典的名詞——那些仍舊在使用中的古典的名詞，也掩沒了事實的真相。所謂「幾何」，是指度量的藝術，而「算術」，是指計數的藝術。而西方的數學，早已與這些東西沒有任何關係了。但是我們尚未能為我們數學中各部門，找到新的名詞——僅用「分析」一詞，絕對是不夠妥當的。

古典的數學，自始至終，都是在考慮單獨的個體，及此等個體的「邊界表面」（boundary—surface），所具的種種特性；所以間接地也便考慮到物體的二次曲線和高次曲線。另一方面，我們的數學，歸根結柢，只考慮「點」（point）這個抽象的空間元素。點，既不能看到，也不能度量，也不能定義，它只代表一個參考系的中心而已。

直線，對希臘人而言，是一種可以度量的邊長，而在我們看來，乃是一種點的無限連續體。萊布尼茲曾把直線當作「圓」的一種極限情形，而把點當作「圓」的另一種極限情形，前者圓的半徑為無窮大，後者圓的半徑為無限小，以此來闡明他的「極限原理」。但對希臘人而言，圓只是一個平面（plane），而他所感興趣的，是如何使它成為可以度量的樣子。故而，**如何把圓變成正方形**（squaring of the circle），**便成了古典知識中，最最重要的問題**。古典的世界形式中，最深奧的問題，是如何把由曲線圍成的表面，不改變其大小，轉變成矩形，從而能使它成為可以度量。另一方面，對我們而言，這個問題並不特殊重要，我們通常可以用代數意義來表出 π 這個數字，而不考慮其幾何形象。

古典的數學家，只能瞭解他所看到、所把握到的事物，他整個的思考領域，便在於明確的，有定義的「可見性」（visibility），當這種可見性止息時，他的科學便走到了終點。而西方的數學家，一旦擺脫了古典的成見的束縛，便進入了一個全然抽象的領域，進入了無限多「維」（manifolds）的n度空間，而不再只是三度空間。在此n度空間的抽象領域內，他所謂的幾何，能夠不需借助任何普通的助力，也必須不借助此等普通的助力，才能獲得它自己的發展。

〔古典的畢達哥拉斯學派，所用的圖像符號，很具有說明性：1這個數字，是一切數系的基本要素，他們用ἀρχή表之，而此字的另一意義是女性的子宮。2是第一個真實的數字，是1的兩倍，則與男性的性器有關。最後，3是一個神聖的數字，是上兩個數字的結合體，代表了繁殖的行動——所以，古典人所僅知的兩種增加數量的方法：加法和乘法，都有著色情意味的暗示。」

於是、不可避免地，古典文化漸漸成為一個注重「小」（small）的文化。阿波羅式的靈魂，試圖用「可見的極限」（visible limits）這一原則，來拘束已經生成的事物之意義，它的禁制，便是要把世界侷限在立刻可見，最最接近的範圍內。因此之故，一切玄遠的、不可見的事物，在它而言，都是「不存在的」。我們須常常注意到語言現象中，所具的強力象徵意義，正因為希臘語言中，沒有關於空間的詞眼，所以希臘人完全缺乏我們對風景、水平、展望、距離、雲彩等所具的感受，也完全缺乏一個大國家，所需的廣袤遠被的鄉土觀念。

古典的神廟，是所有第一流的建築中，形式最小的，一眼便可以看盡內涵。古典的幾何，從阿基塔斯到歐幾里得（今日學校中所授的幾何，便是這種古典幾何），只處理小的、可度量的形象與物體。所以古典幾何始終不知道，在奠立天文測量的圖像時，會產生何種困難，因為在很多情形中，天文測量的圖像，往往不適用歐幾里得幾何。如果不是古典文化太侷限於微小而切近的事物，則精妙無儔的阿提克精神（Attic Spirit）[25]，幾乎確定地會完成一些

25 阿提克即為希臘東南方區域，由雅典城邦所主治，故而阿提克即用以指稱雅典之民族、文化、風格之特徵，其要點為：古典、簡樸、精煉。

非歐幾何上的問題。因為它曾對有名的「平行公設」（parallel axiom）提出批判，這種對平行公設所具的懷疑，雖然馬上引起了反對的意見，可是並沒有獲得合理的闡明，這便使它非常接近於非歐幾何的決定性發明了。古典的心靈，無疑是投射於、並侷限於對微小而切近的事物的研究上；而我們的心靈，則是注重在對無窮的、且超越感覺的事物的研究上。

西方文化自己所具的、或從別的文化借來的，所有的數學概念，遠在真正的微積分發明以前，便已全部自動傾向於「極限」（Infinitesimal）觀念上去了。於是，阿拉伯的代數、印度的三角、古典的力學，當然便在西方數學中合併起來，而成為「分析的」數學了。在某些情形下，幾何可以加以代數的處理，而代數也可以用幾何來處理，這便是：我們可以不用視覺來研究數學，也可以讓視覺來統理數學。

我們西方人，是採取前一種態度，而古典希臘人，則採取後者。阿基米德，在他對螺線所作的美妙處理上，已經觸及到了萊布尼茲的定積分的方法中，某些普通的概念。可是，這些螺線的研究，雖然表面上與現代數學有相同之處，仍是侷限於古典的「實體原則」（stereometric principles）之中；同樣的情形，印度人自然可以根據他們的世界感受，而發明某些三角上的公式。[26]

由於有這種古典數字和西方數字之間的基本對立，故而，元素與元素的關係，在兩個不同的數字世界中，便也就有了極端的差異。在古典數學中，數字是一種大小數量，而數量（magnitudes）之間的聯繫因子，是「**比例**」（proportion），在西方數學中，所注重的是關係，而**關係**（relations）之間的聯繫因子，則包含在「**函數**」（function）之中；「比例」與「函數」這兩個名詞，其重要性並不只限於數學中，它們在這兩個文化的相關的藝術——雕刻與音樂中，也具有高度的重要性。除了在單獨雕像中，各部分的秩序條理上，比例占了很基本的地位之外，典型的古典藝術形式，如雕像、浮雕、壁畫，都可以有其**擴大與縮小的基準比例**——而這些，在音樂中，便毫無意義。相反的，在函數的領域內，則具有決定的重要性的，則是**組群的轉換**（transformation of groups），而音樂家也會承認，組群的轉換觀念，在現代的作曲理論中，有其基本的地位。我只需指出十八世紀中，最偉大輝煌的管弦樂形式之一，「幻變組曲」（Tema con Variazioni），便足可證明這一點了。

所有的「比例」，都假定元素有其不變性，而所有的「函數」，都發揮了元素的變化性。

---

26 我們如今已不可能確定說出：我們所擁有的印度數字，究竟有多少是古印度的東西，即：佛陀以前的東西——原註。

例如，歐幾里得的**對稱定理**（congruence theorems），其證明便在於它先假定了1：1的比率；而現代數學，卻是用角度函數的方法，才演繹出相同的定理。

古典數學自始至終，便表現為一種「**結構**」（construction），廣義而言，這也包括初等算術在內。所謂「結構」，便是描製出一個單純而可見的圖像。而西方數學，則自始至終，便表現為一種「**運算**」（operation）。結構注重在外表，而運算否定了外表，前者描畫出視覺上所獲致的事物，而後者則解消了這些事物。於是，我們便遇到了兩種數學之間，另一種的對立：古典數學，由於注重小的事物，便只處理**具體的單獨個例**，而製成堅定的結構；而西方數學，由於注重無窮的觀念，便處理**各種可能的情形**，發展出各組的函數、運算、方程式、曲線，它的處理，並不著眼於結果，而只著眼於過程。所以，最近兩世紀來，雖然數學家們很少承認這個事實，而我們實在已發展出一種：數學運算的「**一般形態學概念**」（idea of general morphology），而我們該把這概念，當作是整個現代數學的真正意義之所在。我們將會越來越清晰地察識到：所有這些表現，都是西方心智的一般傾向，所透露出來的徵驗之一。它是浮士德式的精神，所獨有的表現，在別的文化中，是不會有的。

在我們數學中，下面是在西方數學史上，占有偌大地位的一些大問題，而我們把這些問題視作是「我們的」問題，正如希臘人把「如何將圓化成正方形」，視作是他們數學上至高的問題一般：——例如，研究無窮級數的收斂問題（歌西），把橢圓與代數積分，變形為多項週期函數的問題（亞培爾，高斯）——對於那些追求簡單而確定的數量結果的古典人而言，這些問題，可能只是一種深奧晦澀的妙技之展示而已，而實際上，今日一般世俗的人，也都作如此的看法。事實是，這些問題，才是西方數學中，真正具有代表性的問題。

古典的數學與西方數學之對比

於是，到了最後，西方數字思想的全部內涵，都集中到浮士德數學中的那個深具歷史意義的「**極限問題**」上了。極限問題，是通向「無窮」（infinite）之途的關鍵所在，而浮士德式的無窮感，與阿拉伯及印度的世界觀之中，所具的無窮感，是大不相同的。在各個不同的情況中，無論數字的外貌表現為如何：為無窮級數也好、為曲線也好、為函數也好，其真正的本質，皆為極限的理論（theory of limit）所統攝。這一極限，與古典的求圓面積法中，所標示出來的極限問題，絕對是相反的。

直到十八世紀，流行的歐幾里得幾何的先入之見，仍然混淆著當時的微分原理的真正意義。在當時，「**無限小量**」（infinitely small quantities）的觀念，已經是唾手可得了，可是，無論數學家如何熟練地運算，「無限小量」仍有著古典常數的痕跡，仍有著數量大小的外貌，這都是歐幾里得幾何的「殘基」（residues）。例如，「零」是一個常數，是在線性連續體中，介於加1與減1之間的整數。而尤拉及他以後的很多人，所作的分析研究中，「零」正是一大難題，因為他須要處理「零」的微分。

到了十九世紀，古典的數字感所留下的遺跡，才終於被排除出去，於是，經由歌西對於極限觀念的闡釋，才邏輯地獲致了**極限微積分**（Infinitesimal Calculus）的成就。只有當「無限小量」的概念，轉成了「任何可能的數量之最低限」（lower limit of every possibl magnitude）的觀念時，才產生了變數的概念，而解決了西方的極限問題。此種變數，已不再具有任何「數量大小」的特性，於是，最終由理論所表出的「極限」，已不再是對某一數值的趨近，而是，它本身**便是趨近**、**便是過程**、**便是運算**。所以，極限不是一種「**狀態**」（state），而是一種「**關係**」（relation）。

把幾何從可見的範疇內解脫出來，把代數從數量的觀念中解脫出來，然後把兩者結合起來，超越了所有描繪與計算的基本限制，而形成「函數論」的偉大結構——這是西方的數字思想之輝煌過程。古典數學中的常數，已經解離為變數，幾何變成分析性的，而解消了所有具體的形式。可以獲致確定的幾何數值的數學個體，被代之以抽象的空間關係，而這種空間關係，到最後，根本不能應用到感覺現象中去。至於歐幾里得的視覺圖像，也被坐標系中的幾何軌跡所取代，只要任選一點作為「原點」，而在運算過程中，不改原坐標系，便可以表出幾何的結果出來。而坐標本身，可以視為純粹而簡單的數值，不是用數**決定**空間中點的位置，而是用來**表現**與**替代**點的位置。於是，作為「已經生成的事物」的邊限（boundary），數字已不再是用圖像來表現，而是用方程式來象徵了。這就是：「幾何」已改變了它的意義，原來作為圖像的坐標系，消失不見了，而「點」已變成了純粹抽象的「數字組群」（number—group）。

在發展中，我們西方的數學，被迫到達一個情況：——即不但人為的幾何形式之極限，而且視覺的極限本身，都對我們的理論，以及我們的靈魂，構成了一種限制，成為我們內在可能的潛力，在作無保留的表現時的極大障礙。——換句話說，我們那超越展延的理想，與實際感覺的極限之間，發生了基本的衝突。這便是西方數學與古典數學間的基本衝突。

我們可以看出，數學上「絕對的」空間（"absolute" space），自始就是極端非古典（un—Classical）的觀念，雖然，數學家由於對希臘傳統的尊敬，不敢面對這個事實。但「絕對的」空間，畢竟是與日常經驗及傳統繪畫中，那種不確定的空間不同，也與康德的「先驗的」空間不同。康德的空間，看來是一種明晰而確實的概念，但同時也是一種純粹抽象的空間。西方靈魂中，這種純粹抽象的、理想而未完成的意願，越來越不願再囿限在可感覺的表達方式中了，終於，它狂熱地把限於感覺的方式擯棄一旁。**西方的內在之眼覺醒了**。

於是，第一次，有深刻思想的人們，不得不承認：那個在所有時代中，皆認為真實的、且為唯一的歐幾里得幾何，若從高一層次的觀點來看，不過是一項「假設」（hypothesis）而已。從高斯以降，我們已經瞭解了：要在別的完全非感覺型的幾何之前，證明這一「假設」的普遍正確性，是不可能的。歐氏幾何中的重要命題——歐幾里得「平行公設」，乃是一種未經證明的「假定」（assertion），對於平行問題，我們自還可用其他的假定，來取代「平行公設」。事實上，我們也可以假定，通過一所予點，沒有平行線、或有兩條平行線、或有很多條平行線，可以平行於一已予直線，而所有這些假設，都可以發展成三維空間的，完全無懈可擊的幾何，這些幾何，也都可以用到物理學，乃至天文學上去。而在某些情形下，更優於歐氏幾何。[27]

非歐幾何中，有一個簡單的公設：**廣延是無界的**（boundless）。〔注意：自黎曼與曲度空間（curved space）的理論之後，「無界的」一詞，已與「無盡的」（endless）有別〕。這一簡單的公設，便已抵觸了歐氏幾何的基本特徵，因後者全靠直接的感覺為主，也就是全靠物理界的光阻（light—resistances）的存在，故而，歐氏幾何認定廣延是有實質的邊界。但是，非歐幾何這一種抽象的邊界原理（boundary principle），可以想像成是：以一種全新的感覺，超越了視覺上的限制。

27 見第四章註7。

對於深刻的思想家而言，笛卡兒幾何中，便有一種要超越三度的經驗空間（experiential space）的傾向，而把這種經驗空間，視作是強置於數字的表徵之上的，不必要的限制。雖然，直到約一八〇〇年，多度空間才為解析法鋪設了寬廣的基礎，可是，真正的第一步，要比這早得多了。乘冪（事實上，是對數）原來與感覺上可以認知的面積與體積，有密切的關係，當乘冪脫離了原來的限制，經由無理指數與複數指數的應用，而進入「函數」的領域時，它便成為純粹的**一般關係值**，而這，便是進入多度空間的第一步。任何一個稍微瞭解一點數學推理的人，都會承認：正當我們不再把a^3，作為a^n的自然最大值之時，那個三度空間的概念，便被取消了。

一旦空間的元素——點，不再殘留其可見性的痕跡，而且不再是一種坐標線上的「切割」（cut），而被定義為三個獨立數字（X、Y、Z）所構成的組群時，則我們已不再有任何理由，來反對把3代之以更普遍的形式——n。於是，空間度量的意義，整個改變了。我們不再把點的特性，固著在可見的坐標系統中的「位置」（position）上，而是用我們任選的坐標「進向」（dimensions），來表出數字組群的完全抽象的性質。包含n個獨立有序元素的數字組群（number—groups），即成了「點」的意象（image），因之，此數字組群，便也就可「稱為」（called）是一點；相同的，由此而得的方程式，若表出了平面的意象，便也就稱為是一平面；而所有的n進向的點之集合，係也自然可**稱為**是一n度空間[28]。

這種超越式的空間世界，已脫離了任何種類的感覺形式。在這種超越的空間世界內，便有我上述的所謂「關係」（relations），這便是我們所要分析的對象，而我們也發現，這些關係，與實驗物理學所得的數據（data），常相符合一致。

像這種高度的空間世界，終究是西方心靈的特性表徵，只有西方的心靈，才嘗試用這些形式，來捕取「已經生成」及「已經展延」的事物，也只有西方的心靈，才嘗試用這種方式，來聯繫、負荷，並「認知」陌生疏離的事物，而且獲得成功。這種數字思想的領域，不是任何人可以達到的，只有極少人能探得真諦。在尚未達到此等數字思想的境界時，很多想像的數學系統，例如「超複數」（hypercomplex number）系統、向量微積分中的「四元法」（quatenions），以及那些看來毫無意義可言的符號，例如無窮大**8**，便都不能有甚麼實際的特徵。只有達到了此等數字思想的境界，這些東西才有其實際性。而我們必須瞭解：所謂「實際性」，並不僅指感覺上的實際性。於是，到了此時，西方的精神，在實現其自己的理想時，便絕不偏限於感覺形式中了。

28從「集合論」的觀點來看，一個秩序井然的點集合，無論其進向為何，均可稱為一「體」，而相對於n度的點集合而言，**n**－1度的點集合即可認為是一「面」，故而，一集合的界限（邊界），代表一「低勢」（lower potentiality）集合。

從這種對象徵的空間世界，所作的偉大宏遠的直覺感悟（intuition）出發，便產生了西方數學中，最終的、最具涵蓋性的創造活動——把「函數論」擴大、精煉，而成為「群論」（groups）。所謂「群」，是指同一類數學意象的集合，例如，某一類型的所有微分方程式之集合，便是一「群」。「群」的結構與秩序，相似於岱迪肯的「數體」（number—bodies）。在此，我們所感受到的，是一個全新的數字世界，對於真正的數學行家而言，「群」的問題，倒不在於要極端的超越感覺，而是在於：在這些龐大的抽象形式系統中，要找出一些特定的元素，能在一群特定的運算中保持不變，也就是說，要具有「不變性」（invariance）。用數學的語言來說，這問題通常是表為數學家克萊恩（Klein）的表述方式，即：——給予一 n 度空間及一群「轉換」（transformations），要求出該空間中，在該群「轉換」之下，不受改變的諸形式來。

到了這一數學的頂峰之後，作為浮士德靈魂的觀念之投影和表達，西方的數學，已經發揮盡了它每一內在可能的潛力，而完成了它的命運。於是，便終止了它的發展，一如古典文化的數學，在西元前三世紀，終止了發展一樣。我們要知道，唯一在今天，我們仍能對其有機結構，作歷史的檢驗的學問，便是數學。

古典數學和西方數學，兩者皆是經由一種全新的數字觀念，而告誕生，在希臘，是畢達哥拉斯的數字，在西方，是笛卡兒的數字。兩者皆在一百年之後，展盡了所有美麗的姿采，而達到成熟的階段。兩者皆在盛行了三世紀之後，於各自的**文化**轉入為**大都會文明**的時刻，完成了它們的觀念結構。這種文化上的「互依性」（interdependence），有其深刻的重要意義，經由適當的過程，自可解釋清楚。而此刻，對我們而言，偉大的數學家們的時代，已經一去不復返了。我們如今的工作，只是諸如保存、潤飾、修正、選擇之類的事——而不再是偉大的動態的創造。這和後期希臘文明時代，亞歷山大城的數學，所表現的「大慧滅裂，巧智環生」的情形，是一樣的。

第三章　世界歷史的問題

觀相的與系統的

從極端遙遠的距離之外，來研究人類的全部行為，是在歷史的領域內，模倣了哥白尼的方法。哥白尼的系統，是西方心智脫離了托勒密世界系統之後，在**自然**的領域內，所獲致的成就。在人類描繪世界的各種可能性的範疇內，**自然**與**歷史**是恰相對立的名詞。可以加以「認知」的事物（the cognized），與自然是合為一體的，是同一同事。因為自然是定律所統攝的各種必然性（necessities）之總和，而任何可以加以「認知」的事物，都是無時間性的，既不屬於過去，也不依賴未來，而只是單純的「存在」，所以是永遠真確的。正因這樣，定律和定律所統轄的領域，乃是「反歷史的」（antihistoric）。

另一方面，純粹的生成變化過程，純粹的生命，則是**不可逆**的（irreversible）。每一件發生的事，都是唯一的，不可重複的。生成變化的過程，超乎因果的世界之外，超乎定律與度量之外。但**歷史**，若加以正確地處理的話，也並不只是純粹的生成變化過程；它是從歷史家的覺醒意識中，所映射出來的意象，而在歷史家的覺醒意識中，當然是生成變化的過程，凌邁了已經生成的事物。

要從歷史之中，摘取科學的結果，其可能性端視所處理的題材中，「已經生成」的事物所佔的比例若何而定。但在通常所見到的情況，這比例是非常微小的。所以，歷史**幾乎**是純粹的生成變化過程，而屬於**藝術**的領域。蘭克（Ranke）[1]便曾說道：「昆汀達華本人（Queutine Durward），便是最佳的歷史。」[2]科學只能達到：確實證明出某觀念之為真確、抑或為謬誤，這即是要對物象，加以蒐集、整次、與詳察。而對真實的**歷史**視景（Vision）而言，具有決定性的字眼，倒不是「正確」或「謬誤」，而是「深刻」（deep）或「膚淺」（shallow）。「生成變化的過程」與「已經生成的事物」之間，沒有絕對的界限，在我們對事物，所作任何種

1 蘭克（1795—1886）德國歷史學家，為西方史學之鼻祖。

2 昆汀達華，是華德史考脫爵士（Sir.Walter Scott）一八二三年著的一本著名歷史小說，這本書在法國及全歐大為有名。此書內容是描述十五世紀時一個年輕英格蘭少年的冒險故事，昆汀達華即此少年，他捲入法國路易十一和布根地公爵的權利鬥爭中，並目睹一四六八年發生的許多大事，故他是「生活於」歷史中的人物。

類的瞭解中，這兩者都是結合在一起，而共同呈現的。如果我們注視那生成變化的過程、與正在進行的過程，我們便「經歷」了**歷史**；如果我們解析那已經生成的事物、與已經圓滿的事物，則我們「認知」了自然。在我們要描繪世界時，所用的基本的元件，在歷史方面，是**形式**（Form）的原則，在自然方面，則是**定律**（Law）的原理。

歷史的印象過程，是透悟的、是直覺的。只有能夠計量的東西（the quautitatives），才能作因果式的界定，才能經由圖像來掌握，才能用定律或公式來捕攝。當做到了這些之後，科學便已竭盡所能了。故而，現代的心靈，每認為研究自然較為容易，而研究歷史比較困難。於是，世上便有兩種知識：——自然的知識與人類的知識，科學的經驗與生命的經驗，而不是僅有一種。**導向**與**廣延**，在分畫歷史的世界印象、與自然的世界印象時，是兩個主要的區別標記。

偉大的「神曲」作者但丁在他的精神慧眼（spiritual eyes）之前，所看到的世界之命運，他不可能經由科學的方法而看到；而普拉提尼斯與布魯諾，也不可能純由科學的研究，而獲得他們的視景。

在終極的分析中，所有用來瞭解世界的模式（modes），都可以描述為一種「**形態學**」（Morphology）。機械與展延的事物之形態學，是一種科學，它發明、並整理出自然的定律與因果的關係，這種形態學，我們稱為「**系統的**」（Systematic）形態學。有機的、歷史與生命的形態學，那負載著**導向**與**命運**之符記的形態學，則名之為「**觀相的**」（Physiognomic）形態學。[3]

在西方，用**系統**的模式，來處理世界，已經在過去一百年中，到達、並通過了它的頂點；而**觀相**的模式之偉大時刻，則尚待來臨。在一百年之內，此間的土地上，仍能存在的所有科學，都將只是單一而龐大的「觀相的形態學」的一部分而已。這便是：「世界歷史的形態學」的意義所在。

文化是有機體

歷史可見的前景（foreground）是：「生成變化的過程」進行之時，對過程本身，作無盡的追求。歷史之眼，所見到的生成變化過程，例如國家的形式、戰爭、藝術、科學等，都是靈魂的表徵，是一靈魂表達自己的方法。任何片斷而短暫的事物，都只是一種預兆，是生成變化的象徵，它所隨之而至的，是一種「形式」，是一個有機體。文化，**即是有機**

3 史賓格勒以「觀相」的形態學來取代「系統的」知識，所謂「觀相」，意即直觀、透視、與體驗。

體（organism）。如果我們不弄混諸個文化的形態的話，我們便能尋找出基本的**文化形式**（Culture—form），而所有單獨的文化，都是根據此一基本形式而來的，它們諸般不同的證驗，也正可反映出此一基本的文化形式。由此，則各大文化的現象，便能有統一的依歸，而使得約有六千年之久的高級人類的歷史，有了意義、有了實質。故而，文化是所有過去和未來的世界歷史之**基本現象**（prime phenomenon）。

歌德在他的「活生生的自然」之中，發現了一個「基本現象」的概念，他以這概念作為他的形態學研究的基礎。這是一個深刻的概念，可是很少人能欣賞。我們將在這裏，把這概念的最精確的意義，應用於人類歷史的構造上去，無論這歷史是已完全成熟的，或是開始便中止了的：是展開到一半的，或是在種籽中便已窒死了的，都可以用這概念，來加以瞭解。這便是一種要「生活於」（living into）研究的對象中的方法，而不是只對對象加以解析。「人類所能獲致的最高極限，只是**驚服**（wonder）；如果基本現象使他驚服，他就該滿足了；基本現象不能再給他更高的東西，而他也不該再在它背後，去追尋什麼了。」

在基本現象之中，生成變化的概念，已經十足呈現了。對歌德的精神慧眼而言，基本植物（prime plant）的概念，在每一棵將要生長、或可能生長的單獨植物的形式中，都是明晰可見的。在歌德對上顎的「顎間骨」（OS intermaxillare）所作的著名研究中，他的起點便是「脊椎動物的基本現象」；在其他方面，他也曾以地質疊層作為研究的起點；又曾以葉子作為植物機體的基本形式；或以植物的變形（Metamorphosis），作為所有有機的生成變化的基本形式。在他對赫德爾（Herder）宣布他的發明時，他曾寫道：「同樣的定律，可以應用到任何**活生生**的事物中去。」這是一種透視到事物的核心的看法，是萊布尼茲可能了解的；但我們這以達爾文主義為主的世紀，則遠離了這樣的視景，避之惟恐不及。

然而，在目前，我們想要追求一種，能完全脫離達爾文主義的方法——即植基於因果律的系統自然科學的方法，而處理歷史現象，則是徒然的。一種精密的、明晰的、確知自己的意義與界限的「觀相的科學」（Physiognomic），尚未崛生。只有當我們發明了一些前所未有的方法之後，它才會崛生。所以，二十世紀有些很重要的問題，有待解決：——要仔細地探究有機單位的內在結構，而世界歷史便是在此等結構中完成的；要把形態學上必然的事物、與偶然的事物分畫開；要經由掌握事象的主要意向，而確定它們的表達方式。

洪濛無際的人類「存有」（Being），流入於無邊的河流中；溯流而上，是一大段我們的時間感，所完全不能界定的黑暗的過去，我們那杌隉不息的幻想，追憶於地質學上的各時期，以逃避此永恆無解的奧秘；順流而下，是更黑暗而無盡的未來——這便是浮士德式的人類歷史的圖像之基礎。在這廣大無涯的洪水中，漂過了各世代人的、無盡而一致的漣漪。在這洪流中，到處有光亮的火簇。跳躍舞動的火花，混淆著、攪動著平滶的鏡面，不斷變幻、閃亮，而後消逝。這些便是我們稱之為氏族、族群、民族及種族的單元，在歷史的表面上，它把一系族人統一在某一有限的地域內。

這些單元的創造能力，有極大的不同，所以它們在其持續及塑造期間，所創造的意象，便也各自有別。而當創造能力衰竭時，所有觀相的、語言的、及精神的「認同標誌」（identification—marks）也跟著消失，於是，這一文化現象便再次沉澱到世代的褶層底下去了。阿利安人、蒙古人、日耳曼人、塞爾特人、安息人、法蘭克人、迦太基人、拜波兒人（Berbers）、班圖族人（Bantus）等等[4]，便是我們為了區別此類混雜的意象，所使用的一些名詞。

而各大文化，也是在這歷史的表面上，完成了它們宏大巍峨的波動循環（wave—cycles）。它們突然地出現，然後膨大成美妙的結構，最後又平伏下去，而終於消失了，於是，水波的表面上，再次回復為一片沉寂的荒原。

當一個偉大的靈魂，從永恆童稚（ever—child）的人類原始精神中覺醒過來，自行脫離曚昧原始的狀態，而從**無形式**（formless）變為**形式**，從**無界**與**永生**，變為一個**有限**與**會死**的東西之時，文化便誕生了。它像植物一樣（plant—wise），在一塊有確定「**風景**」（landscape）的土地上，開花結果。當這個靈魂，已經以民族、語文、宗教、藝術、國邦、

4 拜波兒，北非的回教民族，班圖族，赤道非洲之一種族，其語言系統甚為獨特，在本書第十二章曾提及其語言的特色。

科學等形態，實現了它本身所有可能的潛力之後，便又回復至其原始精神之中去了。

但是，在完成其過程的各階段中，有一系列偉大的時代，在這些時代中，它的生命經驗，乃是一種內在的熱忱的奮鬥，為了要維持其文化的**概念**（Idea），它與外在的混亂矇昧的力量掙扎，與內在的潛意識的呢喃抱怨掙扎。並不是只有藝術家，才會反抗外界物質的阻力、與自身觀念上的凝窒。事實上，每一個文化，與廣延、與空間，都有著一種深刻的象徵性的、幾乎神秘的關係，經由廣延與空間，它努力掙扎著要實現自己。這目標一旦達到了——它的概念、它內在可能的整個內涵都已完成，並已外顯之後——文化突然僵化了，它節制了自己，它的血液冷凍了，它的力量瓦解了，它變成了文明，我們可以在這類字眼：「埃及文明」、「拜占庭文明」、「滿清文明」中，感受並瞭解到文明的意味。於是，它就像太古的原始森林中，垂死的巨人一樣，把腐爛的樹枝擲向天穹，歷時幾百年、乃至幾千年之久，如我們所看見的中國、印度、與回教世界那樣。同樣的，在羅馬帝國時代，**古典文明**龐大地聳立著，外表上的年輕、強壯與完美，都是虛假的幻象，它已全然沒有了生命力，可是，它剝奪了東方那年輕的**阿拉伯文化**的陽光和空氣[5]。

每一個活生生的文化，最後都會達到其內在與外在的完成狀態，達到其終結——這便是

5 這便是本書中所謂的「偽形」概念，阿拉伯文化被古典文明的「偽形」籠罩，在第十四章中有詳細的敘述。

所有的所謂歷史的「**沒落**」（declines）的意義。在這些沒落之中，**古典文化的沒落**，是我們知道得非常清楚而完整的；而另一個在過程與壽命上，完全可與古典文化等量齊觀的沒落，即是——**西方的沒落**。西方的沒落，將佔用未來一千年中的前幾個世紀，它早已經由諸般證驗而預示出來，而且今日在我們的周遭，已經可以感覺到了。

每一個文化，都要經過如同個人那樣的生命階段，每一個文化，各有它的孩提、青年、成年與老年時期。西方文化最初是一個年輕而顫慄的靈魂，滿負著疑懼之情，呈現在**羅曼斯克**（Romansque）與**哥德式**（Gothic）的早期。它使西歐的土地充滿了浮士德式的風景，從以吟遊詩人著稱的普拉汶斯（Provence），直到聖伯恩瓦主教的海爾頓興教堂（Hildesheism Cathedrals）[6]。春風吹拂年輕而顫慄的文化靈魂。童稚的文化，以同樣的話調，向我們傾訴著：早期荷馬時代的多力克（Doric）藝術、早期基督教的（事實上是阿拉伯的）藝術、及從第四王朝（the Fourth Dynasty）開始的埃及古王國的成就。

當一個神話中的童稚的世界意識，自己慢慢在成熟時，它為了要尋求純粹的、明白的表達自己的方式，它便如同一個惶惑的債務人一般，不斷地與自身中、與自然中所有黑暗和邪

6 聖伯恩瓦（St. Bernward）為海爾頓興地區，自九九三至一〇二二年的主教，其本人為建築家與金工專家。其地尚有另三個教堂，為他這時代或他的直承後裔所建，而海爾頓興是北日耳曼城市中，最富有羅曼斯克之紀念碑塔之地——原註。

惡的力量鬥爭著，而最後，它終於會獲致其純粹而明白的表達方式。文化愈接近於其生命中的巔峰時期，它為自己所求得的形式語言，就會愈剛毅、嚴苛、有控制力、有強度，它對自己的力量，愈感覺到確信不移，它的輪廓特徵，也愈見清晰明朗。在文化行將完成之時，我們發現：從其安適而自信的狀態中，所顯露出來的每一項個別的表徵，都矜慎、嚴格、有節度，而且極為美妙。這個時期，便徹頭徹尾進入於一種燦爛的成熟狀態。

稍後，便到了一種文化上的「溫柔」時期，也是脆弱時期，這便已經接近於「崩潰點」了——一種痛苦的甜蜜，充滿於文化靈魂之中，有如我們在十月下旬時的感覺一樣。這時，在藝術上的表現為斯尼底阿孚露黛女神（Cnidian Aphrodite），為依勒克提安神廟（Erechtheum）的「女神像殿廊」[7]，為撒拉森人建的阿拉伯式蹄形穹窿（horse—shoe archs）[8]上的鑲嵌，為德萊斯登的茨偉格爾宮（Zwinger）建築；在文藝上，則表現為瓦都（Watteau）的繪畫[9]、與莫札特的音樂。

7 阿孚露黛為希臘神話中，代表愛與美之女神；而希臘依勒克提安神廟中的「女神像殿廊」，為希臘建築中，著名成就之一，建於雅典的衛城上，用以紀念女神雅典娜。

8 撒拉森人即阿拉伯人之古稱，蹄形穹窿，即圓頂形的阿拉伯建築，為回教建築之特色，阿拉伯式鑲嵌（arabesques），圖案繁富，幻異多彩，為阿拉伯藝術之傑作。

9 瓦都（1684—1721）法國著名之風情畫家，代表成熟期的西方繪畫之一種類型。

最後，在灰暗的**文明**早期，靈魂之火熄滅了。萎縮中的文化力量，只能再激起一次半成功的（half—successful）的創造力，這便產生了「古典主義」（Classism），這是所有垂死的文化所共有的現象。靈魂再後來的思考，便是在「浪漫主義」（Romanticism）中，憂鬱地戀眷著它的童年；到了最後，它已疲倦、貧乏、冷漠，失去了生存的欲望，於是，正如「帝國時代」的羅馬那般，它盼望能脫離那漫長的白晝，而沉墜到原始的神秘主義（proto—mysticism）中去，回到母胎裏去，回到墳墓去。

偉大的歷史有機體，其風格（style）與精神的特性，是遵照其「習尚」（habitus）而變化的。在文化中，所謂「習尚」，包括了高級的生命表現之總和，例如：某一文化選擇了某些特殊的藝術枝脈，而完全拋棄了其他藝術，這便是習尚的表現。在「習尚」中，我們可以看出一確定的靈魂，所具的風格如何；此外，它的生命**持續期**（life—duration）與它的**速度**（tempo），也隸屬於此習尚。我們可以說：希臘與羅馬是一種「慢板」（andante），而浮士德精神，則表現為一種活躍生動的「快板」（allegro）。

一個人、一隻蝴蝶、或一棵橡樹，其所謂生命持續期，實包蘊了一種特定的「時間價值」（time—value），而與個別情形中的偶發事件無關。故而，每一個文化，每一個春天，每一頂興起與衰落，各有其固定的「樣態」（Phases），這些樣態不斷反覆呈現，以強調其**象徵**（symbol）。準此而言，每一項有意義的事物，都基於其內在的必然性，而扼要表述了其所隸屬的那個文化的樣態。

生物學上，有所謂器官的「**同形**」（homology），意指器官形態上的對等，例如陸地動物的肺，與魚類動物的氣囊便是，——另外，肺與鰓，則是「**同類**」的（analogous），這是指：用途上的相同。像這些純粹的現象，與因果律是無關的，不能隨便加以解釋。在對文化作**同形的**（homologous）比較時，雖然各文化所具的意義不同，我們仍可以把文化的形式，展現在明顯的軌跡中，而當文化經過相同的樣態時，我們便稱它們是「**相應的**」或「**等時的**」（comtempareous），例如，埃及金字塔與哥德式教堂，是「相應」的。至於各文化中同類的（analogous）形式，則依該相應的**文化**之習尚而定，但有時它們會表現很精微的一致性；故而，古典的雕塑與巴鏤克的風琴音樂，是**同類**的現象。我們幾乎可以說：同形的現象與同類的現象，是合而為一的，是同一回事——例如，亞歷山大大帝與拿破崙，兩者既同形，也同類。

如果我們已有了此等「觀相的韻律」（physignomic rhythm），則根據歌德的方法，我們也許可以重行建構整個歷史的有機特徵，甚至可以預測我們西方歷史那尚未完成的形象。

命運的概念與因果的原理

靈魂是一種生存的**概念**（Idea），它的存在，使得生命的可能潛力的實現，使得生命的本身，都必須被認為是不可避免的，是命定的（fateful）。這種**有機的邏輯**（organic logic），是恰好與無機的邏輯相對立的，它超越於如亞里斯多德及康德等，系統主義者的視野之外。

「**命運**」（Destiny）這個詞眼，表達了一項不可言傳的內在必然性；而**因果**，則是負載著一種定律（law）的觀念。**觀相的洞察力**（Physignomic flair），可以不需要審慎的考究、與任何的系統，而逕行運作。經由**觀相**的才智，我們可以從一生命的表面上，看出其生命期與命運。這是遠離所謂「因果關係」的東西。而對確定的命運，有內在的感受，這也應即是認知因果律的基礎，正如「生成變化的過程」，是「已經生成的事物」的基礎一樣。因果律可以說是無機物的命運，是在推理形式中塑形而成的。命運的概念，則統轄著歷史的世界圖像，因為命運是文化基本現象的真實生存模式。

因果的定律，則是自然物象的存在模式，它統攝，並遍布於**自然**的世界圖像中。命運與因果，互相對立，正如同**時間**與**空間**的對立一樣。因果律與**時間**無關，嚴格說來，因果的關係，只限於敘述：某事的發生；而不述及它**何時**（when）發生。當時間涉入於因果關係時，它只是一個抽象的度量結果而已。

康德所謂的「時間」，與過去及未來均無關係。他的「目的論」（Teleology），想要機械地處理科學知識中活生生的內涵，想要把生命本身處理成一種顛倒的因果律，這是一種**錯向**（misdirected）的企圖，因為知識蘊涵了未知的事物，而雖然思想的本質可能是「**自然**」，可是思想的行動，卻是**歷史**。

「目的論」是一種達爾文主義的特性傾向，它是對命運概念的一種嘲謔（caricature）。

時間的問題

「**時間**」這個詞眼，有一種魅力，它可以使我們喚起強烈的個人意識，以一種內在的確定，來對抗充斥於感覺生命的混亂印象中的，那種「陌生疏離」的事物。「人性」、「命運」、「時間」，是可以互相轉換的詞眼。**時間**不能夠以「範疇」分類的方式加以思考，而**空間**可以。因為**空間**是一種概念，是可以想像的，而**時間**是一個意指某些不可想像的事物的詞眼，它只是一個聲符（sound—symbol），把它作為概念，而予以科學地使用，根本是誤解了它的本質。

對於初民而言，時間根本無意義。而我們也只能理解到空間，而不能理解時間。時間是只能經由思考，才能獲致的一種「發現」（discovery）。而我們卻把它作為一種概念，直到很久以後，才開始懷疑到，在我們的生活中，**我們自己**便是**時間**。

時間的聲音，在音樂中要比在語言中更清晰，我們從「時間」這個詞眼的聲音上所感受的，是一種有機的本質，它與活生生的，不可逆的生命，糾結在一起，密不可分。只有那些高級的文化，當它們的概念已達到**機械的自然的**層次時，才能從一個可度量、可理解的空間觀念中，導衍出一個時間之投影，這種虛幻的時間，滿足了它們度量與解釋一切事物的需要。因一切只能思想，而不能感覺和經驗的事象，必需採取一種空間的形式，所以，沒有一個系統的哲學家，能對那神秘籠蓋的、回聲悠遠的聲符：「過去」與「未來」，有任何的詮釋。我們的靈魂企圖將時間與陌生的外力在一起，使時間能在因果律中顯得可以理解，並可以用空間來展示，這委實是不可思識的事。歌德說：「我們自身所具的、那種可以理解的原則，往往強加在我們所觸及的任何事物上，好像烙上印記一般。」

在早期哲學中，對「時間」作最深奧的展示的，是奧古斯汀（Augustine）：「如果沒有人問我，時間是什麼？我是知道的；可是如果要我向人解釋它，我就不知道了。」

可是現在的哲學家，則說：事物是存在於「時間」之中，一如在「空間」中一樣，而除了時空之外，無任何事物可以「感知到」（conceivable），這是迴避問題。這只是對普通的空間，再另設了一重解說而已，正如，我們可以任選兩種東西，例如希望與電力，來當作是宇宙中基本的力一般，是無意義的。

對空間作科學的了解，是很容易的，但用普通的意義來解釋它，則不可能——這是超乎人類能力之外的；用同樣的態度來處理時間，其失敗自不待言了。

每一個文化，都有其自己的方法，來觀察與瞭解自然世界；這即是說：每一個文化，有它自己獨特的「**自然**」，沒有第二種文化，能具有與它完全相同的「**自然**」的形式。而更深刻的事實是：每一個文化，包括此文化中的個人（文化中，個人的差別很小），都具有它的**特殊而獨有的歷史**。

雖然在**自然**的領域內，那些可以**認知**的事物，是有因果的秩序，且統一在一個可溝通的系統內的，可是，要使一個文化中的人，真的了解另一文化的「**自然**」觀念，還是非常困難的。當然，要我們能完全透視另一個靈魂所具有的、其構造和我們自己的根本不同的**歷史**世界觀，更是不可能的事。這永遠是一個難以克服的問題，其殘餘的痕跡，永遠在我們的歷史直覺、觀相智慧、與對人類的知識中，佔有或大或小的地位。然而，這個問題的解答，卻是要能真正深刻的瞭解世界，所必需的先決條件。

命運與偶然；兼論拿破崙的悲劇

命運與偶然，形成一種對照，在這種對照中，靈魂不斷在掩蓋某些事物，——某些涉及感受、生命、直覺的事物。命運與偶然，只有經由高度主觀的宗教與藝術創作，才能獲得明瞭。

看不懂但丁的「神曲」所描繪的世界的人，只能發現一團毫無意義的、混亂騷動的偶發事件而已。而莎士比亞在「埃及豔后」（Antony and Cleopatra）一劇中，所描述的那三位酒醉了的執政官[10]，那種狂歌曼舞的景象，也正表示了莎士比亞對歷史的現實觀點之蔑視。

在文化的後期，習慣上把一切事物，都歸結到因果律之中去。康德曾審慎地設構了因果律，作為知識的必要形式。但這只是意味著：經由推理的方法，來瞭解人的「環境」（environment）而已，與命運無關。

命運與偶然的最高的倫理表述，是表現在西方基督教的「聖寵」觀念（idea of Grace）中：——由於「聖寵」，使我們的意志獲得了自由。「自由意志」（Free will）是一種內在的確定，但是，無論一個人的意志與行動為何，事實上隨之而至的，是一種更深的必然

10 此即羅馬的「後三雄」：安東尼、屋大維、雷比達。

性。對於那能掃視悠遠的過去的**慧眼**而言，這一切都明顯地遵守著一種「更高的秩序」（major order）。

巴斯卡，是一個有高度精神力的人，也是一位天生的數學家，他曾嘗試把**命運的概念**、範限到**因果原則的系統**形式中去，他的「神定論」（Predestination），把「聖寵」轉形成了一種由不可避免的定律，所規制著的一種「自然力」（nature—force）。

但是，那些充滿著此一信心的英國清教徒（Puritans），他們的世界、他們本人，並不是由於他們有任何的自暴自棄行為，而卻正是由於他們太確定他們的意志便是「神」的意志，才招致覆滅的結果，這難道不是一種命運嗎？

莎士比亞作品的特獨與氣勢，乃是由他的洞察力而來的。迄今為止，我們對他的研究與思索，都不曾發現這一點，即——他是一位注重「**偶然**」（the Incidental）的劇作家。而此一「偶然」的概念，正是西方悲劇的核心，而西方的悲劇，則又正是西方歷史觀的一個真實投影。經由它所示的線索，我們才能了解那個被康德弄混了的「時間」世界。

在「哈姆雷特」（Hamlet）中，王子的政治地位、國王的被謀殺、加上繼承問題，一起撞擊著哈姆雷特那憂鬱的性格，故而，這是一種**偶然**的悲劇。或者，以「奧賽羅」（Othello）為例，依阿高（Iago）[11]這個可以在任何街上找到的、庸凡的無賴惡漢，恰好以具有特殊性向的奧賽羅，為攻訐的目標，這也是一種偶然。

再看「李爾王」（Lear）！還有什麼事比這更偶然（所以也更「自然」）的呢？國王那號令天下的威嚴，卻與那些要命的熱情，同存在一個人身上，而他的女兒們，卻又一心垂涎於他的王位，這不是**偶然的悲劇**嗎？甚至到今天，還沒有人認清下列事實的重要性：莎士比亞——**發現了他所要寫的故事**，便把那些故事，充滿了內在必然的力量，而羅馬的戲劇中，便從沒有如此雄偉的氣勢。

至於另一位西方著名的劇作家海貝爾（Hebbel），則恰好相反，他用因果關係，摧毀了古代軼事傳奇的深度。他的作品的武斷與抽象，任何人都會直覺地感到，這是由於他的因果體系，恰與歷史所激發的世界感受相衝突所致。

西方的「偶然」概念，從古典的世界感受、從古典的戲劇看來，則是完全陌生的觀念。

11 依阿高為「奧賽羅」劇中，挑撥奧賽羅殺害其妻之小人，讒言百出，毀謗名節，為一標準之撒謊者（liar）。

安提崗娜（Antigone）[12]並沒有什麼偶然的因素，來影響她的命運。而依底帕斯（Oedipus）[13]的遭遇，也與李爾王的命運不同，他的遭遇，也可以發生於任何人身上。這種古典的「**命運**」，是對所有人類都適用的，它影響著人的一切，卻絕非因為個人的偶然因素使然。

拿破崙在他輝煌烜赫的時刻，曾對「世界進行」（world—becoming）的深刻意義，有極強烈的感受，在此時，他**接近了命運**。「我覺得我自己，正被推向於一個我所不知道的終點。一旦我到達了那裏，一旦我**變得不是必要的人物**，則一粒微塵便可以把我擊碎。但時間未到時，人類所有的力量，也不能撼動我。」這是他在征俄之戰開始時所說的話。顯然，這不是一個現實主義者的思想。在此時，他預知任何的特例，無論是情況或人物，對於命運的影響，是何其微小。

假定拿破崙自己，在摩洛哥之役便已失敗，則他在文化上**所顯示的意義**，仍會由另外的形式來實現，絲毫不致影響到文化的命運。一種旋律，在一位大音樂家手中，可以有無窮的變化，它可以使頭腦簡單的聽者，以為已完全變了調，可是基本上，卻根本沒有改變自己的內容。

12安提崗娜，為希臘悲劇中著名之女性，為依底帕斯與約可絲塔之女，為收葬其弟伯里尼西士（Polynices），而反抗其繼父之命，卒為所殺。此劇為索福克利斯著名傑作。

13依底帕絲，亦為希臘索福克利斯著名的悲劇之一，他為命運播弄，弒父娶母，造成永恆的痛苦。

如果高級人類的歷史，要經由各大文化的形式來完成，而這些文化中，有一支在約西元一千年左右，自西歐覺醒崛起，這是**偶然**的話；則從這支文化覺醒之刻起，它卻是由它自己的特性所決定的了。在每一時代內，都會有無窮繁多的、令人驚異的、不能預見的自我展現的可能性，表現出各種各樣不同的細節，可是，**時代本身，則是必然的**，因為生命的整體，便在此時代之中。生命內在的形式，構成了它特定的方向。新鮮偶發的事件，可以影響它發展的形態，可以使發展的形態很宏偉或很猥瑣、很興盛或很悲哀，可是，卻不能根本改變它的發展趨向。

拿破崙生命的悲劇，仍有待於一位足夠偉大的詩人來瞭解、來描述。他的悲劇在於：他的崛起，乃是經由他以**英國的政策**，以及由此政策所代表的**英國精神**[14]，為其作戰的根基，結果他的戰勝，把這種精神帶到了歐洲大陸。這種精神，在歐洲大陸上披上了「民族解放」（liberated nations）的外衣，變得極為強而有力，結果反而把他擊敗了，把他送到了聖赫勒那島去度其餘生。這便顯示：並不是拿破崙訂定了擴張的原則，擴張的意念其實是自克倫威爾（Cromwell）的清教氛圍中產生的，結果造成了大英殖民帝國[15]。

14 此處所謂的英國精神，即是指由英國所發端的，後期文化中擴張的意念。

15 十九世紀開始時，英國首相甘寧（Canning）的話，值得回味：「南美洲必須自由，若可能的話，應成為英國的一部分！」擴張的意念，再沒有較此更為純粹而清晰的了——原註。

經由**英國式訓練**的知識分子，如盧梭和米拉波（Mirabeau）[16]，傳到了法國革命軍中，而英國的哲學概念，實在是其真正的推動力。故而，**並不是拿破崙塑造了擴張的概念，而是這概念塑造了拿破崙**。當他一登上了皇帝的寶座，他便被迫要追求擴張，這便必須與另一個力量——英國對抗，而英國的目的，其實與他自己的完全一樣。

拿破崙的帝國，是一種法蘭西血液、但屬英國風格的產物。而也是在倫敦，經由英國的學者洛克、沙佛茲伯（Shaftsbury）、克拉克（Samuel Clarke），尤其是邊沁（Bentham），樹立了「歐洲文明」（European—Civilization）的理論——這其實便是西方的「大希臘主義」（Hellenism），而由法國的貝爾（Bayle）、伏爾泰（Voltaire）與盧梭，帶到了巴黎。故而，當時反抗拿破崙的維米、摩洛哥、耶拿（Jena）、斯摩靈斯克（Smolensk）、萊比錫諸役，都是以英國的「議會政治」、「商業道德」等為出兵名目的。而在這些戰爭中，是**英國**的精神，打敗了**法國的文化**[17]。

---

16 米拉波（1749—91），為法國大革命期間著名的革命黨、演説家與政治家。

17 西方成熟期的文化，完全可說是由法國自西班牙處承襲而自然長成的，起自路易十四。但甚至早在路易十六時代，英國的公園已壓倒了法國的園林，英國的感性已驅退了法國的機智，而倫敦的服飾與禮儀，也征服了凡爾賽宮。同時，英國的畫家如霍果特（Hogarth）、齊本岱爾（Chippendale）與懷基伍德（Wedgwood），也凌越了法國的瓦都、波里（Boulle）與塞佛瑞斯（Severes）——原註。

拿破崙並沒有想把西歐併入於法國，他基本的目標，是想以法蘭西殖民帝國，來取代大英殖民帝國而已——注意，這便是每一**文明**開端時的概念，這便是亞歷山大式的概念（**Alexander's idea**）！法國在西方文化領域內的優越地位，本來是奠立在一個非常實際的、不可動搖的基礎上的，它可以成為如查理五世的帝國那樣的日不落國，而由巴黎來發號施令，組成一個經濟——軍事的單元，而不再是武士——游俠式的中世紀單元。所以，拿破崙的遠略雄圖，可能正是他的命運。

但是，一七六三年的巴黎和約，已對法國不利，而拿破崙偉大的計畫，也一再因不幸的偶發事件，而陷於失敗。在亞克（Acre）之戰時，少數由英國戰艦運來的槍械，適於關鍵時刻登陸成功，挫敗了拿破崙的攻勢；而在亞眠和約（the Peace of Amiens）正要簽訂之前，當時整個密西西比流域仍在他手中，同時，他與正在印度抵抗英軍進攻的米拉薩族（Maratha）的力量，也有密切的聯絡，可是，又是由於一樁小小的海上偶發事件[18]，使得他被迫放棄苦心經營的計劃，而功敗垂成。

而最後，當他佔領了德摩西亞（Dalmatia）、可爾富（Corfu）與整個義大利，使得亞得

---

18 這是指一八〇三年，拿破崙摩下的海軍將領林諾士（Linois）率一支小的分遣艦隊，航向印度的彭地治利（Pondichery），與印度抗英力量聯絡，但在該地與另一支小型英國分遣艦隊遭遇，由於命令錯誤，使林諾士退至模里斯島——原註。

里海成為法國的內湖，而又著意於另一次的東征，正與伊朗的國王（Shah）談判共同進攻印度時，他卻被俄國沙皇亞歷山大（Tsar Alexander）一時的任性所擊敗了。而當時的沙皇，無疑是願意支持他進軍印度的，而沙皇的贊助，必會使他成功地攫取印度，結果，偶發的意外，使他一蹶不振。當他為了對英國作戰，所籌畫的「全歐聯邦」失敗之後，日耳曼和西班牙聯合起來，以他自己的**英國式革命概念**（English—Revolutionary ideas），反抗他自己，而拿破崙本人正曾是這些概念的軸心。到了此時，他所採取的步驟[19]，使得他變成「不再是必要的」人物了。

拿破崙是一個浪漫而引人注目的軍事領袖，他所曾實現的「歐洲聯邦」（United States of Europe），與亞歷山大大帝死後的諸後繼將軍「狄阿多西」（Diadochi）[20]，分統希臘世界的情形，頗有類似之處，而此一歐洲聯邦，若經由一位實際上的**凱撒**，而於二十一世紀形成一個**經濟組合**時，它將便是「羅馬帝國」的化身。

這些都是偶發事件，可是它們確實存在於歷史的圖像之中。拿破崙的勝利與失敗（這中間隱含的事實，是英國戰勝了法國，**文明**壓倒了**文化**）、他的帝王尊嚴、他的終於殞落、他

19 指拿破崙踐位稱帝，放棄了革命時期的理想。

20 「狄阿多西」是亞歷山大大帝手下三大將領的通稱，在亞歷山大死後，此三人瓜分希臘世界，即：安提哥那、塞留卡斯、與托勒密三人。

的征戰所產生的意外插曲：義大利的解放、日耳曼——羅馬帝國中，哥德式遺跡的被摧毀殆盡，這些種種，都只是表面的現象，透過這表面現象之後，是真實的、不可見的**歷史**的偉大邏輯在進行著。

在這一邏輯中，西方已在法國大革命前的「舊秩序」（ancien régime）中，完成了它法國形式的**文化**，而以英國的**文明**，來終結了此一**文化**。作為「相應的」劃時代重要時刻，西方的巴斯底獄、維米之役、奧斯特里茲（Austerlitz）與滑鐵盧的風雲[21]，以及普魯士的崛起，正對應於古典歷史中的卡羅尼亞之戰（Chaeronea）、基爾加美之役（Gaugamela）、亞歷山大的征服印度，以及羅馬在閃提能（Sentinum）的勝利[22]。於是，我們便開始瞭解到：雖然我們的歷史著作的主要題材，是軍事的戰爭和政治的劫變，可是，戰爭的精華，卻不是在勝利，而是在於文化命運的展現。

---

21 拿破崙於一八〇五年，在奧斯特里茲擊敗俄奧聯軍，功業達到頂峰，而於一八一五年六月十八日在滑鐵盧慘遭英國威靈頓與普魯士布魯克聯軍擊潰，歸於殞落。

22 西元前二九五年，羅馬人於此役中，決定性敗了薩姆拿人（Samnites）。

歷史是否有科學可言？

世上沒有所謂歷史的科學，但歷史有一種特質，即：我們可以根據歷史，預測實際上發生的事情。對於歷史的視景而言，其實際的資料，永遠是一些「象徵」的表徵。

我們是否可以選擇任一組社會的、宗教的、心理的或倫理的事實，作為另一組現象的「原因」（cause）？歷史的理性學派，尤其是當代流行的社會學派，都會回答道：「當然可以。」他們說：這正是我們瞭解歷史、擴深我們的歷史知識的目的所在。而事實上，在「**文明**」人心底，總有一種隱蓄的理性企圖（rational purpose），對他而言，若沒有此等理性存在，則世界便毫無意義了。

歌德的警告：「我要求你，不要在現象背後再追求什麼，現象本身，便是教訓。」對馬克斯及達爾文的世紀而言，這話是不可瞭解的，因為：試著在過去歷史的形象中，看出歷史的命運，試著把純粹明淨的命運，展現為一幕悲劇，這些概念，都遠非馬克斯與達爾文式的心智，所能夢想得到的。在馬克斯與達爾文的領域內，對「實用」的崇拜，使得他們的目的，完全與此等概念無關。他們所塑造的歷史形態，不是為了形態本身的存在，而是為了要證明某些事物。他們的方法是把「問題」加以「處理」，使社會問題能得適當的「解答」，而歷史的階段，如歷史書所示，已成了達到此一目的的手段而已。

真正的歷史研究，是一種純粹**觀相**的歷史研究，而最佳的展示此等**觀相**研究的途徑，莫過於歌德的自然研究。歌德研習礦物學，可是他的觀點，透過礦物學，立刻便貫注到地球歷史的整個綱略方面。於是，他所喜愛的花崗石，便在研究地球地質史上，顯示了重大的意義，這有些近似於我在本書所稱的「原始人類」（proto—human），在人類歷史上所顯示的意義。

他研究一些著名的植物，由此而使得生物「變形」的基本現象，使得植物歷史的原始形式，大彰於世；更進一步，他還研究一些異常深奧的概念，如植物的垂直趨向與螺旋趨向，這些概念，甚至到現在，還不曾為我們所完全掌握。他對動物骨骼的研究，完全根據他對生命所作的冥思潛想而來，這使他後來發現了人的「顎間骨」，並得出一個觀念：脊椎骨的皮層組織，是由六節脊椎展衍而成的。

所有這種種的成就，根本都不涉及因果律。歌德感受到**命運**的必然性，正如他在他的「**未寫之歌**」（Orphische Urworte）中所示的：

「你必須恪遵勿渝，無法逃離命運，
太初的象徵，往昔的先知，
皆已言之諄諄。

時間與任何的力量，
皆無法將命運的形態毀損，
凝神注意著，看那生命如何
展現其自身。」

歷史的特徵之一，是「單一事實的」（singular—factual），而自然的特徵之一，則是「連續可能的」（continuously possible）。如果我們詳細研究周遭世界的意象，以推究世界必須遵循那些定律，來實現其自身，而不計及這究竟是的確如此、抑或僅是可能如此，即——不計及時間的問題——則我們正是在從事真正的科學工作。

對於自然定律的必然性而言，合乎此定律的事實，在現象界是不斷發生、抑或是從不發生，根本都無關緊要。有千萬種化學上的化合物，從未發現過、也從未製出過，但是在理論上它們是應該會可能有的，所以，它們便算是**存在**的——對於**自然的固定系統**而言，是存在的，可是對於萬化流行的宇宙**觀相學**（Physignomy）而言，卻未必存在。自然是超脫於時間之外的，它的表記便是**廣延**，它不具有**導向**的性質。所以，**自然系統**所具有的，是**數學的必然性**，而**觀相心靈**所具有的，卻是**悲劇的必然性**（necessity of the tragic）。

在人類的「覺醒生存」（waking existence）中，實際上，上述的兩種世界，是糾結在一起的，前者要求的是細究詳察，後者所需的是體驗接受，兩者合起來，就好像著名的「巴拉奔繡氈」（Brabant tapestry）一樣，糾纏扭曲混成一片，才構成了整個的圖案。每一個定律，雖本是只適於瞭解的，可是一旦經由某種命運的安排，而在心智的歷史上被發現出來，便也必然要在「生命體驗」（experiential life）中，現其效用；而每一樁命運，則是彰顯在某些可見的外形之中的，例如彰顯於人物、行動、景象、風格等，而在這些外形之內，自然律也正運行不輟。於是，**自然**與**歷史**，在我們生命中，便恰相對立，一如生命與死亡、一如無限運行的時間、與永恆靜止的空間的對立一樣。

人類的覺醒意識中，生成變化的過程與已經生成的事物，不斷爭奪著對世界圖像的控制權，這兩種概念的最高級、最成熟的形式，在古典靈魂，是表現於柏拉圖和亞里斯多德之間的對立頡頏，而在西方靈魂中，則見於歌德與康德的分庭抗禮。——純粹的觀相歷史學，是由永恆童稚的（ever child）靈魂，在加以沉思；而純粹的系統科學，則經由永恆蒼勁的（ever greybeard）推理，才能夠瞭解。

在我的眼前，我的視景似乎發現一種，迄今尚難以想像的、最高的歷史研究模式。這種模式是純粹西方的，必然非古典靈魂、或其他任何靈魂所能想像。這便是一種**觀相**的形態學，研究所有人類的生成變化，而推求其最高與最終的理念；這也是一種責任，不僅要透視我們自己靈魂的世界感受，還要透視所有蘊含巨大的可能潛力、並已在實際領域內，展現潛力的偉大文化之靈魂。

這種哲學觀，只有我們有資格享有，因為我們的分析數學、我們的對位音樂、我們的透視畫法，其視域遠遠超越了系統學家的體系。而這種哲學觀，正需要有一種藝術家的慧眼，才能感悟到：——整個可感覺、可了解的周遭環境，其實是可以解離為無限多深刻的神秘關係。這正是但丁所感悟到的，也正是歌德所感悟到的意念。

每一個時代、每一個偉人、每一個神祇、以及城市、語言、國家、藝術等，一言以蔽之，所有曾經存在過、或將會存在的事物，都是具有高度象徵作用的「**觀相**表徵」（physiognomic traits），而這些事物的象徵意義，正是我們這種新的「人類批判」（judge of men），所必須解釋的事象。這裡有一種不可思議的樂曲，等著人去聽取，但也只有極少數深刻的西方心靈，才能聽取。而無論如何，研究世界生成變化的**觀相**的形態學，將是最後的一種「浮士德式哲學」（last Faustian philosophy）。

第四章　外在宇宙

——世界圖像與空間問題

外在宇宙——與一個靈魂有關的所有象徵的總和

所謂「**象徵**」（symbol），是指那些可以感覺得到的符號（sign），它們具有確定的意蘊，是一些直指本心的、分別存在的、尤其是不可追尋的印象。一個「象徵」，便是一個事實的特徵，在那些感覺敏銳而犀利的人眼中，它實具有直接的、內在的重要意義，這是不能經由推理的過程，而獲得溝通的。例如：多力克、早期阿拉伯、或早期羅曼斯克的藝術裝飾；村落與家庭、交通的衢道、服飾與禮儀等的形式；一個人或整個民族的觀點、律度與風采；人類或獸類的溝通方式（communication—form）與社會形式（community—form）等，皆是「象徵」的表現。除了這些之外，尚有那**自然**的全部無聲語言（voiceless language），例如：森林、草原、獸群、雲彩、星辰、月光、雷雨，以及植物的綻出茁壯與腐朽、距離的切近或遙遠——所有這一切，都是「宇宙秩序」所加諸我們的印象，我們不惟知覺到此等印象的存在，而且，在我們沉思的時刻，甚至可以「聽到」它的語言。

當我們從蒼茫矇昧之中覺醒過來時，我們便立刻投入於所謂「此間」（here）與「彼處」（there）之間了。我們生活於「此間」，故而，把它視作是自身獨具的熟悉的世界，我們也經驗到「彼處」，而潛意識中把它當作是陌生疏離的世界。這便有了一種靈魂與世界間的二元對立（dualizing），有如事實上的兩極一般；而在世界中，則又有兩種不同的性向，同時存在，其一，是「**阻力**」（resistance），我們用因果原則，來加以掌握，便也掌握了事象和性質；另一，是「**脈動**」（impulse），我們透過它，而感受到生命、感受到「自我」的運行不殆。所謂「事實」（actuality），是指：與某一個靈魂相關的**世界**而言。對於每一位個人而言，「事實」乃是**導向**在**廣延**的領域中，所作的投影——這也即是：「自我」的本質，在陌生疏離的世界內，所映射出來的影象；故而，一個人的「事實」，只是對他自己，才具有重大的意義。

經由一種創造性的，但卻無意識的行動——因為並不是「**我**」（**I**）實現了可能發生的事物，而是可能發生的事物，「**它**」（it）經由「我」而實現了它自己——因此正如一座傳遞象徵的橋樑，投入在活生生的「此間」和「彼處」之間，於是。突然地、必然地、完整地，透過了所有被我們接受和記憶的事物，「世界」進入了我們的生命之中。而因為瞭解其世界的，乃是個別的人（individual），故而，每一個人的世界，都皆與眾不同。

有多少覺醒的生命，有多少活生生的、有感受的生命集團，便有多少個不同的世界。而每一個生命，都相信他那本來是單面的、獨立的、外在的**世界**，是適用於所有的生命的。但其實，這所謂「世界」，只是各人生存中，一個永恆新鮮、單獨發生、而絕不重現的經驗而已。

所謂「外在宇宙」（Macrocosm）[1]的概念，便是指與**一個靈魂有關的所有象徵的總和**。世上沒有任何事物，可以自外於此一重要的概念之外，所有的事物，都具有象徵意義。從個人、族群、或民族的具體現象，諸如：外貌、形態、風采等等已知的、具有確定意義的象徵，到假定為永恆而普遍真確的知識形式，諸如數學與物理學，每一件事物，都表現了一個——也只是一個——靈魂的本質。

而同時，這些由**一個**文化、或**一個**精神社會裏的人，所生活、所經驗的「分殊世界」

1 「外在宇宙」，或譯「大宇宙」，是相對於「內在宇宙」或「小宇宙」而言者。

（individual—worlds），又是互相有著關聯的（interrelated）。此等關聯，其程度的大小，則端視彼此在直覺、感覺、和思想各方面，能有若何程度的「溝通力」（communicability）而定，——這裏的「溝通力」，是指：各人依其自我的風格，所作出的創作活動，利用文字、公式、或符記等本身即是象徵的事物，而透過了語言、藝術或宗教等的表達媒介（expression—media），使得他人能夠瞭解的可能性。一個世界與另一世界之間的關聯程度，有其固定的極限，到達了此一極限，則彼此瞭解，反成了自我欺騙。的確，從那些證驗在外的人民、風俗、神祇、字根、意理、建築、及行為中，我們所能夠瞭解到的印度、或埃及的靈魂，必然是非常地不完整的。

空間與死亡

「**象徵**」既是已經實現了的事物，當然屬於廣延的領域。雖然，**象徵**是代表了生成變化的過程，它們畢竟是正經生成的事物，而非生成變化的本身，所以，它們被嚴格地限制、並服從於空間的定律中。於是，所有的象徵，都只是感覺——空間式的（sensible—spatial）。同樣的，「**形式**」（form）這個字眼，也指謂著那些已經展延在廣延中的事物。

但是，廣延本身是「覺醒意識」的證明表記，它只構成了個人生存的一面，而且與生存本身的**命運**，有密切的關係，所以，實際上覺醒意識的每一項特徵——無論是感受、抑或是理解——一旦當我們覺知到它的存在時，它已經是「過去」了。我們只能夠**思考**此等感覺印象，此等印象對於動物的感覺生命而言，固已過去，而對於人類的文法理解（grammatical understanding）而言，則尚正在流衍、正待攝取。

我們不妨研究一下建築物中，圓柱（Column）的命運：從埃及開始，在埃及的墓殿之中，圓柱被排列成行，以標示出行者的路徑；到了多力克的建築中，圓柱被聚攏緊靠，以支撐建築物的體幹；而早期阿拉伯的長方形聖殿（basilica）中，圓柱則被用來支撐其內部；到了文藝復興時代，圓柱被用在建築物的正面，以顯示其「向上突聳」（upward—striving）的意向。如上所見，圓柱所顯示的意義，各不相同，絕無重現的情形；這便是，事物一旦進入了廣延的領域，便一去不復返了。

很早以前，人們便感覺到：空間和死亡之間，有著深刻的關係。人類是唯一知道死亡的生物，所有其他的生物，其意識全部侷限於當前的時刻，對它們而言，似乎當前的生命，便必然就是永恆。**我們本身，就是時間**（We are Time）。但我們另外又具有一種歷史的意象；而在歷史的意象中，死亡、以及死亡相對的誕生，乃呈現為一雙難解的奧秘。正因為人類對死亡，有如此深刻而重要的認同，所以，我們常可發現到：孩提的內在生命之覺醒，實與死亡有某種的關係存在。孩子突然發現了無生命的屍體是什麼，乃面對了已變為全然實質、全然空間的事物，在這個時刻，他感覺到這陌生疏離的、廣延無盡的世界中，自己是何等孤單的生命。托爾斯泰有一次曾說道：——「從五歲的孩提，到現在的我，只不過是一小步的距離，可是，從剛出生的嬰兒，到五歲的孩提，其間卻是一段驚人的遙長距離。」人，第一次從矇昧中變成了「人」，而體認到宇宙中，他的無限的寂寥空漠，這正是生命之中，最具決定性的時刻。

就在這時，世界恐懼出現了，在死亡的面前，眼睜睜看著光明的世界（light—world），和硬固的空間背後的**極限**，世界恐懼便成了人類基本上的恐懼。所有高級的思想，正是起源於對死亡所作的沉思冥索，每一種宗教、每一種科學、每一種哲學，都是從此處出發的。而古今每一項偉大的象徵主義（symbolism），其形式語言，都與對死者的禮拜、死者的陳列形式、死者墓穴的裝修等有關。故而，每一個新的文化的誕生，都帶有一種新的世界觀，這即是：——突然發現到死亡，是其感覺世界中的可怕秘密。例如，當所謂「世界即將終結」（the impending end of the world）的觀念，約於西元一千年左右，散播在西歐的土地之時，這一地域，便誕生了浮士德式的靈魂。

起先，自我恐懼與世界恐懼開始在先民心靈中發生作用，然後，整個的文化，無論是內在或外在、無論在負荷或進行，其全部的內容，便成了此一人性的「強化過程」

（intensification）。故而，此時躍現於我們的感覺前的，已不僅是「阻力」、或「事象」、或「印象」（impression）這些對動物及嬰兒皆適用的東西，而且是一種「表達」（expression）——表達其對死亡的恐懼。於是，每一種真正的——不自覺、但內在必然的——象徵儀式，其本質都是從對死亡的知識出發的，在對死亡的知識中，透示出了空間的秘密。所有的象徵儀式，都暗示著一種消極的守勢，它表達了非常深刻的焦慮（Scheu），而其形式語言，既表達了敵意，也表現了尊敬。

每一件已經生成的事物，都是會死的（mortal）。每一種思想、信仰、及科學，在它們本身的精神中，它那所謂「永恆的真理」確是真實的、必然的，可是，常這精神本身衰竭耗盡的時候，這些思想、信仰、科學，便也立即隨之死亡了。甚至於，在我們看來，那些尼羅河及幼發拉底河畔的天文學家，所見到的星空世界（starworld）也已死亡了，因為我們的眼光已與他們的不同，所見的星空世界也已不一樣；而當然，我們的眼光，其本身也還是會死亡的。

空間深度：基本象徵

世界經驗，與「**深度**」（depth）的本質，有極密切的關係，深度，也即是「遠度」（farness）或「距離」（distance）。在抽象的數學系統中，「深度」與「長度」、「寬度」並列，而為「第三」進向（third dimension）；但是，把這三種進向，列入同一等級，作三位一體的看待，自始便是容易導致錯誤的，因為，在我們對空間世界的印象中，這三種進向，毫無問題應不是對等的（equivalent），更不能希望其有相同的本質。

長度與寬度代表純粹的感覺印象。但是，**深度則代表了「表達」**（expression），**代表了自然**，有了它，才有所謂「世界」。

這一「第三」進向——深度，與其他兩個進向之間，有先天的差異存在，這是源自於感覺與沉思之間的對立。不待說，這一差異在數學而言，還是很陌生的。廣延一旦進入了深度之後，便把前者轉變成了後者，所以，事實上，從精確的意味看來，深度是主要的、也是真正的進向。只有在深度之中，覺醒意識才是主動，在其他兩個進向中，都是嚴格被動的。「深度」這一個原始的、難以分析的元素，所表達的乃是：一個特定的文化，所瞭解到的特定秩序之象徵內涵。對深度所體驗到的「經驗」（experiencing），是一種行動，這完全是不自覺的，但卻是必然的、創造性的行動。有了深度的經驗，自我（ego）便將其世界降至於次一級的從屬地位。因而，深度的經驗是一個前提，很多由此衍生出來的事物，都須依此前提而定。

每一位藝術家，都以線條、以音調來呈現「自然」，而每一位物理學家——無論是希臘的、阿拉伯的、或日耳曼的——卻都把「**自然**」解析成終極的元素，何以他們不曾用同樣的方法，來發明同樣的道理？因為，他們各自有其自己的「**自然**」，每一個人都相信他自己的**自然**，與其他人的**自然**都是一樣的——這種質樸的天真（naiveté），倒也正是他的世界意念、以及他自己的救星，可是，各人的「**自然**」畢竟全不相同。**自然**終究是一塊充滿了個人觀念的領域，**「自然」是一個特定文化的函數**。

康德相信他已經利用他那有名的定則：「空間是感覺的形式，它導出了所有的世界印象。」而決定了一個重要的問題：即空間這一先驗的元件，到底是先天存在的、抑亦是由經驗獲得的？但是，漫無心機的孩子及夢寐中的人們，無可否認地，是在杌隉不安猶豫不定的情況下，具有了此一世界「形式」的。而活潑自由的人，不像田野中的百合花，他必然關心自己的生命，所以，只有經由對周遭世界，作了緊密的、實際的、技術的處理，才能把感覺性的「自我廣延」（self—extention），硬塞入到理性的三度空間中去。

正如康德把時間的問題，與本質錯謬的算術，扯上了關係，並且在基本上，他所處理的時間，是一種虛幻的事物，缺乏了「**導向**」這一生命的特質，而只是一種空間的架構，結果，把時間的問題弄混淆了。同樣的，他也因為把空間的問題，和一種俗舊的幾何扯上了關係，而也混淆了空間問題。

高斯在數學上的發明，其結果，完全改變了現代數學的歷程[2]。他的發明證實了：三度空間的廣延世界，有很多種完全一樣真確的（equally valid）結構系統。如今還有人在追問：這些結構之中，何者真正對應於實際的感覺空間？這顯示了這一個問題的意義，根本絲毫未曾被一般人瞭解到。數學，無論它是否應用了可見的意象和表記，來作為表達之用，可是其本身所涉及的系統，畢竟是完全脫離了生命、時間、和距離的。數學的形式世界，是純粹數字的世界，其真確性，是無時間性可言的，是經由因果的邏輯而被人瞭解的，它不需要有「事實基礎」，不是經由經驗來加以證驗的。

瞭解了這個之後，直覺的體驗方法、與數學的形式語言，兩者之間的區別，就已很明顯了。於是，空間的生成變化之秘，便也透示出來了。

正如**生成變化**的過程，是**已經生成**的事物的基礎；連續而活潑的**歷史**，是完滿而死板的自然的基礎；**有機的**事物，是**機械的**事物的基礎；**命運**是**因果**的基礎；同樣的，**導向**乃是**廣延**的始源。生命的秘密，經由「時間」這一個詞眼，而獲致其自我的完成，故時間形成了

---

2 高斯對於他自己的發明，幾乎直到他生命的終了之前，尚不發一聲，因為他害怕那些「愚人的喧鬧」（the clamour of the boeotians）——原註。

生命的基礎；而生命既已完成之後，則由「空間」這一個詞眼，而被人瞭解，或者說：透過「空間」這一詞眼，而洞達到我們內在的感受之中去。每一種廣延，事實上，首先都是要經由一種深度的經驗，才能發展完成。而「時間」這個詞眼，主要所指示的，便正是這一個展延到深度及距離中的過程，這一過程，起先是感覺性的（主要是可見的），只有到了後來，才成為理智性的。這也便是從平面上的半邊印象（semi—impression），進入帶有神秘徵驗的律動（kinesis）[3]的宇宙秩序性的世界圖像，所跨進的一大步歷程。

如果我們可以把所瞭解到的事物的基本形式，即因果律，描述成是：「命運的僵化」（destiny become rigid），則我們也可以同樣地說：空間的深度是「時間的僵化」（time become rigid）。當我們以我們的感官凝注著遙遠的距離時，距離彷彿在我們周圍漂浮不定，可是當我們感到驚愕時，眼光犀利的人已洞察到有一個嚴密而僵硬的空間。空間的存在，其本身便是它存在的原則，它存在於時間之外，脫離了時間，也脫離了生命。

在空間的持續期中，任何事物相形之下，都只存在於一小段時間之內。而我們知道，我們自己便是此空間中的生物，所以我們便知道，我們也有一定的壽命和極限，這正是我們的

3 律動（kinesis）：本是生物學上的名詞，是由刺激（stimulation）所引致的一種無定向的運動，在此，則已轉用於生命韻律中，代表大化流衍的神秘動態。

時鐘中，那運轉不息的指針，不斷在提醒我們的事。但是，僵硬的空間，其本身也是短暫的，——只要我們的理解一告鬆解，它便從我們周遭的環境中多采多姿的形式內消失了——所以，它正是最基本、最有力的象徵符記，它正是生命本身的象徵和表達。

孩子與成人之間的分野，便在於後者有那非經自願的、不可形容的對「深度」的體認，這種體認有力地統治了成人的意識領域（與此同時的是：內在生命的覺醒）。孩子所缺乏的，是對「深度」所具的象徵體驗（symbolic experience）；孩子可以感覺到距離的存在，但並未在靈魂中有所感受。

而在靈魂覺醒的時候，「導向」也首度作了活生生的表露，於是，命運的概念，展示在生命中的每一部分中。只有這樣，我們才成為了一個特定文化中的一分子，而這一文化中的各分子，正是經由命運概念所導出的一種共同的世界感受、和共同的世界形式，所聯接起來的。一種深刻的認同，聯繫於此文化靈魂的覺醒之中，靈魂茁生成為清晰明朗的存在，這便是所謂的文化了。它突然體認到距離和時間，於是，經由廣延的象徵，而茁生了它的外在世界；於是，此一象徵，便成為、而且一直保持為其生命的「基本象徵」（prime symbol）[4]。

---

4 「基本象徵」一詞，為本書精華所在。史賓格勒以「具體的實物」作為古典文化的基本象徵，以「無窮的空間」作為西方文化的基本象徵，以「無垠的平板」作為未來俄羅斯文化的基本象徵。以「洞穴」作為馬日文化的基本象徵，以「路途」作為埃及文化的基本象徵，以「道」作為中國文化的基本象徵，這種在直覺透視上的慧眼，是為各大文化學家所公認為獨一無二的成就。

基本象徵表達了此文化的特殊風格及歷史形式，而在此等歷史形式之中，文化的靈魂便不斷在實現它的內在的可能潛力。從文化的特殊導向，便導衍出特殊的「基本象徵」，舉例而言：對古典的世界觀而言，基本象徵是接近可見的、嚴格限制的、自給自足的「個體」（Body）；對西方世界觀而言，基本象徵是無限廣袤、無限深沉的三度「空間」（Space）；至於阿拉伯的基本象徵，則是「洞穴」（Caven）的世界感。

經過這一說明，一個古老的哲學問題，便化解為無形了：——世界的基本形式，是一個文化天生具有的，是文化的靈魂原始擁有的事物，而文化的靈魂，是我們生命的整體所表露出來的。每一個靈魂，為了實現自己，都不斷地從事創造性的行動，早在童稚時期，便展開其深度的象徵，就好像初生的蝴蝶展開牠的翅膀一樣，其所以如此，是命運注定的。第一次瞭解到深度的意蘊，正是代表著誕生的行動——是個體的精神之充盈完備[5]。在這時，文化自他的母土之中，躍生而出，而這一行動，也由文化中各個單獨的靈魂，在文化的生命歷程中，不斷地重複展演。這便是柏拉圖所謂的「前世歷程」（anamnesis），他並將之與一種早期希臘的信仰，聯繫在一起。

5 此處不妨一提：在野蠻社會中，有所謂成年時的「啟蒙儀式」（initiation—rites），實蘊有無限的重要意義在——原註。

但是，「基本象徵」並不實現它自己；而是透過了每一個人、每一個社會的形式感覺，由時代記錄了每一個生命表現的風格。

「基本象徵」自然存在於國邦的形式、宗教的神話與儀式、倫理的理想、繪畫音樂與詩的形式、每一種科學的基本觀念之中——但它並不是由這些事物所表出（presented）的。所以，基本象徵不能用文字來表出，因為語言和文字本身都是「導出的象徵」（derived symbol）。每一個分殊的象徵，都只訴諸內在的感受，而不能訴諸於一般的瞭解。而當我們說（在本書中我們正將如此說）：古典靈魂的基本象徵，是實質而單獨的「個體」，而西方靈魂的基本象徵，是純粹而無窮的「空間」時，我們必須有所保留，因為：概念是不能用來表現根本不可言狀的事物的，所以，這些基本象徵，其字音至多不過是喚起了一些有象徵意義的感受而已。

古典與西方的基本象徵

古典人對其周遭世界的透視，其犀利明銳，事實上並不遜於我們，那麼，古典人認為什麼才是他們生存的基本問題呢？這便是他們所謂的 α'ρxy 的問題，其意義是：所有感覺上可以覺知的事物，其物質起源及基礎的問題。如果我們掌握了這個，我們將會接近到一項重要的事實——不是空間的事實，[6] 而是何以事實上，空間的問題，會成為西方靈魂——僅僅是西方靈魂——的重要問題，何以事實上這是命運的必然。

這一個空間，乃是我們宇宙觀之中，最最真切、也最最雄偉的元件，它本身吸納了、也引發了所有事物的實質內涵，而古典的人們，卻根本不知有「空間」這個詞眼，也就是自然毫無空間的概念了。古典人截然認為空間沒有意義，根本不存在（To μη' ὄν）。我們如今強調他們的這一否定，絕不曾誇張事實。實質的、視覺上確定的、可瞭解的、立即接近的——這些，便是古典的廣延之全部特徵了。[7]

6 事實上，古典文化中，本無真正的「空間」觀念，有之，也只是馬日文化的世界感影響下的產物。在真正的古典文學中，沒有一個字眼可以描述「無限的空間」。

7 迄今為止，尚沒有人看出：歐幾里得著名的「平行公設」中，即隱含了此一事實。「平行公設」是古典幾何定理中，唯一沒有證明的一條，而我們現在已知道，這是不可能證明的理論。但正因此故，使它成為一種信條，一種形上的中心，以及幾何系統的主幹。其他一切公設或定律，都只是「平行公設」的先聲或推論。這一公設命題，對古典心智而言，是必然而普遍的真理，但卻無法推證，這意味什麼？這即是意味：「平行公設」的敘述，乃是第一層次的「象徵」，它包含了古典的具體觀念的結構。正是此一命題，雖然在理論上是古典幾何中最弱的環節，卻顯示了古典靈魂的重點所在；也正是此一命題，雖然在日常經驗的限度內，能夠不證自明，卻成為由非具體性空間距離中，導衍出來的浮士德型數字思考，緊迫不放的懷疑中心所在——原註。

古典的宇宙，所謂「宇宙秩序」（Cosmos），或者是所有接近、完整、可見的事物的秩序井然的集合體，都被那具體可見的「天穹」（vault of heaven）所包攝著，除此之外，便無其他了。我們以為必須的事情，像：思考那滿佈在天穹之前及之後的「空間」，在古典的世界感受中，則是絕無其事的。希臘的斯多噶學派，甚至一往直前地要處理所有「具體」的事物的性質與特性。卻瑞斯帕斯（Chrysippus）[8]認為「聖靈」（Divine Pneuma）便是一個「個體」，而德模克利特斯（Democritus）[9]認為：眼睛的「看」（seeing），其實便在於我們被一些可見的物質微粒所洞透所致。這種「具體」的世界感受，最終極、最宏偉的表現，是見於古典廟殿中的石像之中。古典的建築物，內部無窗戶，由排列成行的圓柱，細密地加以掩藏，而外面則根本看不到一條真正的直線條，每一段階梯，都有一點微微上掠的傾向，每一段都比鄰近那一段上揚少許。三角牆、屋脊、房邊，都呈弧形，每一條圓柱都有一點膨脹的外形，沒有一條圓柱是真正垂直的、也沒有任何兩條圓柱，是真正等距離的。但是由於從角落到邊沿的中心點，有精密比例的膨大、傾斜、及距離的變化，所以整個建築物的主體，就像針對於一個中心，作神秘的搖擺一般。弧度的曲率，非常精密，精密到肉眼看不出來，而只能「感

8 卻瑞斯帕斯，古希臘悲劇人物。
9 德模克利特斯（460—362? B.C.）希臘哲學家，原子理論之最初倡立者。

覺」到。但是，正由於用了這些方法，**深度的導向，便被消除掉了**。

古典愛奧尼克的建築風格是如此的盤旋而迴颺（hovers），而我們西方哥德式的風格，則高聳而飛騰（soars）。我們用「運動」、「力」、與「質量」，來相對於古典的「位置」、「物質」與「形式」，我們還把力與加速度的比例，確定為一常數——質量，不僅如此，最後還把這些觀念，縱情發揮在純粹空間元件的「容量」（Capacity）與「強度」（Intensity）之中。

由這一途徑來思考事實，另一不可避免的結果，便是十八世紀音樂大家們的「樂器音樂」，終於成了西方的主要藝術——因為，「樂器音樂」是所有藝術之中，其形式世界能與純粹空間的沉思視景（vision），有緊密的關係的唯一藝術。這種把靈魂放鬆、溶解在無窮之中，而從實質的重負之中，解脫出來的基本感受，其最高的境界，便在於我們的音樂中。它也把浮士德靈魂中的「深度能量」（energy of depth），解放出來了；可是相對的，古典藝術則把其效能，侷限在具體的個體之上，把眼光從遙遠處，拉回到一種充滿著美的「**切近**」（Near）和「**寂靜**」（Still）之中。

於是，現在我可以獲得結論了：世上有很多種的基本象徵。世界的形成，是透過了深度經驗的產物，感覺也是經由深度經驗，才能把自己展延到世界中去。基本象徵的重要性，適用於、也只適用於它所隸屬的文化靈魂。每一個高級文化的深度經驗，都實現了該文化生存所由依存的形式的可能潛力，而這乃是基於一種深刻的必然性所致。所有的基本詞彙，例如我們的質量、本質、物質、事物、個體、廣延（以及其他的文化的用語中，大量的詞彙）都是一些表徵，都是由命運驅使的、注定的，而正是由於此等無限豐富的世界可能潛力（world possibility），才會在個別的文化之中，各自出現該文化自身的可能潛力，對於這些文化而言，只有這些可能潛力，才是重要而必然的。

這些可能的潛力，不能傳遞到另一個文化的經驗生活與知識中去，故而，沒有一個基本詞彙，能夠重現於另一文化。當文化的靈魂，在它自己的土地上，覺醒過來而進入自我意識的那一刻，在能看懂世界歷史的人看來，實在包含著一個石破天驚的劇變的時刻。

第五章　外在宇宙

——阿波羅、浮士德與馬日靈魂

建築與神祇

現在，我們將古典文化的靈魂，定名為「阿波羅式的」（Apollionian）靈魂，這個靈魂，選擇了感覺切近的單獨個體，作為代表其廣延的理想典型。與此相對的，我們有所謂「浮士德式的」（Faustian）靈魂，它的基本象徵是純淨而無限的空間，而它的「形體」，便是西方文化，這一文化是在西元十世紀之時，隨著北歐平原上易北河與太加斯河之間所崛生的羅曼斯克風格，而茁盛起來的。

用浮士德靈魂的習俗來說，「空間」乃是一種精神上的事物，與短暫倏忽、感覺切近的事物，有著極嚴格的區別，所以，「空間」不可能用阿波羅的語言表示出來，無論希臘文或拉丁文，皆不足以曲盡「空間」之意蘊。但是，阿波羅藝術所創造出的「表達空間」（expression—space），則一樣是我們所陌生的。

沒有任何一個文化，像古典文化那麼強調其建築物的足部及凹處的堅固。多力克的圓柱，深深扎入於地基底部，而瓶繪的設計，也是自下而上的；而文藝復興時代的建築，卻是浮移於足部之上的。所以，古體的藝術或建築作品，腳部有著不合比例地誇張，它們的足部，是整個植入於底處的，而如果有幔帷自上垂落下來，也必定移去一部分幔帷的邊緣，以顯出其足部的挺立直聳。

古典的浮雕，在一平面上表現為一嚴格的立體圖像，所以圖像之間固然有區間，卻絕對沒有「深度」。而相反的，克勞德・羅倫（Claude Lorrain）[1]的風景畫，則根本只表現為「空間」，每一項細節，都用來示出它的圖形內容，而圖中的所有形體，都具有一種氛圍的、透視的意味，彷彿純粹是光線及陰影的承載者一般。像這樣消去世界的具體形象，以展現出「空間」的內涵，其極端的表現，便是如今的「印象主義」（Impressionism）。

1 克勞德・羅倫（1600—1682），法國著名的畫家，擅長風景畫。

古典文化，是始自於一個巨大的否定。本來，米諾文明（Minoan）[2]中一種豐富的、圖畫式的、幾乎過分成熟的藝術，幾乎已送到古典文化的手中，可是，這畢竟不能成為這一年輕的靈魂的表達形式，所以，約在西元前一一〇〇年，早期多力克的那種嚴苛的、狹隘的，在我們看來甚至是殘缺而野蠻的幾何式風格出現了，它所要顛頏的事物，正是那個米諾文明。

相反的，浮士德式的建築，則大部分是伴隨著一種新的虔信及新的思想的最初激盪，而與之俱來的。所謂新的虔信，便是指西元一〇〇〇年左右，法國境內克路尼亞修道院的改革（Cluniac reform）[3]，而新的思想，則是起自一〇五〇年，塔爾斯的柏瑞加主教（Berengar of Tours），與義大利的拉弗雷牧師（Lanfranc）之間，關於「聖餐儀禮」的爭論。隨此而來的建築，進展神速，且很快地傾向於巨大的建築計畫，經常，整個社會，尚不夠用來填充一個教堂[4]，例如西培爾城（Speyer）的情形便是如此，而且，事實證明這些建築，經常不可能完成其預定的體構。似這種建築所表現出來的熱情，也同樣表現於當時的詩歌之中。表面上

---

2 米諾文明，史前時代古文明之一，為希臘文化之前驅。

3 克路尼亞修道院，屬於法國中東部麥肯城（Macon），為西方基督教重要修道院之一，對神學信仰貢獻頗大。

4 英國讀者當能記憶：十八世紀著名的記者柯伯特（Cobbett），對於英國鄉下教堂之多，印象至深，竟以為中世紀英國的人口尚多於近代的英國——原註。

看來，南歐基督教的聖頌詩歌，與北歐異教的「愛達史詩」（Eddas）[5]迥然不同，可是，它們兩者，都隱隱透露了空間無盡的韻律、節奏、與想像。把拉丁讚美詩「末日的審判」（Dies Ivae）、與較此稍早的北歐異教的「伏龍斯帕」（Völuspâ）[6]並讀，便可以看出兩者皆有相同的堅厲沉毅的意志，要征服、並粉碎一切可見的阻力。從來沒有什麼其他的旋律，能夠像古代北蠻人所創發的韻律那樣，具有不可想像的空間與距離的龐巨之感，蒼涼而悲壯：

「變成了不幸，永恆而長久，
男女皆如此，於世為芻狗，
惟是我情侶，相偎共長久，
亙古不離分，我和西格賓。」

荷馬式的六韻詩，其音韻如中天旭日下的高樹葉片，所發出的柔和而爽颯的音響，這

5 「愛達史詩」，為古代北歐史詩及神話之總集。

6 「伏龍斯帕」，是愛達史詩中，最古老及最神秘的詩篇之一。

是一種有形的韻律；但是「史坦柏雷」（Stabreim）[7]，則像現代物理的世界圖像中所謂的「位能」，是在無盡的虛空之中，引發了一種強烈的抑壓之力，就好似高峰夜雨，狂暴而遙遠，在它的搖曳不定之中，所有的文字、所有的事物，皆自動消散了——這是語言的「動力學」，不是「靜力學」。同樣的情形，也表現於「生命即死亡」（Mediavita in morte sumus）一詩的基本韻律之中。這其實已經預示了未來林布蘭的色彩及貝多芬的樂器——這種無窮荒寂之感，便是浮士德靈魂的基本感受。

齊格飛、派西孚、屈萊斯坦[8]、哈姆雷特、浮士德，是所有文化之中，最為孤獨的英雄。我們不妨閱讀一下吳爾夫蘭（Wolfram）的「派西孚」，看那令人驚訝的內在生命之覺醒。這其中有對大自然的熱愛、有神秘深沉的激情、有無可名狀的被棄絕於世之感——這是全然浮士德式的，而也只是浮士德式的感情。我們每一個西方人，都瞭解這種感情。這種感情，在「浮士德」第一部的「復活節」一幕中，表現得最為淋漓盡致：——

「一種純淨而不可描述的希祈，

7「史坦柏雷」，北歐原始文學中，一篇以悲壯蒼涼著稱的作品。

8 屈萊斯坦，為中古傳奇中著名之武士，英勇無敵，但卻為愛而死，華格納曾以此題材，創作了「屈萊斯坦與伊索特」（Tristan and Isolde）的歌劇。

驅迫著我，飄蕩過叢林和原野，
而在盛眶熱淚所凝成的霧裏，
我感覺到有一個世界——
為我而昇起，為我而存在！」

這種世界經驗，絕不是阿波羅文化或馬日文化的人、絕不是荷馬的史詩或基督的福音，所能知悉於萬一的。吳爾夫蘭的長詩，其高潮的一幕，便在那個令人驚奇的星期五早晨，當時，詩中的英雄正與上帝在爭吵、也同時與自己掙扎，卻遇到了那勇敢高尚的武士高文（Gawan），乃決定踏上了去往台弗申特（Tevrezent）的途程。

這一幕把我們帶入了浮士德宗教的核心之中。在此，我們可以體會到「聖餐」（Eucharist）的神秘，它把那些領聖餐者結合為一個神秘的組合，結合於一個教堂中，只有這一教堂才能賜福給他們。在這「聖杯」（the Holy Grail）及「綠衣武士」的神話中，我們便可以體會到日耳曼—北歐的天主教的內在必然性。古典人對神祇的犧牲奉獻，是供奉給不同的神廟中，那些個別的神祇。與此相對的，在浮士德式的天主教中，則成了一種無時無地不在重複的、單一而永無終盡的犧牲，這便是九世紀至十一世紀間，「愛達」時代的浮士德觀念。這觀念本已由盎格魯—撒克遜的教徒，例如溫福瑞德（Winfried）所顯示出來，可是到了這時，才算真正成熟。

其時的大教堂，以及教堂中施行奇蹟的高聳聖壇，便是用石頭來表達了這一觀念。

代表古典靈魂的宇宙秩序的，是多個分別的神祇的形體，這便需要一個能並列各神的「萬神廟」——因此，古典的宗教，是多神教。而馬日文化及西方文化，所感受到的世界，無論表現為洞穴、抑或為空間，皆是「單一的」（single）世界感受，所以便形成了馬日或西方基督教的「一神論」。古典宗教中，雅典娜或阿波羅皆可以用雕像來代表，可是，很久以來，我們便明顯地感受到：我們西方宗教改革及反改革的神祇，只能透過風琴演奏的複調樂曲的狂猛撞擊、或是聲樂歌曲的莊穆演唱，才能「證驗」出來。約在十七世紀之末，此一宗教狂熱已不再能侷限在圖像式的表達中了，於是，樂器音樂成了它最後的、也是唯一的表達語言；我們可以說：天主教信仰與新教之間的不同，就表現於神壇裝飾對音樂組曲的歧異上。

北歐日耳曼的神祇與英雄，皆被一種巨大的挫抑與謎樣的幽暗所籠蓋著，他們遁入於黑暗，沉浸於音樂，因為白晝的日光會賦予可見的邊界，因而塑成具體的事物。黑夜消解了形體，而白晝消解的是靈魂，阿波羅與雅典娜並無靈魂，奧林帕斯山上，有的是明朗的白晝：水恆的亮光，阿波羅的時間是在正午，而其時偉大的牧羊神則在睡覺。但是，北歐神話中的「英靈殿」（Valhalla），則是沒有光線的地方，即使在「愛達」史詩中，我們也可以發現到浮士德式的冥思憂慮，所必需的沉沉夜色。林布蘭的飾刻圖案，所攝捕的便是午夜暮色，午夜也同樣吸收了貝多芬的音色。

武騰（Wotan）、或布達（Baldur）、或福瑞牙（Freya）[9]，都不具有「歐幾里得式」的形式，他們如同印度的吠陀神祇一樣，不接受任何「雕刻影像」或其他類似的事物，這中間便隱蘊著一種認識：——永恆的空間，才是至高的象徵，而具體的形象，只會降低他們、褻瀆他們、否定他們。基於這種深刻感受的動機的驅使，伊斯蘭與拜占庭便產生了打破偶像（iconoclasm）的風暴（值得注意的是，兩者皆發生於第七世紀）。與此極端相近的運動，便是我們北歐的新教運動。笛卡兒對空間所作的反歐幾里得的分析，難道不是一種破除偶像的創作？

埃及與中國的基本象徵

西方的靈魂，用其異常豐富的表達媒介——文字、音調、色彩、圖像的透視、哲學的系統、傳奇的神話、哥德式教堂的空間、以及函數的公式等，來表達出它的世界感受，而古埃

9 此三者皆為北歐蠻族神話中的神祇之名。

及的靈魂，則幾乎只用一種直接的語言——石頭，來表達之。石頭，象徵著已變成空間的、無時間性的事物。埃及的靈魂，把自己視為是在死亡之前，行經一段狹隘而堅固的預定生命途程，而終將到達其終點（見《死書》第一二五章）。這便是埃及的命運概念。埃及人的生存，乃是一個旅行者，在遵循著一條不可改變的方向而行進，而其文化的整個形式語言，可以說都是在展示這一個單獨的主題。

我們已以「無盡的空間」作為北歐文化的基本象徵，以「有形的個體」作為古典文化的基本象徵；同樣的，我們也可以用一個詞眼——「路途」（way），來作為埃及文化的基本象徵的最明智的表示方法。很奇怪地，對於西方思想而言，幾乎是不可思議地，埃及人對廣延所強調的元件，竟然是「**深度中的導向**」（direction in depth）。埃及舊王國的墓殿，尤其是第四王朝那壯盛燦爛的金字塔廟殿，所代表的，並不是如我們在寺院及教堂中所見的，那種空間中的「**定向指標**」（purposed orientation），而是一種有節奏、有秩序的空間**序列**（sequence）。秘密的路途，從尼羅河畔的大殿出發，經過甬道、廳堂、拱形宮殿、柱廊房間，越來越趨狹窄，直通到死者的居室。

同樣的，第五王朝的「太陽廟」（sun—temples），並不是「建築物」，而只是由龐大有力的石造物，所圍成的一種**通道**。浮雕與繪畫：永遠是排列成行，給人一種印象上的強制之感，把觀者引向於一個確定的方向。新王朝的羊神像（ram）與人面獅身像（Sphinx），所列成的衢道，也表出同樣的目的。對於埃及人而言，統治其世界形式的深度經驗，具有極強烈的「導向」意味，所以他所瞭解的空間，或多或少都顯示為一種**連續的實現過程**。他們從不表達嚴格的距離感，在他們意識中，人必須不斷移動，以使他自己成為生命的象徵，以便與石頭的象徵發生關聯。「路途」即標示了**命運**，也標示了第三空間，而他所行經的那些堅固的石牆表面、浮雕、柱廊，則是代表了「長度和寬度」，即：僅只是感官的覺知而已。只有這不斷向前行進的生命，才能把這些「長度和寬度」予以展延，進入「**世界**」。職是之故，埃及人的藝術，即使在應用實體的方法之時，其目的也僅在表出「平面」（Plane）的效應，別無其他。

在埃及人看來，跨越國王墳墓的金字塔，乃是一個「三角形」，一個巨大而有力的「平面」，這一平面，無論由那個方向去趨近，最後都終結了「路途」，而統攝了「風景」（landscape）。同時，在埃及人的意識裏，金字塔內部通道及宮殿中的柱體、以及其黑暗的背景、稠密的排列、豐盛的裝飾，整個都表現為一種垂直的長條裝飾物，使能有節奏地伴和著埃及僧侶們的行進。

恰恰與古典的浮雕相反，埃及的浮雕是謹嚴地限制在一個「平面」上的。從第三王朝到第五王朝，在浮雕藝術的發展過程中，從一根手指的厚度，一直縮減到一張紙那般的厚度，而最後，終於全部縮壓到平面上去了。在浮雕中，最明顯的是水平線、垂直線、及直角，而完全缺乏了繪畫中的「遠近收斂法」（forshortening）。垂直、水平、直角，恰好支持了兩度空間的原理，而把其導向的深度經驗孤離起來，予以強調，使這種導向的深度經驗，最終便與路途、以及路途終點的墳墓相疊合。似這種藝術，完全是由此種緊張的靈魂所導衍出來的，鬆弛的靈魂，不可能產生這樣的浮雕藝術。

然而，另有一個文化，基本上雖與埃及文化全然不同，然而它的基本象徵，卻與埃及的基本象徵，有極密切的關係，這便是中國文化。它的基本象徵，便是所謂的「道」，「道可道，非常道」，恍兮惚兮、不可名狀的「道」[10]。這個「道」，也有其強度的**方向**之感。但是，埃及人所須行至終點的「路途」，對埃及人而言，是一已預定的路程，是無可避免的必然之事；而中國人，則瀟灑地**徜徉**（wander）於其世界之中；從而，中國人與其神祇、與其祖墳之間的相互感應，不是透過石頭的山峽、不是隔著弧圓的墳墓，而乃是經由友善親切的**自然**本身，而獲得了溝通。

從來沒有任何其他的地方，像中國那樣，**風景**成為如此真實的建築題材。例如，中國的廟宇，不是一個自足的建築物，而毋寧是一種**風景**的設計，在這設計之中，有確定形式及比

10 我們研究中國——以及印度——藝術，其所以十分困難，是因為早期文化的所有作品（即：中國自西元前十三至八世紀黃河流域的作品，以及印度先佛陀時代的作品），如今均已消失罄盡，沒有蹤跡可尋——原註。

例的山、水、樹、花、石頭等，竟與其大門、院牆、橋樑、房舍，同樣的重要。中國文化是把「園藝」作為主要的宗教性藝術的唯一文化，要經由風景的建築，而且只有經由風景的建築，才能解釋中國的房殿建築物。

這種房殿建築物有平面的展延，且強調了天花板，作為真正表達其建築精神的要件。正如建築上那迂迴曲折的徑道，經過了門、跨過了橋、環繞著小山與院牆，而最後才到達其終點，中國的繪畫，也需要觀者逐件逐件地細細觀賞；而埃及人的浮雕，則只是專橫獨斷地為自己指出一個固定的方向而已。「整個圖畫不能一眼望盡，要有時間的順序和空間的順序，眼睛從一個空間構件，慢慢移向次一構件才可。」埃及人的建築，統攝著風景，而中國人的建築，則吸納了風景，可是，在兩者中，深度的導向，都維持著空間的**生成變化流衍**，使其成為一個連續而切近的生命經驗。

模仿與裝飾

所有的藝術，都是一種「表達語言」（expression—language），這種表達，或則是出之以**裝飾**（ornament），或則是出之以**模仿**（imitation）。「模仿」與「裝飾」兩者，都具有高度的可能潛力，而在最初的時候，人們很難察覺到兩者之間的對立性。這兩者之中，「模仿」無疑是較早、較具特性的一種，「模仿」天生便是宇宙中所有事物的秘密韻律。每一個現存的宗教，都是覺醒的靈魂，想要把其力量發展到周遭世界的一種努力，而「模仿」也正是如此，故而，在其最渾然忘我的時刻，「模仿」乃是全然宗教性的行為。

模仿，即是「**此間**」的靈魂與形體，與「**彼處**」的周遭世界之間，一種深刻活動的認同，它使兩者合而為一。如同一隻小鳥在暴風雨中隨風保持自身的平衡、或一塊漂浮物在流動的波濤中載浮載沉一樣，我們的四肢，也常隨著軍樂演奏的聲音，手舞足蹈，若合符節，這便是下意識中的模仿行為之一。對於他人的舉止與動作，所作的模仿，常常是具有傳染性的，尤以孩童為然。當我們「完全陶醉」在流行歌曲、閱兵行進、或舞蹈節拍之中時，便達到了模仿的最高境界，在這時，這些東西會為我們創造出一種感受與表達的單位，發現到一種「我們」（we）的存在。

一件成功的人像畫或風景畫，其繪作者必須是一個內行的老手，能夠在畫面上把生命的觀念、靈魂呈露出來，而在某些時刻，當我們毫無保留的投身於某一模仿時，我們都成了這種內行的老手，在這時，我們是跟隨著音樂或戲劇，所表達的那種超乎感覺的節奏，於是，我們突然超越了生命的懸崖峭壁，而看到了宇宙的奧秘。最廣義說來，所有的模仿，都帶有戲劇性；而這戲劇性，便呈現在畫筆與雕刀的運動之中，呈現在歌曲的旋律之中，呈現在背誦的音調之中，也呈現在詩句的字裏行間、與事物的描述、舞蹈的步法之中。

自模仿之中，脫離出來的「裝飾」，則並不遵循此生命之流的活潑脈動，它只是僵硬地**面對**著生命而已。裝飾，並不是我們無意中從陌生疏離的存在中，所聽到的「觀相」徵象，而毋寧是我們以固定的動機、固定的象徵，來強加於陌生疏離的存在之上。這時的意欲，已不再是掩飾自己，而乃是要遣使他人了，也就是，「我」的意識，已壓蓋了「你」的觀念。故而，模仿僅僅是一種「訴說」（speaking），它的方法，天然便是短暫而不可重複的，但是裝飾則不然，它已應用了從「訴說」中解脫出來的一種「語言」，應用了具有持續期間，且不受個人影響的一大堆的形式。

只有活生生的事物，才能被模仿，而且，只有在運動中，才能夠模仿，經由運動，活生生的生命，才能呈現在藝術家及觀者的感覺之中。這即是說：模仿隸屬於**時間**及**導向**，而相反的，**裝飾**則脫離了**時間**，它乃是純粹的**廣延**，固定而平穩。模仿用來表達的方法，是「實現自我」，而裝飾，則只能呈現於人們的感覺之中，而為一「已經完成」的事物，所以，裝飾是一種純粹的存在，全然與其始源無關。每一樁模仿，都有其開始和終結，而裝飾，則只具有持續期（duration）而已。此外無他。

在每一個**文化**的春天，都有著兩種很明確地屬於裝飾、而非模仿的藝術，那便是**建屋**與**修飾**（decoration）。而在文化的**春天**之前，在那些希祈的、醞釀的世紀裏，基本的表達方法，則只能以**狹義**的裝飾為之。例如：西方文化的「加羅林時期」（Carolingion period）[11]，只能由其裝飾——例如建築——來代表，但由於缺乏文化的**意念**（Idea），它本身便無所謂**風格**，而只能站在兩個風格之間。但是，在偉大的**文化**開始啟明之時，**真正**作為裝飾的建築突然出現，具有強大的表達力量，而在僅僅一百年之內，那純粹的修飾便萎縮沒落，敬畏地離開了偉大的建築。於是，石頭的空間、表面、稜角，都開始「表達了自己」。

卻弗林（Chephren）[12]的墳墓建築，是數學簡化的顛峰之作——到處都是直角、正方形、長方柱，沒有任何的裝飾品、碑銘或塋記——只有經過了幾個世代之後，浮雕的裝飾才能侵入到這些空間中莊嚴的神秘裏，而使其旋律轉向輕鬆徐緩。同樣的，西發利亞—撒克森尼一帶的日耳曼平原、南部法蘭西、及諾曼地的高貴的羅曼斯克風格，也能夠以**一種**線條、**一根**柱頭、**一彎**圓弧中的不可描繪的力量與尊嚴，來表達其對世界的整個感覺。

當**文化**春天的形式世界，已達其最高峰時，則命定的關係是：建築為主、裝飾為僕。「第披龍花瓶」（Dipylon vases）[13]上的武士圖案，便可以用裝飾的精神來加以感受，而更高級的裝

11 加羅林時期，指西元七五一年，由「矮子丕平」（Pepin the Short）所創的第二法蘭克王朝時代。
12 卻弗林，古埃及國王，為第四王朝的第四位國王，第二大金字塔的建造者。
13 日耳曼蠻族的一項著名的藝術品，瓶上繪滿了簡樸的圖形。

飾，則有哥德式教堂中的雕像組群。除了帷幔、姿勢及圖形之外，甚至連教堂中的聖頌詩歌及類似活動，也都是為那籠蓋一切的建築觀念所服務的裝飾品。裝飾的偉大魔力，直到**文化**的「後期」開始時，建築淪為一組城市的、及世界的特殊藝術，不斷地投身在愉悅而敏黠的模仿中，而變成具有個人色彩時，才告破滅。

然後，是那秋天的閃爍著微光的風格。文化的靈魂，又一次描摹著自己的快樂，而這一次，是已充分知覺到自我的完成了。其時，思想家及詩人，已開始感受到，並揭櫫出「回到自然」（return to Nature）這一觀念——盧梭、高基亞斯（Gorgias）[14]，及其他文化中與他們「相應的」人們——這便在藝術的形式世界之中，呈現出一種敏感的希祈和預感——對**文化終結**的預感。一種完全明晰的理智、愉悅的優雅，一種行將結束的痛苦——這便是一個**文化**最後的幾十年時的形象，泰利蘭德（Talleyrand）說得好：「不是生活在一七八九年之前的人們，不會體認到生活的安詳及甜美。」[15]

這種安詳及甜美，表現在埃及在西索特斯三世（Sesos tris III，西元前一八五〇）時，那種自由、輝耀而精緻的藝術：以及造成伯里克里斯時代那變幻宏麗的雅典衛城（Acropolis），

14 高基亞斯，是歐洲一位生平已經湮沒難考的詩人，主張回到叢林，放棄都市。

15 泰利蘭德（1754—1838）為法國著名的外交家與政治家，在維也納會議中，以戰敗國代表的身分，為國家贏得了戰勝國所不及的利益。

及菲狄亞斯、酋克薩斯等希臘巨匠的雕刻作品的，那一段短暫的滿足而快樂的時刻，便正是這般情景。

再過一千年之後，在奧美亞特（Ommaiyads）時代[16]，我們在摩爾人建築的仙境樂園之中，再一次看到了這一情景，摩爾人的建築物，有脆弱的圓柱及馬蹄形的圓弧，看起來似乎會在錯綜美麗的虹彩之中，消融於空氣裏似的。再過一千年之後，我們又可以在海頓及莫札特的音樂、在特萊斯登的「牧羊女」（shepherdesses）、在瓦都及高代（Guardi）的繪畫、以及日耳曼諸大建築家在德萊斯登、波茲丹、武日堡及維也納所築的工程中，看到這一情景。

最後，當**文明**來臨時，真正的裝飾，以及偉大的藝術，都已發揮殆盡。在每一文化中，過渡時期都發生於某一形式的「**古典主義**」及「**浪漫主義**」裏，前者，是濫情地傾向於一種**裝飾**（定律、規則、典範），而這裝飾久已失去靈魂，變成了古董；而後者，則是一種濫情的**模仿**，不是模仿**生命**，而是模仿另一種模仿。這時，我們看不到建築的「風格」，有的只是建築的「品味」（taste）而已。繪畫的方法和寫作的走向，無論採取舊的形式或新的形式，無論出自本土或來自異邦，都只隨時髦的潮流而進退。到最後，我們擁有的圖像與文學，完全缺乏任何深刻的意義，而只依個人的品味而定。這是最終的、或機械的裝飾形式，——不再

16 南歐西班牙境內，由摩爾人所建立的一個回教世界中，有名的建築家。

是歷史的，不再處在「生成變化」的狀態。這些裝飾，不但見於我們面前的東方的地氈、波斯及印度的金工、及中國的瓷器等形式之中，而且，希臘人及羅馬人所見的埃及、巴比倫的藝術，也是這種靈魂已死的裝飾品。

窗戶的建築

多力克的靈魂，所實現的象徵，是具體切近的單獨事物。這個靈魂最後所覓致的表達形式，便是多力克神廟。具有純粹向外張示的效應，聳立在風景之上，形成一個巨大的意象。但是，多力克神廟否定了內部的空間，在藝術上漠視了內部空間的意義，並認為它是不可能存在的。

相反的，馬日及浮士德的靈魂，則建築得很高。它們的夢中意象，經由跨越具有象徵意義的內部空間的「拱門」（vaulting），變得具體而真實；這些拱門，在結構上分別採用了代數的數學、與分析的數學。自中歐的布根地及法蘭德爾等地發展出來的風格之中，肋形拱門，及其簷牙、飛翅，從圍繞內部空間的可感覺到的表面上，解放出來，而翔迴於天際。在馬日建築的內部，「窗戶只是一個負性元件，絕不是實用的東西，而只發展為一種藝術的形式

——粗率地說，窗戶只不過是牆上的一個洞而已。」

窗戶之所以不可或缺，是因為東方回教寺院中的廊廄，掩蓋了藝術的印象，不得不由窗戶來加以點飾。另一方面，窗戶的建築，對於浮士德靈魂，則具有特殊意義，是「深度經驗」的最重要的象徵。從窗戶的建築，我們可以感受到一種從內部掙向無窮的意志。

同樣的意志，也蘊含在與拱門同源的「對位音樂」（contrapuntal music）之中。對位法的音樂，所表露出的虛幻世界，一直是主要的哥德式的產物。為了要驅散古典的具體世界，浮士德的建築採用了一種具有深刻重要性的裝飾，用全力來引發石頭所能表現的無盡力量，及其驚人的植物、動物及人類的印象變形（impressive transformation）。它把所有的線條，都解消成表現一個主題的旋律和變化，把所有的正面，都解消成多節音調的「複句歌曲」（fugues），把所有雕像的形體，都解消成一種疊疊摺轉的音樂。就是這一精神，使得我們教堂的窗戶及繪畫，具有了它的深刻意義。窗戶是巨大無儔的玻璃板，上面有多色的、半透明的、全然無形體的繪畫——這是西方文化的時空中獨有的一種藝術，與古典的壁畫（fresco），形成完全的對比。

也許在巴黎的「聖教堂」（Saint—Chapelle）中，這種從具體形象中的解脫出來的現象，最為明顯。在那裡，石頭實際上已消失於玻璃的鱗鱗閃光之中，壁繪與牆壁合為一體，顏色鮮明而有力，其色調並不依承荷它的表面而定，而是自由地飛騰於空間，有如風琴的音符一樣，而建築的形態，也傾向於在無窮中，保持平衡。這類教堂幾乎是沒有牆壁的，它巍峨地拱立著，從「本堂」到「合唱班」，都放射著多色的光彩，激起了人們的幽思，——與此等教堂的浮士德精神相對比的，是阿拉伯的圓頂形教院（cupola—church）。突聳的圓頂，看來有似高翔在長方形或八邊形建築之上，這無疑是對古典建築那表達於軒緣及圓柱中的自然莊嚴原則，所爭獲的一種勝利，它也是對建築形體、對有形「外表」的一種藐視。但是，正因為缺乏了外表，便強調了對牆壁的牢不可破的依附。

牆壁把人類關進了「洞穴」之中，不容許有任何脫離它的看法與希望。這是圓形與多角形之間，一種巧妙的融合；一件重荷巧妙地置於一個石製鼓輪之上，使它看來有如輕巧地飛翔於高空，而又把其內部封閉，沒有一條出路可尋。所有的結構線條都已隱去；曖昧的光線，自圓頂的心臟部位一個小孔中透了進來，——這便是阿拉伯圓頂形寺院這種藝術傑作的特徵。雷維那的「聖伏泰爾」寺（S.Vitale）、君士坦丁堡的「聖蘇菲亞」廟（Hagia Sophia）、以及耶路撒冷的「奧瑪石頂教院」（Mosque of Omar），都是這類的藝術傑作。

大風格的歷史

大風格（great style）的現象，便是從大宇宙的精華之中、從大文化的基本象徵中，發揮出來的。

一個**風格**，其有機的歷史，包括了一個「先——期」（pre—），一個「非——期」（non—），和一個「後——期」（post—）。埃及第一王朝的那一大堆碑銘墓記，尚不能算是「埃及風格的」，直到了第三王朝，這些東西才具有了一種風格——而這時，風格的誕生，是非常突然而又非常明確的。同樣的，西方加羅林時期也是「介於兩個風格之間」的時期。在這時期，我們看到各種不同的形式，互相接觸，不斷探索，可是，此時卻沒有什麼內在必然的表現。亞亨大教堂（Archen Minster）的構建者，「確切地思考，確切地建造，但卻不曾確切地感受。」整個的西歐，在八五〇——九五〇年間，幾乎是一片空白。

正如今日的俄國藝術，也是「介於兩個風格」之間。俄羅斯原始的木製建築，有著陡峭的八邊形帳篷頂，從挪威一直迤邐至於滿洲，拜占庭的影響，籠罩於多瑙河沿岸，而亞美尼亞——波斯的影響，則籠罩於高加索。教堂的屋頂如小丘似的，自風景上微微隆起，上面座落著帳篷頂，其尖端被飾以特殊的飾物，壓抑了、甚至消滅了向上突聳的傾向[17]。它們既不像哥德式的鐘樓，也不似回教的圓頂形寺院，它們只是座落在那兒，因而強調了建築的「水平性」。約當一七六〇年，俄國東正教的宗教會議放棄了帳篷建築，而設計了正教的洋蔥形圓頂教堂。這種沉重的圓頂教堂，架設在纖細的圓柱之上，而圓柱的數目不定，矗立在屋頂的平面上。這尚不是一個風格，而只預告了一個風格，當真正的俄國宗教「覺醒」之時，這一風格將會覺醒過來，而告誕生。

在浮士德的西方世界，這一覺醒在西元一千年左右，突然發生。一瞬時之間，羅曼斯克風格，已然出現。一種嚴格的動態空間，突然取代了奠基在不穩的基礎上的流動空間組構。從此時開始，內在的結構與外表的結構之間，有了固定的關係，建築物的牆壁上，洞透著形式語言。此時牆壁上所雕繪出的形式，是沒有任何其他文化所能想像於萬一的。也從此時開始，窗戶與鐘樓，被賦予了它們特殊的意義。其形式是預先註定了的，所需假以時日的，只是其發展而已。

17 俄羅斯生命感受之中，缺乏任何垂直的傾向，也可以由其原始建築中感覺出來。俄羅斯人與「父神」沒有絲毫關係，其倫理不是一種孝順之愛，而是一種兄弟之愛，沿人性層面向各方向散射。甚至基督，也被當作兄弟看待。故而浮士德文化，那種向上突聳以追求自我完成的傾向，在真正俄羅斯人看來，根本不可思議。這種缺乏一切垂直傾向的事實，也可以由俄羅斯人對國家及財產的觀念上，看得出來——原註。

埃及的風格，則是始自於另一個與此類似的創造性活動，同樣的不自覺，也同樣的充滿了象徵的力量。「**路途**」這一基本象徵，在第四王朝（西元前二五五〇年）肇始之時，突然地出現。而埃及的平板浮雕，設計為適於近看，而排列成系列狀，以迫使觀者沿著牆壁平面，而投入於預定的方向，這也於第五王朝早期，同樣地突然出現。

埃及的風格，純粹是建築性的，而且直到埃及靈魂油盡燈枯之時，仍維持如此。它是唯一缺乏建築物上的裝飾物件的文化，它不容許有娛樂性的藝術，沒有陳設畫，沒有半身像，沒有非宗教性的俗世音樂。而在愛奧尼克時期，古典風格的重心，則已從建築轉向於一種獨立的雕塑藝術，在巴鏤克時期，西方的風格轉向於音樂，音樂的形式語言，統治了十八世紀整個的建築藝術；在阿拉伯世界，於查士丁尼及喬洛斯奴西汶（Chosroes—Nushirvan）[18]之後，阿拉伯風格的鑲嵌（Arabsque）融解了各種建築、繪畫及雕刻的形式，而成為獨特的「風格印象」，具有鮮明的特色，這便是我們今日所當研究的手藝。但是，在埃及，建築君臨一切的地位，從未受到挑戰，它只是曾在表達方面，稍呈軟化而已。

在中國，雖不曾有嚴牆窄道、令人畏怖的高塔，可是卻有一種「精神之牆」（塋碑），遮

18 喬洛斯奴西汶，波斯國王名，在他的統治下，阿拉伯世界的藝術風氣特別興盛，阿拉伯風格的鑲嵌，即於其時發展成形。

蓋著內部的道路。中國人徜徉於生命之中，而遵循著生命的途徑——「道」。這似乎頗有地理上的關係在：黃河流域高低起伏的風景，差可比擬尼羅河谷，所以中國的園藝建築中千迴百折的曲徑，恰與埃及那嚴石封繞的廟宇走道相對應。與此類似的，古典人歐幾里得式的心態，應也與愛琴海眾多的島嶼及海岬，有些關聯；而熱情的西方文化，浪遊於無限之境，應也與歐洲法蘭可尼亞、布根地及薩克松尼一帶的廣原千里有關。

埃及的建築師喜歡巨大的石製建築物；而希臘人則避免此類建築；他們的建築自始便囿限於小巧的形式，而不曾構築碩大的作品。如果我們把此等建築作為一個整體來採究，並將之與埃及、或墨西哥、或西方建築的整體，來加以比較，我們將對希臘風格的脆弱柔軟的發展，感到驚訝。多力克神廟只有少許的變化，便告衰歇。當西元前四百年左右，柯林斯式的柱頭發明之後，希臘建築便已終止發展，其後的一切，不過是對已存的建築，所作的修正罷了。

這一結果，幾乎可視為是「形式類型」（form—types）及「風格類別」（style—species）的具體標準化狀態。一個文化可以在不同的「風格類別」中選取一項，但絕不可能越出其嚴格的限制之外。故而希臘散文的風格及抒情詩、敘事詩、悲劇的類型，莫不如此。一般說來，希臘人消耗在基本形式上的力量，限制至最小量，而藝術家的創造能力，全指向於細節的精緻巧妙，這是一種**靜態**的類型，靜態的處理，恰與浮士德風格那種不斷創造新形式、新領域的豐盛的**動態**，形成尖銳的對比。

現在，我們應已能把一個偉大的**風格**系列，視作一個有機的整體了。與其他很多事情一樣，這一視域也是歌德首先開展的。在他的「魏克爾曼」（*Wickelman*）中，他談到派特克拉斯（Velleius Paterculus）其人：「以他的觀點，他不能看出一切的藝術，都是活生生的事物，且必定有一個不甚顯目的開始、一段緩慢的成長、一個光輝顯耀的成熟時刻、和一個逐漸的凋零過程，像所有的有機生物一樣，雖然生物的生老病死，是呈現在個體生命中，可是其理並無二致。」這一句話，包含了藝術史的整個的**形態學**。

風格，並不像波浪或脈動那般的此起彼仆。並不是藝術家的人格、意志、或腦筋，創造了風格，而是風格塑造了藝術家的典型。在歌德那謹嚴的意識中，風格如同文化一樣，是一種基本的現象，無論其為藝術、或宗教、或思想的風格，甚或為生命本身的風格，皆無不然。風格，一如「**自然**」，是覺醒的人類的一種永恆新鮮的經驗，是覺醒的人類在周遭世界中**轉變的自我**，**反映的影像**。所以，在一個文化的普遍歷史圖像中，只能有一個風格，即**文化的風格**。

過去的錯誤，是在於誤把同一個風格的各期樣態——羅曼斯克、哥德式、巴鏤克、羅考課、帝國時期等——與完全不同等級的單位，諸如埃及風格、中國風格、或甚至「史前」風格，置於同一水平，而混為一談。哥德式及巴鏤克，不過是同一風格的青年期及老年期而已，前者是西方風格正在成熟時的名稱，而後者代表已經成熟了的西方風格。因此之故，愛奧尼克的圓柱，可以完全與多力克的建築相結合；正如在紐倫堡的聖勞倫茲（St. Lorentz）教堂中，後期哥德式與早期巴鏤克相結合；而在梅因斯（Mainze）的教堂合唱席，那種美麗的頂部建築中，後期羅曼斯克與後期巴鏤克相結合一樣，因為這都是同一個風格的產物。

阿拉伯風格的歷史

藝術史當前的工作，是須寫下**各大風格的比較傳記**，所有這些風格，都是同類的有機體，在結構上，應具有同源的生命歷史。迄今為止，尚沒有人能覺察到**阿拉伯的藝術，是一個單純的現象**。一般人總以為它五色雜陳，眩人眼目。只有當我們不再被那籠蓋著年輕的東方的，後期古典藝術的外殼所欺騙時，我們才能形成這一觀念[19]。後期古典的藝術表現，無論其為模仿古代、或為任意自熟悉或陌生的資源中，選取題材從事表現，皆已失去了其**內在的生命**。而阿拉伯的風格，則橫罩了我們西方紀元的最初千百年之久。

在**阿拉伯文化**中，一如其他文化那樣，春天試著在一種新的裝飾之中，表達出它的精

19 此即指阿拉伯文化早期，為古典文明的「偽形」所掩蓋，故而世人不易知道，其為一個獨立的文化。

神，尤其是在此一裝飾的昇華形式——宗教建築中。事實上，以藝術的意念來看，後期古典、早期基督教、或回教的藝術，並不是只專門附屬於各自的宗教信仰，而為各該社會的信徒所拓展出來的。相反的，所有這些宗教，從亞美尼亞到南阿拉伯及阿克薩（Axum），從波斯到拜占庭及亞歷山大城，其藝術的表達，都具有一種廣泛的統一性，而凌越了細節上的牴牾。在基督教、希臘異教會、希伯來、及波斯太陽教的長方形教堂中，以及在密斯拉教（Mithraeum）、拜火教的大廟及回教寺院中，都有一種相同的精神：此即**洞穴的感受**（cavern—feeling）。

此一文化的藝術中心，很明顯的是在三個鼎足而立的城市，即埃得薩（Edessa）、尼西比（Nisibis）、亞美達（Amida）。在此以西，則是後期古典的「偽形」（Pseudomorphosis）[20]籠罩的區域，因為聖保羅的基督教，在以弗所斯（Ephesus）及加爾西頓（Chalcedon）的宗教會議中，征服了西方的猶太教及融合的宗教[21]。「偽形」的建築類型，無論為猶太人或異教徒的，都成為「長方形教堂」（Basilica）的形式[22]。它用了古典的方法，來表達與之相反的內

20「偽形」的詳情及意義，見本書第十四章。

21以弗所斯為小亞細亞的希臘古城，加爾西頓為博斯普魯斯的希臘古城，此兩地所舉行的宗教會議，使基督教分裂為三大主流，見本書第十五章。

22帕邁耳（Palmyra）、巴貝克（Baalbek）及許多其他地方的太陽神廟，都是長方形聖殿的形式，有些尚較基督教為古老，後來很多此類神廟，轉為基督教所用——原註。

容，結果卻不能從方法中解脫出來了——這便是「偽形」的悲劇的本質。馬日文化與古典文化，兩者的空間感受根本不同，但起初的表達空間感受的方法，卻無二致，這即是由於古典的「偽形」覆壓在阿拉伯靈魂上的結果。

雖然迄今無人覺察到，可是羅馬帝國時代的異教建築中，確有一種可感覺到的運動，從具體可見的奧古斯都時代的神廟，轉向於另一種新的建築。在奧古斯都時代的神廟中，內殿（cella）在建築上根本不表達任何意義，可是在新的建築中，卻**只有**內部才具有意義。最後，多力克圓柱的外在圖像，轉變為內面的四壁。圓柱排列在無窗的牆壁之前，代表對空間的一種否定——對古典的觀者而言，是否定內部的空間，而對馬日的觀者而言，則是否定了外在的空間。所以，這種建築究竟是如長方形教堂那樣，籠蓋了整個的空間，抑或如太陽教的太陽廟那樣，只以龐大的前殿來襯托出神殿，根本無關緊要。

在這種建築中，「本堂」（Nave）由大殿延伸出來，且被一些廳堂團團圍住，這不但是受了東方敘利亞草原一帶所特別發達的長方形建築類型的影響，而且在基本的佈置上，也有其特色，門廊、本堂、合唱班，排成階梯狀，一直導向至神壇。在羅馬的「聖保羅教堂」（St. Paul）中，這一基本意義非常明顯，雖然「偽形」壟斷了技術上的方式，即：圓柱與楣樑，皆出自古典神廟，可是仍掩蓋不了它本身的特色。基督教徒重建了開羅的阿乎露黛斯神廟，但卻變更了原先的設計，把圓柱內部的內殿摧毀，而代之以外面的新牆，實具有其象徵的意義在：代表馬日的靈魂，掙脫了「偽形」的表現。

相反的，在「偽形」的區域之外，洞穴感受可以自由地發展自己的形式語言，所以「洞穴感受」便成了強調的根基（其他地區，對古典世界感受的反抗，則只導致了重視「內部」的發展趨向），其實，如我們已說過的，到底是在何時何地，那些種類繁多變化無窮的圓頂、拱門、桶形穹窿、肋形穹窿，成為建築技術上的方法，實已無關宏旨。即在羅馬本身，圖拉真皇帝（Trajan）便曾用大馬士革的教士阿波羅杜拉斯（Approdorus）來建築「維納斯與羅馬」大廟的穹門，而伽利伊納皇帝（Gallienus）時代所建的加拉卡拉圓頂浴室、以及所謂的「明內娃的密迪卡」（Minerva Medica）[23]，皆是由敘利亞人建構而成的。而一切回教式寺廟中最早的傑構，其實是由羅馬哈德連（Hadrin）皇帝所重建的「巴特農」萬神廟，無疑的，此廟的重建，乃是皇帝為了要滿足他自己的品味，而模仿了他在東方所曾見到的宗教建築[24]。

圓頂中心的建築物，是馬日的世界感受，獲得最純粹的展示的地方，這種建築物，越

23 明內娃是羅馬的女神，主要為司工藝、戰爭等雄性事物的神衹，與希臘的雅典娜相等，其青銅的側面雕像，為伊特拉斯坎有名的藝術品之一，後來羅馬曾建廟崇拜明內娃。

24 無論在技術方面、或在空間感受方面，此一重建的萬神廟，皆為一純粹的「內部」建築，與羅馬早期依特拉斯坎式的圓形建築，沒有任何的關聯。而相反的，其與馬日文化的圓頂型寺院之相似，卻是顯而易見的——原註。

過了羅馬帝國疆域的限制。而當「偽形」開始崩潰，最後的「融合」信仰也告消竭之後，這種馬日的建築形式，也勝利地壓服了西方的長方形教堂。在法國南部——該處直到十字軍東征時，尚有摩尼教派存在——東方的建築形式，已深被同化，融成一體。在查士丁尼大帝治下，兩種建築形式的互相融貫，便造成了拜占庭及拉溫那（Ravenna）[25]的圓頂形長方教堂（domical basilica）。

純粹的長方形建築，被推擠到西方的日耳曼，經過後來浮士德文化的深度脈動（depth—impulse）的力量衝激，而轉形成為西方式的「大教堂」（Cathedral）。另外，圓頂的長方形建築，又從拜占庭和亞美尼亞，傳播到了俄國，在那裏慢慢成為建築物外部的要素之一，而其象徵意義則都集中於屋頂。在阿拉伯世界本身，則作為「一性論」（Monophysite）與景教的後裔、作為猶太人及波斯人的承繼者的回教徒，把這種馬日的建築形式，發展至於淋漓盡致。既然在「偽形」下阿拉伯的靈魂久已潛滋暗長，所以，當回教徒把「聖蘇非亞教堂」轉建成回教寺院時，它不過是提取了自己固有的財產而已。回教的圓頂建築，沿著祆教及景教的途轍，一直傳到了山東及印度。在遠西，回教寺院建於西班牙及西西里一帶。猶可指出的是，在該處，阿拉伯風格出之以東方的阿拉姆——波斯（Aramaean—Persian）模式的，尚多

25 拉溫那，為義大利北部的中古社區。

於西方的阿拉姆——敘利亞模式[26]。

建築如此，裝飾尤然。在裝飾方面，阿拉伯世界的裝飾，很早就壓服了所有其他的圖案樣式，並吸收以供己用，而形成了「阿拉伯式」的鑲嵌圖飾。這種圖飾，後來曾與西方年輕的藝術意念相遇，曾迷住、並誤導了西方的藝術傾向。

然而，阿拉伯靈魂的成熟，一直被掩蓋住了——好像一棵年輕的樹木，在生長中被森林中已仆倒的老巨人所阻窒、所妨礙一樣。於是，光輝燦爛的時刻不為人知，而潛在地下的力量卻鬱勃澎湃。舉例而言，羅馬名帝戴克理先（Diocletian）的政治成就，因他立身於古典的基礎之上，必須接受羅馬城全部的統治傳統，而失色不少。因為這樣一來，他的工作便只是對陳舊的情況，加以改革而已，不能突破拘束自創新局。而其實，本質上，他是第一位政教合一的皇帝，第一位「哈里發」（Caliph）[27]。這種古老文化阻窒了年輕文化的情形，所在皆是。直到今天，我們西方尚敬慕古典文化的最後產物——普拉提尼斯及馬古斯．奧理略（Marcus Aurelius）的思想、愛色斯神（Isis）、密斯拉神及太陽神的崇拜[28]、戴歐芬塔斯的數

---

26 詳見第十四、十五章論阿拉伯宗教部分。

27 哈里發為回教教主與國王，代表政教合一的領袖，而「政教合一」為阿拉伯文化的特色。

28 奧理略為西元一六一至一八〇年之羅馬皇帝，為斯多噶派主要哲學家之一，著有《沉思錄》一書；愛色斯神為古埃及代表豐沃的女神；密斯拉神即波斯祆教的太陽神。

學，以及，以安提阿（Antioch）及亞歷山大城為支點，自東方經羅馬帝國而向我們激盪而來的整個的藝術成就——這些，倘不是由於它們是古典文化的最後遺產，我們當不能、也不會如此尊重的。

這已足以解釋：何以當阿拉伯文化，終於從藝術及其他種種束縛中脫離出來之後，會有如此強烈的激情，把自己投向於過去幾世紀以來，即已在**內在屬於它自己**的土地上。這代表了一個**靈魂**在催迫自己，代表了在它尚未年輕時，即已顫慄地注意到另一文化年老時的初期徵狀[29]。這馬日文化的人類，解放出來的過程，是史無其匹的。敘利亞在西元六三四年被其征服，（其實，是被其**接收**），大馬士革於六三七年淪於其手，台西芬（Ctesiphon）也於六三七年入其掌握；到了西元六四一年，回教軍隊抵達埃及與印度，六四七年，進至迦太基，六七六年，撒馬爾罕，七一〇年，西班牙。在西元七三二年，阿拉伯人已經兵臨巴黎。在這短短幾十年間所壓擠出來的，是整個被「偽形」所覆蓋，而貯積的熱情、擱置的希望、逆反的事實之總和。在慢慢地逐步成熟的其他文化中，這一段過程足可占有其數世紀之久的歷史。

真的，除了埃及、墨西哥及中國文化之外，所有的文化，都是在某個另一文化的翼護之下成長的。這些文化的形式世界，每一個皆含有某些其他文化的特徵。例如，哥德式的浮士

29 指古典文化在其時已經失去了內在的活力，進入了文明時期。

德靈魂，由於早已傾向於崇敬源自阿拉伯的基督教，故而擁有了後期阿拉伯的藝術遺產。一種無疑是來自南歐的、甚至可以說是阿拉伯的哥德式風格，密佈於布根地與普拉汶斯等地的大教堂之前；以石頭的魔力，統治了「史特拉斯堡教堂」（Strassburg Minster）的外在形式；並在塑像與門廊、建築物模式、雕刻與金工方面，與本地的文化進行無聲的戰爭——至於中世紀「經院哲學」那煩瑣的形象，以及那強度的西方象徵性神話——「聖杯」的傳奇，則更是深受阿拉伯文化的洗禮[30]。

但是，在「偽形」覆蓋下的馬日靈魂，起初沒有勇氣在不屈服於外力影響下，而選用其他文化的方法，來表現自己。這就是何以一般探究馬日文化的人，仍對馬日靈魂的形象，感到不甚瞭然的原因。

30 「聖杯」傳奇除了古賽爾特人的傳說外，還包含了明顯的阿拉伯成分在內。

第六章　音樂與雕塑——形式藝術

藝術是高級的象徵

高級人類的世界感受，為自身所覓致的最最明晰的象徵表達的方法，除了數理科學那一套的展示模式，及其基本概念的象徵系統之外，便是「形式藝術」（arts of form）了。形式藝術為數頗多，我們在此將音樂也劃歸於其中，這是因為：視覺藝術和聽覺藝術，皆是不以文字為表達媒介的藝術（wordless arts），而皆具有其「定形的脈動」（formative impulse）。除非我們能夠認清：視覺與聽覺方式之間的歧異，其實只是一種浮淺的表面現象而已，我們便永不能瞭解到，此種相同的脈動力量。

事實上，音樂中的「音調」（tones），是一種展延性的，有限性的、可計數的東西，正如同繪畫中的「線條」和「色彩」一樣，而和聲、旋律、腳韻及節奏，其實也正無以略於繪畫中的透視、比例、明暗、與素描。兩種不同的繪畫，其間的差距，事實上，千百倍於同一時代的繪畫與音樂之間的差異。**藝術，是活生生的單元**，而活生生的生命，是不能夠加以解析的。一般自命博學的迂儒，總是妄想把無限廣袤的生命領域，根據一些浮淺的媒介體，或技術性為基準，而分割出一些人為的區劃，並妄想賦予這些區劃以「永恆的」真確性、與不變的（！）「形式原理」（form—principles）。但是，事實上，技術性的形式語言，只不過是真正藝術作品的假面具罷了。活生生的風格，是不接受藝術推理的擺佈的，它是一種形上秩序的呈現，是一種神秘的「**必然**」（Necessity），一種**命運**。它與不同的藝術，所使用器材上的分顯，是全然無關的。而即使藝術也有它的限界——其靈魂的完成形式所具的限界——那麼，這些限界也該是歷史的，而不是技術上的、或生理性的。

在此認識之後，則有關乎「**形式**」（Form）的觀念，便告豁然開朗了。於是：不惟技術性的品材、不惟是各該藝術的形式語言，甚至連選擇何種藝術類型，其本身都已成為文化的一種表達的方式了。由此以觀，則某一種特定的藝術類型的創造，對於一個文化的生命歷史之意義，正無以異於某一件藝術傑構的創作，對於一位藝術家個人的意義——例如，「夜弋」

（Night watch）之於林布蘭、「詩樂會員」（Meister—singer）之於華格納——那樣。這種藝術的創造，是爍古震今的，撇開了外表的浮面，則每一種此等的藝術，都是一個單獨的有機體，其前既無先驅，其後亦乏來者。它所有的理論、技巧、習俗，全部當歸屬於它本身的風格特徵，而絕不包含著什麼「永恆的」、或「普遍的」真確性。

此等藝術中的任一種，它是何時誕生、何時衰竭？它終竟是死亡、抑或轉形成為另一種藝術？某一特定的文化之中，何以某一種藝術風行一世，而另一種藝術則根本闕如？——所有這一切，都是有關於「形式」的，最高意境的問題，正如同另一個問題一樣：何以某些的畫家或音樂家，潛意識中總避免運用某些描影或和聲，或相反的，潛意識中如此的愛用某些描影或和聲，而致其整個創作的屬性，幾乎都植基於此？

以上這些問題的重與性，尚未曾有過理論上的認知，即使是今日的藝術理論，也未曾研詰這些。一般都認定——某一些恆定而完密的藝術範疇，其存在乃是「自明之理」，不須懷疑，於是，還進而把這一些藝術的發展歷史，按照「古代—中古—近代」的框架，任予驅遣，同樣也認為這是「自明之理」。這樣一來，便愚純地描畫出一部脆弱可憐的、起伏不定的「藝術歷程史」。於是，文化上**靜態**的時代，被他們描述為「自然的休止」（natural pause）；當某一個偉大的藝術，事實上已告死亡時，則被稱之為「沒落」（decline）而已；而當一些真正不為偏見所蔽的慧眼，業已看出另一種藝術在不同的風景上崛生、表達出另一種

人性時，這些人們又稱其為某一種文藝的「復興」（renaissance）。

一種偉大的藝術，在人們印象上，總是突然地終結的。但是，正是在「偉大藝術突然地終結」這一點上，藝術的有機特徵，才顯示得特別明朗，優里披底斯所代表的希臘雅典全盛時代阿提克戲劇的終結、米蓋蘭基羅所代表的佛羅倫斯雕塑的終結，以及李斯特、華格納、布魯克奈（Bruckner）所代表的樂器音樂之終結，都是如此。如果我們看得仔細深入一些，我們當毫無疑慮地相信一件事實：**沒有任何偉大的藝術，是曾經「再生」**（reborn）的。

埃及金字塔的風格，絕未傳遞至希臘多力克的建築，古典的神廟與中東的教堂，也絕無承續的淵源可尋。要想認真地相信，西方十五世紀「文藝復興」的藝術，是古典藝術的復生，實在是匪夷所思的事。

阿波羅與浮士德的藝術

位於希臘派斯丹（Paestum）的波西頓神廟（the temple of Poseidon），以及日耳曼的「烏爾木大教堂」（the mister of Ulm），皆是具有代表性的建築物。[1]前者是最成熟的多力克作品：後者則是最成熟的哥德式建築。這兩者之間的差別，恰如同那以「具體而有界」的表面為代表的歐氏幾何，與空間軸標之中，以「點」的位置為對象的解析幾何，那般的南轅北轍。所有古典的建築物，皆是始自於「外部」，而全部西方的建築，則都從「內部」開始。

阿拉伯的建築，也從內部開始，但一直便停留在那裏了，其長方形聖堂及圓頂形建築的外部，可能只是一個裝飾的地帶，但卻絕不是建築物本身。觀者一接近此等建築物，所獲的印象便是某些掩抑恍惚的事物，若隱藏著某種秘密者然。這種建築物，其精神端在於頂端的「洞穴」微光，而所透露的形式語言，只對於信其存在的人為真，——洞穴微光這一因素，不論為此一風格中，諸個最高級的象徵例證，抑或為最簡單的太陽教廟堂、及早期基督教避難的墓窖，皆所通用。

這是一個新的靈魂之原始而有力的呼吸。而，一旦當日耳曼精神取代了這類長方形聖堂的形式後，建築上所有的結構部門，皆起了驚人的突變，無論位置或意涵，都大為改觀。於是，在浮士德精神下的北歐，不僅是大的教堂，那連一般的住屋，其建築的外部形式，都與統攝其內部排列的內在意義，發生了關係。浮士德式的建築，不是僅只一個「正面」

1 波西頓為希臘神話中的海神，其神廟極為宏偉壯麗。

（facade），而是擁有了一種「全貌」（visage），——而古典式的周緣圍有列柱的建築，其「正面」畢竟只佔全部建築的四分之一，而中央圓頂的馬日型建築，則根本連「正面」也沒有。這種正面的主要精神，是迎向觀者，並展示他以此屋的內部意蘊。此一精神，加上各具特色，為數繁複的窗戶，不僅支配了西方個別的主要建築物，甚至也支配了吾人的街道、廣場、以及城鎮的全景。

早期的偉大建築，永遠是其後的所有藝術之母，它決定了此等藝術的種類、和藝術的精神。基於此，我們發現：古典的塑型藝術的歷史，即是為完成一個單純理想的不斷努力過程，此理想，即是征服自由獨立的人類形體，使成為純粹而真切的「現在」（present）之容器。羅列著裸體人像的神廟，在古典藝術中的地位，正有如從最早期的對位法音樂，到十八世紀的管弦樂作曲，所標示出的音樂的「教堂」（the "cathedral" of music），在浮士德藝術中的地位一樣。而我們迄今未能瞭解到，阿波羅精神中此一「俗世傾向」（secular tendency）的感情力量，是因為我們不能體會到：那純粹實質的、沒有靈魂的形體（連古典的具體神廟，都沒有「內部」！），是何等重要的目標！這是古風的浮雕、柯林斯泥畫、以及阿提克壁繪所共同追求的鵠的，直到伯里克利特斯（Polycletus）及菲狄亞時代，才完全地達成了此一目標。

此一嚴格的「非空間藝術」（non—spatial art）的演進，是從西元前六五〇年至三五〇年，共佔了三個世紀之久。也即是從多力克風格的完成時期起，直到希臘風格的出現，才由其幻象畫（illusion—painting）來終結了此一偉大的風格。如若我們不把此期的雕刻，看作是最終的、最高的古典藝術，則我們永不能真正欣賞到它的價值。它是從一種平面藝術中迸躍而出，起初臣服於壁畫（fresco），而終竟征服了壁畫的。但是，在形式理念上，雕像是終由浮雕而上溯至於古風的泥畫，故與壁畫實同其淵源。浮雕，本與壁畫一樣，是繫定在牆壁上的，變化約完成在西元前四六〇年的伯里克利特斯手中，自此以還，塑像組群，乃成為嚴格繪畫的模型。但直到李西帕斯（Lysippus）時代，真正完成了一套完整圓融的雕塑處理方法。在這以前，即連大雕刻家普拉克西泰拉斯（Praxiteles）的作品，也仍只是其主題的一種側面、或平面的展伸，雖有鮮明清晰的輪廓，畢竟只是從一兩個觀然來看，才能算完全有效的作品。

西方藝術與此相應的階段，是從一五〇〇至一八〇〇年，也佔了三世紀之久，介於後期哥德式風格的末尾，與羅考課時期的衰頹氛態之間——而後者正是偉大的浮士德風格。終結的標幟。在此時期內，與西方意識中，不斷持續進展的空間超越意志相呼應的，是「樂器音樂」。它發展而成為西方的主導藝術。

起初，在十七世紀，音樂採用了諸樂器的獨特音色、管音與弦音的對比，人類嗓音與樂器聲音的對比為方法，以音樂來作「繪畫」（paint）。其不自覺的野心，不過是要與從提善（Titian）至凡拉斯夸茲（Velásquez）及林布蘭等諸繪畫大家相頡頏而已[2]。音樂在模仿繪畫：——在加布雷星（Gabrieli）至柯瑞里（Corelli）的奏鳴曲中，每一律動都顯出了主題已被飾音加以修飾，這一方面奠定了「基調低音」（basso continuo）的背景，另一方面也表示此等音樂其實是在「繪飾圖形」（painting）。在田園牧歌的聲樂曲中，音樂乃是在繪作「英雄式風景畫」。而在一六〇八年蒙特維德（Monteverde）的「亞莉雅丹娜哀悼曲」（Lament of Ariadne）中，音樂是以旋律句行，在繪作「人像畫」。這一切，都是在日耳曼諸大音樂家手中進行的。終於，繪畫不再能提攜音樂，走向更遠的境界。音樂本身，變成絕對無儔了：音樂不自覺的在十八世紀，主導了繪畫與建築。

至於雕塑，在藝術的形式世界裏的，諸般深潛的可能性中，已越來越在作著決定性的衰退了。恰恰與此發展相反，古典的正統音樂，則不過是一種訴諸耳朵的「雕塑」而已，此等音樂，皆是單音的（single—voiced）。而在西歐，則有著大風格的「裝飾音樂」（ornamental music），其歷史直與大教堂的建築史，相攜並行。「對位法」與建築上的飛柱系統，是同時發展的，其源頭起自音樂上的中音系統，與高音序曲之所特具的「羅曼斯克」風格，以及與此等音系恰相平行與對立的運動。這恰是一種由人的聲音，所蓋成的建築，像塑像組群與玻

2 即是此一期間，西方音樂尚追隨於繪畫之後，未成為主導的藝術形式。

璃飾繪一樣，對位法的精蘊，也只能在此「建築」的石頭穹窿的排設中，被感受到。

與此並行的，在城堡與鄉村裏，尚有一種世俗的「模仿音樂」（imitative music），這便是那些抒情詩人、行吟詩人及吟遊詩人的作品。它是由多多少少能感動人心的簡單旋律、小調、情歌、與短歌組成的。在西元一四〇〇年以後，此諸形式匯成為集唱的形式，——這即成為村歌與民謠。而所有這一切，便是流行的「藝術」。「裝飾」與「模仿」兩種音樂之間的差異，即是覺醒**意識**、與**生命存在**之間的差異，即是**精神歌者**與**騎士歌手**之間的不同。模仿最接近於「生命」與「導向」，所以要始自旋律，而對位法的象徵系統，則臣屬於「廣延」，而透過多音的表現，指示了無窮的空間。從聖堂的經文歌，經由丹斯特波（Dunstaple）、賓各斯（Binchois）、杜飛（Dufay）[3]，到四聲的彌撒曲，嚴格音樂形式的演進，全部都在哥德式建築的魔力範圍籠罩之中。也即是：從法拉・安基理珂（Fra Angelico）[4]，到米蓋蘭基羅，荷蘭的諸位建築大師，主導了裝飾音樂的領域。

風格的轉變到「後期」時代，在古典與西方，是分別預示於羅馬與威尼斯。巴鏤克時期，音樂的領導權，轉向到了義大利，與此同時的，是建築已不再成為主導藝術，而另外形

3 此三人皆為中世紀教堂音樂家。

4 法拉・安基理珂（1387—1455），義大利有名的畫家與建築家。

成了一組浮士德式的特殊藝術，以油畫佔其中心位置。約在一五六〇年，於義大利聖樂的作曲大家帕勒斯特里納（Palestrina）、與奧蘭多・拉索（Orlando Lasso）的教廷風格中，人類聲樂的王國，已走到了終點。它的力量不再能表達那追求無窮空間的熱情，它讓位予器樂的合唱團、音樂與弦樂。哥德式的音樂是建築的、聲樂的，而巴鏤克的音樂，則是圖畫的、樂器的，前者透過主題來「建築」，後者則利用主題來「運作」，而兩者，都已變得都市化而庸俗了。我們乃從超乎個人的形式本身，轉向為作家個人的表現，而在一六〇〇年之前不久，義大利研訂出了「基調低音」（basso continuo），這恰是需靠名家巨匠的技巧，而非虔誠參與的大眾，所能為力的。

自此以還，音樂上的大工作，就是要將音調組群擴向於「無限」，或者說：將音調分解成一片無限的空間。哥德式時代，本已發展出器樂上的定音組合，但是，如今這新告誕生的「管弦樂隊」（orchestra），竟根本無視於人類聲音對音樂所賦予的限制，而把它與諸般其他聲音結合了起來——於此同時，我們的數學也從費瑪的幾何解析，進入到笛卡兒的純粹函數分析。巴鏤克的音樂，以其龐碩驚人的管弦樂團的形式，例如：加里西米（Carissimi）的演唱樂、維亞丹那（Viadana）的歌戲體聲樂曲、和蒙特維德（Monteverde）的歌劇，來頡頏以往那聲樂性的彌撒歌和經文歌。

到了十七世紀，從這些早期巴鏤克的音樂形式之中，又發展出了類似於交響樂形式的組曲、交響曲，和協奏曲。音樂節奏的內在結構和程序，主題旋律的開展和變調，隨時間的推移，愈趨向於穩固。於是，音樂終於達成了雄壯偉大的、無限豐富的**動態形式**。此時的音樂，已成為完全的抽象，而由柯瑞里（Corelli）、韓德爾（Handel）和巴哈[5]所提倡的動態形式，乃成為西方的主導藝術。約在一六七〇年，當牛頓和萊布尼茲發明了極限的微積分時，音樂的**複句風格**也告完成了。而在一七四〇年，當尤拉開始研究函數分析的確定公式時，史達米茲（Stamitz）及其同志，也正在發明裝飾音樂的最終極、最成熟的形式，此即是以四拍子的節奏，作為純粹而無限的音樂韻律之中樞，到了這時，這一步，也已是必須跨出的最後一步了。

複句歌曲的主題是「呈現」（is），而這種新的交響樂節奏，其主題則重在「進行」（becomes），故於題旨的開展上，前者好像一幅繪畫，而後者則有如一幕戲劇。於是，我們的音樂，不復為一組繪畫的組合，而成為一種循環的歷程。此一音樂語言的真正的源頭，以及最後的實現，確是存在於我們的最深刻、也最親切的音樂類型——絃樂——之中的。

小提琴，無疑是所有樂器之中，為我們浮士德的靈魂所能夢想、及練習的最高貴的樂

5 柯瑞里（1653—1713），義大利作曲家與小提琴手；韓德爾（1685—1759），英國作曲家；巴哈，即日耳曼的「音樂之父」，此三人皆為西方音樂史上重要人物。

器，只有它，能表達浮士德心靈的最終秘密。而無疑，也只有在絃樂四重奏及小提琴奏鳴曲中，浮士德靈魂，才能經歷到其所完全啟發的最超越、也最神聖的時刻。在這裏，在室內樂中，整個的西方藝術便到達了其最高點。在這裏，我們那無窮空間的基本象徵，已表現得淋漓盡致，恰如伯里克利特斯的雕刻的傑作「持矛武士」（Spearman），把古典文化那高度具體的基本象徵，表達得高妙入神一樣。

有了小提琴，浮士德音樂乃成為浮士德藝術中的主導藝術。它驅除了雕像的塑形藝術，而只容許一種微不足道的次要藝術——一種完全音樂性的、精巧的、非古典而又反文藝復興精神的藝術——即是瓷器藝術——的存在。瓷器的出現，是與室內樂勃興而至完全成立同時的。在雕塑方面，哥德式的雕像完全是一種建築的裝飾，是人工的建構工作，而巴鏤克的雕塑卻大異其趣，它完全表現為一種偽塑形藝術，這是由於它根本是臣服於音樂的形式語言中的緣故，由此可以看出：統治藝術的前景的技術，可以和其背後所隱藏的真正表達內容，相牴牾到何等樣的程度。

音樂也促使柏尼尼（Bernini）[6]的巴鏤克建築變形，使其合於音樂自己的精神，使其變為羅考課的風格——一種超越性的裝飾風格。在這種建築風格之中，光線把天花板、牆壁、及

6 柏尼尼（1598—1680），代表巴鏤克風格的義大利雕刻家、建築家、畫家。

一切其他結構上的、實質上的建築，都解消成為複音與和聲似的，帶有建築上的顫音和節奏，而與合乎音樂意味的廳堂和迴廊的形式語言，完全符合一致。德萊斯登和維也納，是此種文化後期的、很快消失的仙境樂土的老家所在，充滿了可感的室內音樂、弧形裝設，和鏡殿，以及在韻文中、在瓷器上的牧羊仙女等神話的氣氛。這是西方的靈魂，在秋日的太陽光照耀下，所呈現的最後的、最高的表現。到了「維也納會議」時代，這種氣氛便消逝而至於死亡了。

文藝復興是一種反哥德式（反音樂）的運動

文藝復興的藝術，從眾多紛紜的觀點中，採取一特性面來看，**乃是對浮士德的對位法音樂的一種反逆**。在當時，對位法音樂正流行一時，主導了西方文化的全部形式語言。文藝復興運動，從不諱言其始源是起於對哥德式風格的反抗，而其特點，乃是維持為一種簡單的**反抗運動**；必然地，它因此而一直要依賴它的**始源運動**的諸般形式，脫不出哥德式的影響，而僅只能代表一個猶疑的靈魂所作的努力。所以，它沒有真正的深度，無論在觀念方面抑或執行方面皆然。

我們只需想一想：哥德式世界感，將自己投射於整個西方土地上的爆烈式的熱情，我們立刻可以看出：約於一四二〇年發起，由一撮特定的心靈——學者、藝術家、和人文主義者，所造成的「文藝復興」，究竟是何種樣的運動了。原先那一個新生的靈魂，所關切的生命與深度的問題，如今已只成為了一小點的——品味、風韻，如是而已。

哥德式緊握生命的整體，透視生命最隱匿的角落，它創造了新的人類，新的世界。可是「文藝復興」，當它僅主宰了幾種文字或圖像的藝術，便自謂已完成了其目的。它根本絲毫沒有改變西歐的思想途徑、和生命感受。

作為一個反哥德式的運動，文藝復興反抗音樂上的複調對位法精神，這在古典文化中，也有一個可相比擬的事件，那便是戴奧奈索斯酒神崇拜（Dionysus—cult）運動。這是一個反抗多力克、反抗雕像式阿波羅的世界感的運動，它其實並不是「起自」於希臘色雷斯的戴奧奈索斯崇拜，而只是把它取來作為一種反抗的武器，和反面的象徵，來對抗奧林匹亞宗教（Olympian religion）而已。尤其是在佛羅倫斯，這種對古代酒神的崇拜，只是被引來證實及確定一種早已存在的感受而已。這種大反抗的時期，在希臘，是發生於西元前第七世紀，在西歐，則發生於第十五世紀。

正因為它具有反抗運動的特性，所以它易於確定它所反抗的，而不易確定它要達成的是什麼。這是一切的文藝復興研究，所面臨的一個難局。文藝復興的藝術，不過只是一種反哥德式的藝術，文藝復興的音樂，也是自相矛盾的東西，其梅迪錫式宮廷（Medicean court）的音樂[7]，是法國南部的新興藝術，而其佛羅倫斯的杜莫大教堂（Duomo）的音樂，則又是下日耳曼的對位音樂，事實上，這兩者本質上都是哥德式的，具有整個西方的特性。

在哥德式風格的實際誕生中，義大利並未有過內在的介入。在西元一千年時，義大利仍完全在東方的拜占庭風味、和南方的摩爾風味的籠蓋之下。當哥德式風格第一次在義大利生根時，它已是早已成熟的哥德式風格了，它以其強度和力量，自植於義大利的土地上，這是一種我們在任何偉大的文藝復興創作中，都找不到的強度和力量——只消細想一下「聖母哀慟歌」（Stabat Mater）、「審判日頌歌」（Dies Irae），以及西亞那的凱撒林（Catherine）、芝圖（Giotto）、馬提尼（Simone Martini）[8]等藝術作品和藝術家，當可明白我所言非虛了。

如果「文藝復興」確如一般所以為的，是古典世界感受的一種「再生」，則無論此意謂什麼，無疑的，文藝復興都必定會以結構封閉的「實體」，來取代圍繞成節奏的、秩序的「空間」，而作為其象徵，它何以不如此呢？但事實上，根本未發生此一問題。相反的，文藝復興全然、也僅只從事一種建築，即是由哥德式風格所定出的空間建築。與哥德式稍有不同

7 梅迪錫本是指十四至十六世紀，佛羅倫斯及塔斯肯等地的富商及統治者階層而言，後用於稱謂此一期間的文藝倡導者的風格。

8 此三人皆為文藝復興期間，佛羅倫斯著名的畫家，芝圖尤常被許作佛羅倫斯藝術的代表。

的，只是除了在北方的「狂飆運動」之外，它還呼吸了南歐的陽光普照的、快樂無憂的清淨恬和的空氣而已。它根本不曾創造新的建築觀念。

如果我們把文藝復興的模式中，除去所有起源於羅馬帝國時代以後的元素——也即是，除去那些屬於馬日文化的形式世界的元素，那麼，它便一無所有了。文藝復興中，最具決定性意義的建築，其實也是實際上主導文藝復興的建築精神，由于它具有南方風格，我們也認為是文藝復興諸特性中最高貴的一種，即圓弧與列柱的組合。此一組合，雖然無疑是非常的異於哥德式的，但它卻也並未存在於古典風格之中存在過，事實上，它乃是代表發源於敘利亞的，馬日建築的中心意旨。

但是，正是由於南歐從北歐接收了這些決定性的衝擊之後，才助使它首次把自己從拜占庭的影響下，完全解脫了出來，然後便從哥德式，進入了巴鏤克時代。在阿姆斯特丹、科倫、和巴黎之間[9]，所包圍的一片區域中，創造出了對位法和油畫，與哥德式的建築互相組合起來。然後，荷蘭著名的音樂家杜飛（Dufay）在一四二八年、魏勒特（Willaert）在一五一六年，進入了天主教堂，製作聖樂，後者並於一五二七年創立了威尼斯學派，這對巴鏤克音

9 包括巴黎本身。甚至直到十五世紀，巴黎的法蘭德斯語（Flemish），仍與法蘭西語一樣通行。而建築的表現，所受到南歐城市的影響，尚多於北方——原註。

樂具有決定性的意義。魏勒特的後繼者，便是比利時安特衛普城的迪羅爾（De Rore）。

此外，在佛羅倫斯的還有荷蘭藝術家凡得高斯（Vander Goes），建築了「聖瑪利教堂」的聖壇，而曼林（Memling）也繪出了傑作「最後的審判」（Last Judgment）。除了這些之外，還有很多的繪畫，發生了絕大的影響。在一四五〇年，有名的畫家凡得韋登（van der Weyden）自己來到了佛羅倫斯，其時他的藝術，在此正既受敬慕，又多被模仿。一四七〇年，凡鏗特（van Gent）把油畫介紹至安布利亞，而彌西那（Antonelloda Messina），也把他在荷蘭所學到的藝術，帶到了威尼斯。由上可見：文藝復興藝術的荷蘭風味是極明顯的。試看：在李庇（Filippino Lippi）、葛爾蘭多（Ghirlandaio）與波特西利（Botticelli）的繪畫中，尤其在波拉優羅（Pollaiuodo）的雕刻中，「荷蘭」味何其濃郁，而「古典」味又何其稀薄！即在達芬奇自己的作品中，亦是如此。

文藝復興的高潮時期，是在「**表面上**」把音樂排斥於浮士德藝術之外的那一刻。事實上，有幾十年，在古典與西方的風景唯一的接壤地區——佛羅倫斯，確曾高舉「古典」的意象，令人不由不信服，這一直維持到歌德的時代，而且，如果只訴諸感受，而不細加評判的話，我們迄今仍會誤以此為真的「古典」。當然，此一巨大的努力，本質上是形而上的，而且是防守性的，然而它最深刻的特徵，不過是反哥德式而已。故而畫家芝圖與馬沙西歐（Masacio），在創作壁繪藝術上的偉大成就，只是在「**表面上**」是阿波羅式的感受的復活，事實上，它所自出的深度經驗與廣延觀念，並不是阿波羅的「非空間」而自給自足的「實體」，而是哥德式的空間圖像。此等深度經驗與廣延觀念的背景，無論如何地退卻，卻畢竟是存在的。

在此等藝術中，我們再度發現南歐的陽光的充盈、氛圍的明淨、正午的寧靜；在義大利的托斯卡尼地方，動態的空間確曾被變成為靜態的空間，但也僅限於托斯卡尼而已，而以法蘭西斯卡（Piero della Francesca）為個中翹楚。在佛羅倫斯的雕塑中，隱藏的動態同樣傲然存在——若想在弗羅契歐（Verrocchio）的騎士雕像中，找出希臘阿提克的拓影來，根本是絕無可能的事。只是，哥德式的形式中，那無可言宣的內在純淨，常使我們忘記它具有如何天然的**強力**和**深度**而已。我們必須重複一遍：哥德式，乃是文藝復興的唯一基礎。**文藝復興，從未觸及到真正的古典**，更不用說是瞭解古典、或「復活」古典了。

佛羅倫斯集團的意識，全部都侷限在咬文嚼字的迂腐影響下，故定出了「文藝復興」這一個虛浮不實的名稱，企圖把此一運動的反面因素變為正面——而由此，恰可看出此等思潮，對於自己的性質，所知是何等的微少。儘管文藝復興所採用的，是古典的主題，但其處理的方法，卻具有非古典的效果，在此情形下，古典主題實不關緊要。然而，甚至即在當時大雕刻家唐納太羅的作品中，所謂的古典主題，其實仍遠少於成熟時期巴鏤克的精神。至於嚴格的古典建築，文藝復興可說根本不曾產生過一件。

但是，有時文藝復興也成功地獲致一些音樂所無法重造的事物，如：一種完全親切的神佑之感、一種純粹、寧謐、而自由的空間印象，一種從哥德式和巴鏤克的熱情節奏中，解放出來的光明、整潔之感。這不是古典的風格，但卻是對古典存在的一種夢想，也即是浮士德靈魂，為了能忘卻自己，所能夠做的唯一的夢想。

巴鏤克的特性

在十六世紀，西方繪畫上決定性的、世紀性的變遷開始了。義大利對雕刻的保管、北歐對建築的保管，雙雙宣告終結，而繪畫發展為「對位法」似的，「圖案式的」，無限的追求。色彩變成了音調。而「背景」（background），本來是不經意地隨便填入的，只當作是一種填滿畫布的補白，只當作是空間的表徵，看起來幾乎是一片混亂的，如今獲致了無比的重要性。

這一發展，在其他的文化中，是絕無類似情事的，即在中國文化中亦然，雖然中國在很多其他方面與我們西方很近似。「背景」成為無限的象徵，征服了感官可以感覺的「前景」，而最後，形成了記述與描摹之間，風格上的不同，而浮士德靈魂的深度經驗，也便在畫像的變化之中被捕攝出來了。雕刻家曼太尼亞（Mantegna）那平面層疊的空間浮雕，到了汀陀萊多（Tintorette）手中，已解消為定向的「能量」（energy），而在畫面上出現了一種代表無限的空間宇宙的偉大象徵——「**地平線**」（horizon）。

它的出現，無任何蛛絲馬跡可尋，既不始於埃及的浮雕，也不見於拜占庭的鑲嵌，更不出於古典時代的瓶畫與壁畫。而希臘風格的繪畫，雖有其對「前景」的空間處理，畢竟也與此無關。這「地平線」，是畫在天與地相融會處的假想蒸氣之中，是對遠處的完整而有力的象徵，它含有畫家對數學上「極限小原理」（Infiniitesmal Principle）的傳譯。正由於此「地平線」的玄遠高颺，繪畫的**音樂性**乃流現了出來。因此之故，荷蘭的大風景畫家，都只注意畫背景和空氣，以表現其**音樂的**心靈。也正因與此相反的理由，「反音樂」的大畫家如辛諾瑞里（Signorelli）、尤其是曼太尼亞，則只畫前景和「浮雕」。在地平線上，音樂戰勝了雕塑，廣延的**熱情**壓服了其**本質**。我們若說林布蘭的繪畫，根本沒有一幅畫含有「前景」，是一點都不過分的。

繪畫中的「**雲彩**」（clouds），也具有同樣的象徵意義。古典的藝術，根本不注意雲彩，一如其不注意地平線一樣；而文藝復興的畫家，也只出之以一種漫不經心的浮淺處理而已。但在很早期，哥德式畫風即已注視到雲彩的重要，透過雲彩，而獲致神秘主義的悠遠看法；威尼斯畫派，尤其是喬歐朱奈（Giorgione）、弗羅尼士（Veronese）兩人，更是發揮了雲彩世界的全部魅力，他們把千變萬幻的淡色陰影，渲染為片狀、鏤狀、或山狀，作為那充滿在天穹之間的「存有」（Being）。格朗瓦德（Grünewald）以及一般荷蘭畫者，更把雲彩的境界予以提高，直至於悲劇的層面。而艾爾・葛羅柯（El Greco）則將此一雲彩的象徵畫法，帶入到西班牙，成為偉大的藝術。

在油畫與對位法音樂發展的同時，西方特有的庭園藝術也宣告成熟。園藝，是表現在「**自然本身**」這一畫布上的藝術，它那悠長曲折的流水、巷陌、街景、列樹與迴廊，與那表現在繪畫中的直線「透視法」（perspective）的技巧，具有相同的趨勢或走向。而透視法，早期的法蘭德斯藝術家們就已覺察出，乃是藝術上一個基本的課題，後由布魯奈利斯基（Brunelleschi）、亞爾伯梯（Alberti）、以及法蘭西斯卡等畫家所奠立者。在透視法之下，直線的交會點是在無窮遠處。而古典的繪畫，正由於其逃避無窮遠、排斥距離感，所以不具有透視法的畫風。自然的，像園藝這種自然作精巧而縝密的設置，以求獲取空間印象、與距離印象的藝術，在古典的藝術之中，是根本不可能存在的。

西方的園藝，其最具意義的特色，乃是在於它的「視景觀點」（point de vue）。偉大的羅考課式的公園，自其「視景觀點」看來：則平整的巷陌、修齊的籬笆，皆展向開闊，漸漸消逝於遙遠之處。這即使在中國的園藝中，都是不曾具有過的特色。而此等園藝的視景，恰與當時田園音樂，所描繪出的銀色閃亮的遙遠圖像（例如在柯柏林（Couperin）的作品中），可相匹配。

人類的象徵想法，其形式語言如何透過自然本身，而表現出來？要想真正瞭解這一驚人的表現模式，其關鍵端在此等「視景觀點」。只有我們西方人，而不是希臘人、或文藝復興時代的人，才會珍羨及追尋高聳入雲的山峰，以求遠眺那一望無際的視景，這是一種浮士德式的渴求——渴求與無窮的空間同在。

倫諾特雷（Lenôtre）與法國北部的那些風景園藝家，本是經由福昆特（Fouquet）那劃時代的創作「沃克斯里維康特」（Vaux—le—Vicomte）[10]而崛起的，他們的偉大成就，即在於高度強調了「視景觀點」的象徵意義。

我們試比較一下中世紀文藝復興的公園，與典型的西方公園：前者侷促在狹隘的視景之內，愉悅而安寧、自足而完滿；而後者的徧湖小泊、雕像行列、籬笆圍牆、曲徑迴路，皆直覺的給人以距離之感，指向於遠方。西方油畫的「命運」，可說在園藝的歷史上，又重現了一次。

距離之感，同時也即是一種**歷史之感**。在遙遠之處，空間變成了時間，而「地平線」正

10為法國大建築家路易士拉汶（Lowis Le Vau）於一六五六年所建的著名宅第，代表巴鏤克風格著名的建築物。

意味著未來。巴鏤克的公園，是文化**晚期**的現象，所以看來接近於終結，像一片飄零的葉子；而文藝復興時代的公園，則帶給我們一種仲夏盛午的視景，它沒有透出時間性，其形式語言也絕不予人以朽敗之感。由「透視法」的出現，開始喚醒了一種消逝、逃遁、和終結的預示；而「距離」（distance）一詞，在抒情詩及一切西方語言中，都具有一種哀愁悽惻的衰秋之感，這是在希臘文及拉丁文中找不到的。

這種衰秋之音，表現在麥克弗生（Macpherson）與何德林（Hölderlin）的作品中，表現在尼采的戴奧奈索斯狂熱的祭歌中、最後更表現在波德萊爾、魏爾侖、喬治、與德樂姆（Droem）等人的詩篇中。由日漸頹萎的花園巷陌、由國際大都會中伸向無窮的長街、由大教堂中排列的圓柱、由遠處山叢的頂峰，所透示出來的「向晚之詩」（Late poetry），都在告訴我們：那構成我們的空間世界的深度經驗，最終說來，也即是對我們的命運、導向、時間、和不可復返的生命的一種內在的確定。在此，在體驗到地平線即意味著未來時，我們即直接而確切地意識到：**時間**與那個經驗空間的「**第三度向**」（third dimension）之間的認同。而經驗空間，正是一種活生生的自我的展延。

油畫與器樂，是有機地開展推進，而趨向於其命定的目標的。這目標是在哥德式時代獲致瞭解，而在巴鏤克時代得以完成。這兩者皆是最高意義的浮士德藝術，在其生命的限度之內，皆是「**基本現象**」，它們有其靈魂、有其觀相，因而，也有其歷史。以此之故，它們也是自我獨立而曠世無儔的。例如雕塑，即萬不能望其項背。雕塑只能在繪畫、園藝或建築的陰影之下，塑造出一些美麗而偶然的片斷而已，西方的藝術，並不真正需要這些雕刻的片斷。

在西方，不會有類似繪畫或音樂風格的雕塑風格，林布蘭的繪畫，所表現的內蘊，絕不是一尊雕刻的半身像所能負荷的。偶然也會有一些有能力的雕刻家崛起，例如柏尼尼，以及當代西班牙派的諸大家，或羅丹（Rodin）、或畢加里（Pigalle）等人，但是自然沒有一人，能超越了裝飾的範疇，而達到偉大的象徵境界。

這樣的藝術家，看起來永遠不過像一個過時的模仿者，例如模仿文藝復興精神的脫華爾金（Thorwaldsen）；像一個虛飾的畫家，例如霍頓（Houdon）與羅丹；像一個建築師，例如柏尼尼和敘魯特（Schlüter）；或一個裝飾師，例如柯西伏克斯（Coysevox）而已。這些雕刻家的表現，只足以更清晰地示出：這一門藝術，由於不能夠負擔起浮士德的靈魂，故在浮士德的世界中，已不再負有任何的使命，——因而，它也不再擁有其靈魂、或是其特殊風格發展的生命史。

色彩的象徵

嚴格的古典繪畫風格，其調色板上所用的顏料，僅限於黃、紅、黑、白。人們很久以前，即已注意到這一單調的現象，由於所求得的解釋非常的膚淺，而且無疑只注意到物質的因素，所以曾作了一些狂誕不稽的假設，例如竟有人假定希臘人是色盲。

藍色與綠色，是天的色彩、是海的色彩、是豐沃的平原、南歐的午夜的色彩，是黃昏和遠山的色彩。它們本質上，屬於空氣的氛圍，而不是實質的顏色。它們是冷冽的（cold），可以消散一切，它們喚起了遼闊、遙遠、與無邊無垠的印象。

因此之故，從威尼斯畫家，直到十九世紀的畫家，在我們的「透視法」油畫的歷史中，代表空氣氛圍的藍綠色，是一種創衍或變化空間的要素；它是一種基本的、特別重要的色調，它支持了我們所欲運用的整個彩色效應，一如基調低音，支持了管絃樂隊一樣。至於溫暖的黃色與紅色，則是依隨著此等基本的色調，而徐徐配入的。

值得注意的是：拉斐爾和杜勒（Dürer）有時用在帷幕上的，絕不是那種純粹絢麗奪目的、為大家所熟悉的綠色，而是一種不很確定的藍綠色，差異雖微小，變幻卻無窮，可以幻化為白色、灰色、和褐色；尤其是在巴黎有名的哥布林繡氈（Gobelin tapestry）上，更表現為一種深度音樂性的色調，整個的空氣氛圍，均投射於這種色調之上，這種我們稱之為「空氣透視法」（aerial perspective）的性質，與直線透視法恰恰相反（這也可以稱作是巴鏤克透視法、與文藝復興透視法之對位），其主要的不同，即在於此。

在義大利，我們也可以發現這種空氣的色調，這在達芬奇、基爾西諾（Guercino）、及艾爾巴尼（Albani）等人的作品中，尤表現為一種越來越濃郁的深度效應；在荷蘭的拉斯達爾（Ruysdael）與霍賓瑪（Hobbema）亦然，而尤其在法蘭西的諸大家，從波森（Poussin）、克勞德·羅倫、與瓦都，直到克羅特（Corot），表現得更為突出。藍色，也同樣是一種透視的色彩，它永遠與黑暗、黯淡、虛幻不實的印象有關，它也絕不迫壓我們的視線，而只是把我們拉向於無窮的玄遠。

藍色與綠色，是超越的、精神的、非感覺性的色彩，而黃色與紅色，這兩種古典的色彩，則是實質的、切近的、充滿血性的，紅色更是強調了性慾的特性色彩。

黃色與紅色，是流行的大眾化色彩，屬於群眾、孩童、女人、與奴隸的色彩。而在威尼斯與西班牙，高尚的人物，都愛好一種看來壯麗明亮的黑色或綠色，這是因為這些色調中，會不自覺的帶有一種玄遠冷漠的意味。紅色與黃色，是阿波羅式的、歐幾里得式的、多神教的色彩，屬於繪畫的「前景」，屬於社會的生活、喧囂而熱鬧的市集日與休假日。但是藍色與綠色，則是浮士德式的、一神教的色調，屬於孤獨、關心，屬於連繫在過去和未來之間的現在，也屬於命運，——宇宙中的一種命定的天意。

運用陰鬱的綠色，作為一種象徵命運的色彩，最重要的畫家，即是格朗瓦德。他所畫的夜景的空間中，那種無可言宣的沛然之力，唯有林布蘭的畫面可相抗衡。此處自然暗示出一種思想，即：是否格氏那種用來覆蓋大教堂的內部的，帶著藍色調的綠色，是一種特定的「天主教的」（Catholic）色彩？——無需說的，我們所謂的「天主教」，即是一種浮士德式的基督教，以教儀中的「聖餐」（Eucharist）為中心，奠立於一二一五年的拉特蘭宗教會議（Lateran Council），而完成於特倫特會議（the Council of Trent）[11]。這種帶著暗藍色調的綠色，以其肅穆莊嚴的氣氛，遠離了早期拜占庭基督教圖案上的，輝煌燦爛的金色背景；也迥異於繪飾在希臘廟殿與雕像上的，那種愉悅豐饒、煩瑣細碎的「異教」色彩。

必須注意的是：這種色彩的印象，是依內部陳設的作品而定，完全不同於黃色和紅色。**古典繪畫，是強調為一種開放的藝術，而西方的繪畫，則正強調為一種暗室的藝術**（studio—art）。我們所有偉大的油畫作品，從達芬奇直到十九世紀的末葉，都不曾表現那白天的明亮光線。這裏，我們又一次遇到了有如室內樂對雕像的那種純粹對立。兩者之間的差異，若以限於風土習俗來為之解釋，根本是浮淺不堪的，如果需要任何反證的話，則我可以指出：埃及的繪畫，即足以作為一個反證的例子。

11 特倫特宗教會議，於一五四五——六三，斷續召開於義大利的特倫特地方，為羅馬天主教會的重要會議，議定了反對「宗教改革」的新教，採取天主教內的改革，並修正天主教義。

金色的背景與暗褐的色彩

阿拉伯的藝術，是透過其鑲嵌圖飾與畫像，而表達馬日靈魂的世界感受。在此，我們可以了解到：阿波羅、浮士德、與馬日三大文化的靈魂，如何以完全不同的途徑，來從事相似的工作。阿波羅文化只承認那直接呈現在時空之中的事物，只認為這些才是實在的，所以它把「背景」這一因素，拒斥於繪畫的要素之外。浮士德文化要透過感覺的障礙，而追求無窮的空間，所以它把繪畫概念的重心，經由「透視法」，而投向於玄遠的距離。馬日文化則認為所有發生於世上的事情，都是某些神秘力量的表現，這些神秘的力量，以其精神的實質，充滿了「世界洞穴」，所以，它以一種金色的背景，來阻遏描摹的畫景，——即是用此背景，來超越於一切的自然色彩之外。

金色不是一種色彩，色彩是自然的，但是金屬的光澤，實際上從不存在於自然的狀態中，所以是非人間世（unearthly）的東西[12]。金色使我們在印象上，回想到馬日文化的另外

12 埃及藝術中，石頭之燦然閃亮，亦具有此類似的深刻象徵意義。其效果是要利用將觀者的眼光滑向外部，而消去雕像的物質性，而強調其精神性；而希臘卻正相反，利用種種方法，以使觀者的目光凝注於形體的材料實質上。——原註。

一些象微，例如**冶金術**（Alchemy）和**神秘哲學**（Kabbala）[13]，例如「哲人石」（Philosopher's Stone）、「聖經」（the Holy Scripture）、和阿拉伯風格的鑲嵌（the Arabesque），以及「一千零一夜」神話的內在形式。光澤閃爍的金色，自景物、生命、與形體之中攫走了它們實質的存有。在西方教堂所奉的偶像上，金色的背景，具有一種明顯的教條意味，它代表對神靈的精神之存在和真實性，所表現的一種斷然的**確信**（assertion）。

當「自然」的背景，及其所表現的蒼藍的天穹、遙遠的地平線、深度的透視法，開始在早期哥德式時代出現時，它們最初頗表現為一種非神而世俗的樣子。即使我們不承認，至少可以感覺到背景的改變，即蘊涵了教條的遷異。例如繡氈的背景，實在代表了被一種虔誠的敬畏之情，所覆蓋的真正的空間深度；而這種敬畏之情，也掩蓋了一切不敢呈現出來的事物。如今，最後的分裂（schism）幾乎在宗教與藝術上同時發生。藝術上風景繪畫中的**自然背景**，與宗教上的上帝的**動態無限性**（dynamic infiniteness），在同一時刻，為西方人所瞭解到。而，隨著金色的背景開始在西方的聖像上消褪的同時，西方教會中，有關馬日靈魂的成分，有關上帝存在的本體論上的問題，本來曾狂熱洶洶地擾撼著「尼西亞」（Nicaea）、「以

13 「卡巴拉」（Kabbala）神秘哲學，為中世紀一些猶太祭司，根據舊約聖經所發展出來的一套超自然法則的玄秘宗教哲學。

弗所斯」（Ephesus）、「加爾西頓」（Chalcedon）等宗教會議[14]、以及一切的東方教會者，如今也隨之消聲匿跡了。

威尼斯人發明了一種空間變化的、擬似音樂的主題畫風，即是明白可見的「掃描」（brush—stroke）畫法，並將它引介入油畫之中。只有這種畫法能保持永遠的可見性、和永遠的新鮮感，而**歷史感受即自此生出**。我們在畫家的作品中，不僅想要看到「已經生成的事物」，而且希望看到「生成變化的本身」，而這正是文藝復興時代所竭力避免的。

個人的掃描畫法，最初是出現在提善（Titian）的後期作品中，是一種全新的形式語言——恰如同蒙特維德的作品中，那種具有個人氣質和特性的管絃樂音色的調子，旋律的流瀉近似於同時代威尼斯的抒情歌曲：輕柔的線條與悠揚的節拍，頃刻間並列俱呈、彼此交錯、互相覆蓋、交互糾纏，將無盡的節奏帶入到色彩的平野之上。此一掃描畫風的觀相，是一種全新的裝飾藝術，無限的豐饒、個人的色彩，特別適合於西方文化——而且是純粹而單純的音樂性畫風。於是，**節拍**的概念，引入了繪畫，掃描法那種高颺虛幻的濡染渲潤，頃刻間消融了事象的表面，事象的輪廓溶解，而進入了「明暗對比法」的世界之中。

與此同時，西方繪畫又出現了另一種深具重要意義的象徵色彩——「**暗褐色**」（studio—

14 此三大宗教會議，俱見於第十五章。

brown），這更進一步壓抑了一切色彩的真實性。早期的佛羅倫斯人，以及更早的法蘭德斯、萊因流域諸地的大畫家，都不知用到暗褐一色。像派屈爾（Pacher）、杜勒、何爾賓（Holbein）如此狂熱而強勁地傾向於空間深度的畫家，也全然不曾運用過暗褐色。暗褐色的開始流行，只是十六世紀最後幾年間的事，而且不可否認地，是承傳自達芬奇、薛加爾（Schönguer）、與格朗瓦德的「背景」中的蒼綠顏色，只是它具有的力量較為強烈一些，它使得繪畫中空間與實質之爭，達到了決定性的結果，它甚至壓服了更為原始的「直線透視法」，因為後者不能脫盡其所受的文藝復興時代建築風格的影響。在暗褐色與「印象主義」者所用的，明暢易見的掃描技巧之間，也有著持久而深刻的關聯。最後，兩者共同消融了固定時間中的「前景」，而變成了蒼茫如空氣似的景貌。

暗褐色的發現，標誌了西方風格的最高頂點，與以前的綠色相比，它含有某些**基督新教的成分**在內，莎士比亞筆下李爾王的氛圍、與馬克白的氛圍，也頗與此類似。與當時的樂器音樂，奮力追求更為自由的音響色彩恰相呼應的，是油畫利用此等無限的褐色陰影、與描色中同時並列的對比效果，來創造「圖案色彩學」（pictorial chromatics）的新趨向。此外，這兩大藝術，透過其各自的音調世界與色彩世界——也即是色調與音色，而散布了一層純粹空間的氛圍，使得音調與色彩的世界，不再包容與負載實質的形體、有形的人類，而只有那**不受羈束的靈魂**了。這種代表空氣氛圍的褐色，完全是文藝復興時代所不可想像的，是一種根本非真實的色彩，是根本不存在於天際的虹彩所現色譜中的另一種主要色彩。

純粹褐色的光，是超乎我們所知的自然之外的東西。最初出現在喬歐朱諾作品中，然後在荷蘭諸大名家手中用得愈趨大膽，最後於十八世紀末葉終告消失的，所有青褐色、銀灰色、暗褐色、及深金色，都有一個共同的性質：——它們剝除了大自然可見的「**實際性**」（actuality）。因此，它們含有一種近乎宗教性的信仰之表白；我們在此可以感覺列，它們所表露的精神，與詹生教派的羅義爾派中人（Port Royal）及萊布尼茲相去不遠。

到了康士特堡（Constable）手中，暗褐色所要表達的精神，卻又迥然不同了，康士特堡是「文明」時期的繪畫創奠人，他從荷蘭人那裏學來的暗褐色，對他而言，其意義已根本不同。在荷蘭畫家看來，暗褐色代表——**命運、上帝、生命之意義**；可是對他而言，則只意味著——浪漫、情感、對已逝事物之渴羨、對現正死去的藝術之輝煌的過去，深致憶戀。此在最後的幾位德國大師——萊辛（Lessing）、瑪瑞斯（Marèes）、斯璧茲懷格（Spitzweg）、迪斯（Diez）、萊貝爾（Leibl）——亦然，他們過時的藝術，只是一種浪漫的回溯、臨別的尾聲，他們所用的褐色，只表現為一種精美的遺言。他們的內心，不願與此偉大風格的最後遺骸告別，他們寧可不自量力，反抗他們那一代明顯的主流趨向——即是那「開放空氣」

（plein—air）派與韓克爾（Haeckel）等[15]之流沒有靈魂、殺滅靈魂的一代。

只有那些內在最偉大的大師，尤其是林布蘭，才最能瞭解褐色。在他最動人的作品中，褐色總出現為一種謎樣的色彩，而其源始，是出於哥德式教堂窗戶、及高頂穹窿的哥德式本堂的曙色晨曦，所透出的深沉光芒之中。

於是，褐色乃成為文化靈魂，最具特性的色彩，尤其是對一個有歷史意識的文化靈魂而言。尼采曾在某處提及俾塞特（Bizet）[16]的「褐色的」音樂，但我想「褐色的」這一形容詞，若用於貝多芬所寫的絃樂曲子[17]、以及後來布魯克奈常用的，以暗金色調茫茫一片，來填滿音響空間的那種管絃樂曲，當遠較用於俾塞特更為適當。褐色的歷史特性之浮現，使所有其他的色彩，都被驅逐到附屬的地位——相形之下，維米爾（Vermeer）所用的亮黃色與朱紅色，

15 韓克爾（1834—1919），德國生物學家與哲學家；「開放空氣」派，為法國一畫派，主張於開放的空氣中繪作。

16 俾塞特（1838—75），法國著名作曲家。

17 合唱團中的絃樂，代表一種遙遠的色彩。瓦都繪畫中的藍綠色，約在一七〇〇年，即出現於尼坡里坦、柯伯林、莫札特及海頓的音樂之中；而荷蘭畫家所用的褐色，也出現於柯瑞里、韓德爾與貝多芬的音樂之中。木管樂器，也喚起明白的距離之感。相反的，黃色與紅色，則是代表切近的顏色、通俗的顏色，這與銅樂器的音色有關，其效果十分具體，經常到了粗俗的地步。而古老小提琴的音調，則是完全虛幻無形的——原註。

是硬擠入空間的，幾乎像是來自另一個世界，卻又帶著真正形而上的強調似的不自然；而林布蘭所用的黃綠色與血紅色，也似乎最多只不過是在玩弄空間的象徵主義而已。

古銅的銹垢

我曾把褐色稱作是「歷史之色」，這是意指：褐色顯示了圖像空間的氛圍之**導向性**與**未來感**。其他代表遠方的色調，也具有這一作用。而這些色彩導致了西方象徵主義的一個重要、可觀、而且非常古怪的延伸。希臘人在最後時，喜歡用青銅、甚至鍍金的青銅來繪裝石像，由於其光澤可抗衡那深藍的天穹，便利於表達每一「具體事物」的個體觀念[18]。於是，當文藝復興時代，人們掘出這些雕像時，發現帶有漫長幾世紀的銹垢，所呈的黑色與綠色。歷史的精神，及其虔敬與希祈，彷彿都繫結在這銹垢上——自此以後，我們的形式感受，即把此遠古悠邈的黑色與綠色，奉為神聖而不可侵犯。

18 像這樣使用金色，將色澤加入到自由矗立的形體之上，與馬日藝術中使用金色的方式，絕無共同之處。馬日藝術，是在黯淡的建築內部，為圖像佈上燦爛輝爍的背景——原註。

銅銹是一種「朽滅」（mortality）的象徵，故而與時間的量度及喪葬的儀節等象徵，頗有關聯。所以它可以與早自佩脫拉克以來，西方靈魂對悠邈古代之遺跡與遺物的渴愛；收集古物、手稿、古幣的傾向；遊歷古羅馬廣場及龐貝故城[19]的願望；以及發掘遺跡、研究古代語言的熱潮，互相呼應。我們為一種神秘的虔誠之感所推動，保存了羅馬康帕那（Compagna）平原的水道、依特拉斯坎的古墓、路克薩（Luxor）及卡那克（Karnak）的遺跡、萊因河畔的殘堡、羅馬古代的壘寨，使之不致被棄之若塵土；而且我們把它們當作古蹟來保存，敏感地認為：若是重建它們，將會使它們失去了某些不可名狀的事物，而永遠不可能重現。

像這種對風吹雨淋殘朽不堪的古蹟之熱愛，乃是古典的心靈所不可想像的事。古典的心靈，把一切不能表達目前的事物，都清掃於視界之外，從不保存古物，因為它已作「古」了，不值得保存。但是，若是沒有古蹟，我們西方的克勞德・羅倫這一類的英雄式風景畫，根本便不感人了。而英國公園中，那種令人想到空氣氤氳的氛圍，約在一七五〇年，取代了法國的園藝，放棄了後者偉大的直線透視法，以支持愛迪森（Addison）、波普（Pope）等人所謂的「**自然**」與「**感性**」，而在主要景物之中，引進了一項可能是最驚人的稀奇物事——

19 龐貝故城，為義大利西南部古城，西元七九年因火山爆發而埋入地下，近世已經發掘出來。

藝術的遺跡，以便加深現呈風景的歷史特徵[20]。

再進一步言之，我們真正喜愛的，其實並不是古典的雕像，而是古典事物的吉光片羽而已。因為凡是古典的事物，都曾有過其命運：有某些地方令人想起過去，而過去也包圍著它，我們的想像力，頗喜在空白的空間上，填塞以一些不可見的想像性詩行。我想這是對文化精髓的一種良好的還原——雖然文化靈魂無限潛能的秘密魅力，已全部消逝無形了。我認為只有像這樣，經由音樂上的「變調」（transposition），才能使古典雕像的遺骸，真正到達我們的意識之中。否則如果把我們的古城的尖頂和穹頂，以新銅來覆蓋，難道不會使它們失去形而上的魅力嗎？

對於我們西方人及埃及人而言，悠長的年代，使一切事物變得高貴而神聖，對古典人類而言，年代越悠久，則越降低了事物的地位。

20 十八世紀的一位英國哲學家荷姆（Home），曾在一篇論英國公園的文章中聲言：哥德式的遺跡，代表「時間」（time）壓倒了「權力」（power）的一種勝利，而古典的遺跡，則代表野蠻（Barbarism）壓服了優雅（taste）。這時，人們才首次發現滿佈歷史遺跡的萊因河是何等美麗，自此以後，萊因河成為日耳曼人的「歷史之河」——原註。

第七章　音樂與雕塑
——塑像與畫像

畫像的多面意義

如果一個人的環境，對於他個人的意義，就正如外在宇宙相對於內在宇宙一樣，是一組龐大的象徵之集合；則人的本身，只要他仍屬於現實的結構之中，仍屬於現象界，他必然要被容納在一般的象徵結構之中。但是，在人給予與他相同的人們的印象中，什麼真能具有象徵的力量？什麼真能密集而睿智地表達出人類的本質、及其存在的意義？這答案，就是**藝術**。

阿波羅的靈魂，是歐幾里得式的，侷限在一處，把經驗上可以感知的實體，作為其自身存在的完整表達方式；而浮士德的靈魂，則漂泊於遙遠的處所，其表達的途徑，不是透過「**人體**」，而是經由「**人格**」（Personality）或「**性格**」（character）這隨便怎麼稱呼，意義都是一樣的。西方的音樂家格魯克（Gluck），以旋律結合著陰鬱淒苦的音調，在樂器的伴奏聲中，表達出「亞美達」（Armida）的悲劇災禍[1]；而希臘培嘉門（Pergamene）的雕像[2]，則利用雕像上每一寸肌肉所表達的痛苦之感，來達到同樣的效果。

希臘的畫像，嘗試於其頭部的結構中，畫出一種精神的「類型」，而在中國靈隱寺所列的聖像中，則聖人的頭部，每在其目光及嘴角處，呈露出一種完整的「個人」內在生命來，不同的文化，其藝術固有此等迥然的差略。阿波羅文化的人們，以及阿波羅的藝術，所能據為己有戛戛獨絕的，只是對具體現象的尊崇頂禮、雕像上四肢的韻律性的比例、肌肉的和諧建構。這與浮士德藝術之間的差別，倒不是異教徒對基督徒的問題，而是阿提克藝術與巴鏤克藝術本就判然有別。

古典的塑形藝術，自從形式完全脫離了實際的、或想像的「背牆」（back—wall）之拘束，而置身於開放、自由、無羈絆的境地之後，看起來便如同介於眾個形體之中的一個獨立

---

1 格魯克（1714—1787），日耳曼著名的作曲家，作品以沉雄悲壯著稱，表現出一種生命的悲劇情態，「亞美達」為其著名的悲劇作品之一，為對古典悲劇的一種再處理。

2 培嘉門，為後期希臘文明之重心，亞塔利茲人（Attálids）的首都，後期古典藝術集中地。

形體，雖不能一空依傍，畢竟也非攀喬附木可比。再順此邏輯向前推移，最後便以「**裸體人像**」（**naked body**）為其唯一的目標了。尤有甚者，它不像載於藝術史上的其他任何雕塑，它對雕像形體的「邊界表面」（bounding—surface）之處理，在解剖學的觀點看來，實在令人嘆為觀止。正如古典文化的人們，以雕塑「外在」形體的完美作品，透過其邊界表面，而把他們活生生的生命現象之精華，適切地表達得淋漓盡致。我們浮士德文化的人們，也不讓古人專美於前，按自己藝術的邏輯，也創奠了一項最最真實、唯一徹底的藝術型態，來表達了自己的生命感受，這即是「**畫像**」（**portrait**）**藝術**。當然，希臘人對裸體像的處理，是各文化中一個偉大的例外情形，只有在希臘，裸體像曾導致了一項高境界的藝術[3]。

迄今為止，尚沒有人獨具慧眼，看出「塑像」（nude）與「畫像」（portrait）之間，實恰恰構成了一種對立的情勢。因此之故，我們對於藝術史上，這兩型特定藝術的出現，所代表的全部象徵意義，也便不曾予以適切的評估。但是，為了要掌握到西方畫像的象徵意義——特別是相對於埃及和中國的畫像而言，我們必須考慮到語言的問題：自梅羅文加王朝

3 在其他國家中，例如古埃及與日本，對裸體人身的看法，遠較雅典為普通平淡，不足為奇，但日本的藝術愛好者，仍覺得過分強調裸體是可笑而粗俗的。一般地方也描摹裸像（如班格堡教堂中的「亞當與夏娃」），但只是視作一種描摹的對象，絕無希臘人所表現的如此深刻的意義——原註。

（Merovingian，西元四八六—七五一）時代開始的[4]，西方語言的深刻改變，實在預示了一個新的生命感受之誕生。這一改變從古老的日耳曼語，一直展延到民間的拉丁語系。當然，它只影響那即將來臨的，西方文化諸國家所說的語言，而不及其他，（例如：挪威語與西班牙語，頗受其影響，而羅馬尼亞語，便無動於衷。）如果我們只注意到這些語言的精神，及其相互間的「影響」，則上述的深刻改變，便成了不可解釋，這解釋實應求之於人類內在的精神。是人類的精神，把語言中的「用字」（using words）提升到了一種象徵的層次。

「我」這個字，拉丁文是Sum，哥德式時為im，而我們如今的德文成了ich bin，英文I am，法文je suis；「你」這個字，也從fecisti，變成了tu habes，tu as fait，du habes gitan。這種變遷是不同尋常的，這一特殊的「我」（I）之出現，是西方的人格觀念的初度萌芽，而這個人格觀念，在後來便創造了宗教上的「懺悔」（contrition）的儀式，和「個人救贖」（personal absolution）的觀念。而在藝術上，這「我」字和「你」字（Thou），便是瞭解哥德式畫像之鑰。

前面已說過：廣延的經驗，其源頭是來自活生生的導向、時間、與命運。現在再看深度的經驗：在構形圓滿的裸體人像，所顯示的純然完美的「存有」之中，深度經驗是被切除了

---

4 梅羅文加王朝，指自西元四八六至七五一年，統治高盧（即古代法國）的法蘭克諸帝，自克洛維一世（Clovis I）開始。為西方文化之前身。

的；相反的，一幅畫像的「外觀」，便可把深度經驗，導入到那超感覺的無窮空間。所以，古典藝術是一種**切近而具體**的藝術，是一種**不具時間性**的藝術。古典雕像是當前的「**自然**」之一切片，除此之外，便一無所有了，連古典的詩歌，也只是以韻文表現的雕塑品而已。因此，我們基本上便感覺到，希臘人是無保留的傾向於「自然」。我們也將永不會完全動搖一個觀念，即：哥德式風格與希臘風格比較起來是屬於「不自然的」（unnatural）。其實，哥德式風格當然「不自然」，因為它**遠超乎自然**之外，只是我們每常不必要地，避免承認那我們所發現的希臘風格的缺憾，而要把希臘視作神聖而不可侵犯。

西方的形式語言，其實更為豐富——其畫像固然屬於自然，**更且**屬於歷史。自一二六〇年起，由荷蘭雕刻家們，雕在聖丹尼斯的皇家墓園的任一塊紀念碑，以及由何爾賓、或提善、或林布蘭、或哥耶（Goya）所畫的任一幅畫像，皆可說是一種充滿個人人格特色的「**自傳**」（autobiography），至於「自畫像」，更是可視為一種歷史的「懺悔」。個人的懺悔，並不一定是直認某一行動，而是在心靈深處的「最後審判」之前，展呈該一行動的內在歷史。

整個的北歐詩歌，都是一片坦白而不隱諱的懺悔。林布蘭的畫像和貝多芬的音樂，也是如此，他們只是把拉斐爾、加德林、海頓所告誡於牧師的懺悔，置入於他們的作品所表現的語言之中而已。由是以觀，西方人，主要是生活在生命的「**意識**」（conciousness）之中，他的眼光經常矚視於過去和未來。反之，希臘人的生命，則集中在目前的一點，是反歷史而重肉體的。沒有一個希臘人，能夠作真正的自我批判。表現在藝術上，則希臘的裸體雕像是完全反歷史的人體「拷貝」（copy），而西方的自畫像卻恰如同歌德筆下的少年維特（Werther）或塔索（Tasso）[5]的自傳一樣，深具歷史的意味。

對古典人類而言，維特與塔索的生命情操，兩者皆同是完全陌生而疏離的事物。而從沒有任何事物，像希臘藝術一樣，如此缺乏個人的色彩，希臘大雕塑家所雕的「擲鐵餅者」（Discobolus），便只純粹表現了作品外在的形式，它與內在的機體，絕沒有絲毫的關係，更談不上所謂「靈魂」了。任何人只要取此一時代的最佳作品，持與古埃及的雕像——例如「錫卡村落」（Village Sheikh）、或「菲歐普斯王」（King Phiops）——比較一下；或者是與西方雕刻家唐納太羅的作品「大衛」（David）加以對比，便立刻可以知道：希臘雕像的形體，實在完全是由其實質的邊界來表現的。希臘人非常小心地，避免在作品的頭部，表現任何個人的、精神的事物，絕不使其成為作品中，可感知到的現象。

我們一旦瞭解了希臘雕像的此一特性，則即使是這一偉大時代中，最佳作品的頭部，也早晚會使我們感到乏味。以我們西方的世界感受，所發展出來的透視畫法看來，這些雕像的頭部，顯得愚拙而遲鈍，缺乏作者自傳的因素，沒有任何的命運感。希臘直到李西帕斯時

5 塔索（1544—95）義大利著名的史詩作家。

代，仍未出現任何具有個人性格的雕像頭部，都只是些千人一面的面具而已。再從圖像的整體看來，希臘人以令人驚訝的技巧，抹煞了頭部的重要性，避免了任何給人以：頭部是形體的主要部位的印象。所以，希臘雕像的頭部是如此的小，在態勢上是如此的不關緊要，其塑形是如此的不夠完美。它們永遠只是構成整個形體的一部分，只像手臂和腿部一樣，永不能成為那個，我們所特重的「我」（I）的容器和象徵。

最後，我們甚至可以看出來，很多西元前五世紀的希臘雕像的人頭、以及更多的四世紀雕像人頭，都具有女性似的陰柔的外觀[6]。無疑，這並不是雕刻者有意如此的，但這畢竟代表了，希臘人努力於完全排除個人特性的一種成效。

相反的，輝煌時期的巴鏤克畫像，則運用了圖像式對位法的各種技巧——褐色濡染的空氣氛圍、透視畫法、動態的掃描技巧、震顫的色調與光線等——這些，我們原已知曉，實是西方人的空間距離的結構，如今，他們將之應用到歷史距離上去。有了這些技巧為助，他們進而將形體處理成為一種「內在地非實質的」（intrinsically non—material）事物、一種「支配空間的自我」（space—commanding ego）之高度表現的處所。

6 存於慕尼黑的「阿波羅與七絃琴」雕像，曾被十八世紀德國藝術史家魏克曼（Winckelmann）及他那時代的人，視為繆斯女神。直至最近，仍有人把某一希臘將軍的雕像，誤認作雅典娜。在處理巴鏤克藝術時，像此類錯誤，根本不可能發生——原註。

這當不是古典歐幾里得式的壁畫技巧，所能解決的。如此一來，整個的繪畫，便只有一個主題、一個靈魂。我們不妨注意林布蘭作品中手與額頭的傳情作用（例如其蝕刻作品「六鎮長」（Burgomaster Six），或是繪於卡索地方一建築物上的畫像），另外，甚至在很後期的馬瑞斯（Marèes）及李波爾（Leibl）的畫像中——皆可發現到：它們所具的精神上的意味，已達到了反物化、重空幻、並具有抒情色調的地步了。將這些作品中的手與額頭，取與雅典伯里克理斯時代的阿波羅神像、或波西頓神像的手與眉頭比較一下，便知兩者差異之大，實不可以道里計！

哥德式時代，也曾深刻而嚴肅地感覺到這一點。其時所繪畫出的體態，由帷幔懸遮著，不是為了哥德式畫風本身的緣故，而是要從帷幔的裝飾之中，發展出一種形式語言，以與活潑潑的複句歌曲風格的繪畫中，頭與手所表露的語言相應和。因為這樣一來，便也可以與對位法中的聲音，以及巴鏤克的管絃樂中，從基調到高音的音樂風格，發生關係產生共鳴。例如林布蘭的作品中，其人物的服飾與頭部的精神，永遠都有著低音的旋律，在那裏交互流動著。

阿波羅與浮士德的「人性」（Humanity）理想之間的對立，現在可以很扼要地敘述出來了：代表前者的是**塑像**，後者的則是**畫像**。彼此之間的對立，恰如**形體**與**空間**、**頃刻**與**歷史**、**前景**與**背景**、**歐幾里得數字**與**函數分析數字**、**比例**與**關係**等的對立一樣。雕像深植於地面，而音樂則侵入、並瀰漫了無窮的空間。西方的畫像，正是音樂風格的，其靈魂是由音樂性的色調所織成。阿波羅的形式語言，只顯示了**已經生成的事物**（become），浮士德的形式語言，則主要在表露**生成變化的過程**（becoming）。

因此之故，嬰孩的畫像與家庭的畫像，乃是西方藝術之中最精采、最親切自然的成就之一。嬰孩連繫了「過去」和「未來」，在想要具有象徵意義的，任一種展現人類形象的藝術中，嬰孩的畫像總代表了現象變遷中，一段持續的時期、一種無窮的生命。但是古典的生命，完全發揮在目前的完滿之上，古典人類無視於時間的距離的存在，他的思維中所瞭解的人，只是在他周遭的、與他一樣的人，而不是未來世代中的人類，故而，從沒有一種藝術，像希臘藝術這樣，根本不知道要把嬰孩的形象，作親切而內在的展現。

無窮無盡的生成變化，是在「**母性**」（Mother—hood）的觀念中獲得理解的。作為母親的女人，本身即是**時間**，也即是**命運**。所有時間和距離的象徵，也都是**母性**的象徵。「關心」（care），是我們對未來的基本感受，而關心即是母性的情操。

在西方的宗教藝術中，母性的展現，是所有作品中最最高貴的成就。在哥德式時代初誕生時，拜占庭的神祇西奧土蔻（Theotokos），已轉變為女神黛洛蘿莎（Dolorosa），也即是「天神之母」。在日耳曼神話中，她又以女神弗瑞茄（Frigga）與弗露荷樂（Frau Holle）的面目出現。與此相同的母性感受，也出現在美妙的吟遊詩人所擬的幻境中，例如「太陽女郎」（Lady Sun）、「世界女郎」（Lady World）、「愛情女郎」（Lady Love）等。早期哥德式人類的整個景象之中，皆瀰漫著一些**母性的、關心的、容忍的情操**。而日耳曼的天主教，一旦在其自己的整個意識之中，達到成熟，而且在一次進展中，設定了自己的儀式、創造了哥德式風格之後，便把「**受苦的聖母**」（suffering Mother），置於其世界圖像的中心位置，而不再以「**受苦的救世主**」（suffering Redeemer）為主。

約在一二五〇年，在理姆斯大教堂的偉大的「雕像史詩」中，位於正門中心的主要位置，已定為聖母的位置。而在巴黎及亞曼斯的教堂中，這位置應是屬於耶穌基督的。也約在此時，位於亞瑞蘇的塔斯肯學派（Tuscan school）、以及神學家西雅那（Siena），開始把母愛的觀念注入到拜占庭的神學之中。在此之後，拉斐爾的「**聖母像**」（Sistine Madonna）造成了巴鏤克時代，最純潔的人之型態，甜美親愛的母親——奧菲莉亞（Ophelia），格瑞卿（Gretchen）——在歌德的「浮士德」第二部的光輝結局中，在與早期哥德式的聖母瑪利亞的觀念的融合中，母性的秘密自然顯露出來了。

相反於這些母性型態的，希臘人總把女神想像成：不是剛毅勇悍的亞馬遜女戰士（Amazons），像雅典娜[7]；就是詭異動人的樣子，像阿孚露黛女神（Aphrodite）。在造成古典

7 亞馬遜族，為希臘神話中，一凶悍善戰的女人部族，戰士全為女性。

女性型態的基本感受中，主要的，是一種植物性的肥沃豐饒而已。不妨想一下古典藝術在這方面的傑作，例如巴特農萬神廟東邊三角牆上，所列的三具強壯有力的女性形體，再將她們與母親的最高貴的意象——拉斐爾的「聖母像」比較一下，便知端的。

在「聖母像」中，所有的形體都已消失，聖母**她自己**即是所有的距離和空間。另外，與北歐齊格飛神話中的，母性代表克麗姆息德（Kriemhild）相比之下，「依里亞得」史詩中的海倫，不過是一個娼妓而已；而希臘悲劇中的安提崗娜（Antigone）與克莉泰曼斯特拉（Clytaemnetra）[8]，卻又像是亞馬遜女族般的強悍。當古典晚期的雕刻藝術，達到了把神的圖像加以世俗化的地步時，[9]它曾在斯尼地阿孚露黛女神身上，創造了古典的女性形式的理想型態——只是一個非常美麗的「物體」，只是「自然」的一個片斷，既不是一種「個性」，也不是一個「自我」。到了最後，大雕刻家普拉克西泰拉斯（Praxiteles）乾脆大膽地把女神展現為完全的裸體。這一改革遭致了嚴酷的批評，因為它被當作是，古典的世界感受沒落的表記。它很適合作為色情的象徵，而與早期希臘宗教的尊嚴，恰恰形成尖銳的對立。

8 克莉泰曼斯特拉，希臘神話中，大將阿加曼農（Agamemnon）之妻，在特洛戰後，阿加曼農歸來，為她與情夫合力謀殺，她後來又為其子奧瑞斯特斯（Orestes）所殺。

9 古希臘奧非爾神教的春天時代，只「沉思」神祇，而從不去「看見」神祇——原註。

希臘的畫像

就在這個時期，一種畫像藝術在希臘出現了，隨之而來的，是一種形式的發明，這即是迄今未曾為人遺忘的「半身像」（bust）。不幸，在此，又與其他各處一樣，藝術研究錯誤地指鹿為馬，把它誤認為是畫像的「起源」（beginnings）。其實，這一「畫像」的特色，並不在其個人的特徵，而只在於其所貼的「標籤」（label），這只是孩提與初民中普通的習慣而已。但是，在其後期的樣態中，另有一項外加的因素出現——即：時代的風氣，趨向於風俗與應用的藝術，這因素同時也造成了柯林斯的圓柱建築。

希臘雕刻家所刻出的，是生命階級的各種「**型態**」，ηθos這個字，我們誤譯為「特性」，其實它是指公眾的行為與態度的「種類」或「模式」；由於著重的是「型態」，於是我們所見的是「典型的」大指揮官、「典型的」悲劇詩人、「典型的」熱情行動者、「典型的」深思哲學家——而**沒有一點個人的特徵**。這也即是真正瞭解著名的希臘風畫像（Hellenistic portait）之鑰。否則，一般人毫無理由的，總是以為希臘風的畫像作品，是一種深刻的精神生命之表達。其實，只有在西元前第四世紀，阿羅必克地方的德米特瑞斯（Demetrius），才開始在人的外在建構中，強調了個人的特徵；而也只有李西帕斯的兄弟李西斯查特斯

（Lysistratus），曾複製了一個代表題材表面的石膏鑄模，且也並沒有作多少的修飾。任何人都可以很明顯的看出來：這種所謂的「畫像」，與林布蘭的畫像比起來，味道上何其不肖似！在這種畫像之中，靈魂是失落了的。

羅馬的半身像，那種輝煌而引人注目的逼真性，特別被人誤以為是有著觀相的深度。但事實上，高級的作品，與此等工藝匠與鑑賞家的作品，仍是有分別的。因為在此等作品中，重要而有意義的內涵，不是「表現出來」的，而是「強置進去」的。例證之一，可見於希臘大演說家狄摩西尼斯（Demosthenes）的雕像。這一雕像的作者，可能在生前見過這位演說家，他很強調形體表面的諸般特點，可能還過分強調了（這是他們當時所謂的「忠於自然」），可是，他所介紹的這位嚴肅的大演說家的特徵「型態」，與我們所見的，根據不同的基礎繪作的，拿不勒斯另兩位同時的大演說家艾士琴斯（Aeschines）、與李薩亞斯（Lysias）的畫像，也沒有什麼不同之處。

巴鏤克的畫像

在隨著文藝復興運動的終結，而勃興起來的油畫時代中，一個藝術家的深度，可以經由其所作畫像的內涵，而正確地度量出來，這一條規則，是很少有例外的。圖像中所有的形式，基本上都令人有屬於畫像的感覺[10]，是否畫家們有意如此，是不關緊要的，因為個別的畫家，對此根本沒有選擇的餘地。最富於啟發性的事情，莫過於我們觀察：在浮士德藝術家的手中，甚至於「塑像」本身，也會轉形而成一種「畫像」。浮士德精神根本與塑像不合，一件「浮士德式」的「裸體像」，本身就是一種矛盾——所以我們常看到，在柔弱無力的裸像模型上，卻架著頗有特性的頭部；也常看到，這類雕像引人厭惡的那種艱澀、強制、而又模糊曖昧的特性。這很明顯，是努力投合古典的形式理想的結果——這不是一種由靈魂所願提供的犧牲，而只是久經教養的理智能力，使之不得不然而已，這是很勉強的事。

在達芬奇之後，所有的西方繪畫中，從沒有任何一件重要或特出的作品，其意義，是導源於歐幾里得式的裸體人像而來的。此處若把魯賓斯（Rubens）[11]看作是歐幾里得式的雕刻家，是非常欠缺了解的一種謬誤。把他所雕的那種膨脹形體中，所呈現的無限動態精神，在任何一方面，比附於古典的普拉克西泰拉斯、或是斯科帕斯（Scopas）的作品，都是膚淺之甚的。正因為他有其卓越的感性，所以他也遠異於辛諾瑞里的作品形體中，那種靜態的精神。

10 甚至連巴鏤克的風景畫，都是由畫像的背景發展而成——原註。

11 魯賓斯（1577—1640），佛羅倫斯著名畫家與雕刻家。

如果世上確曾有一位藝術家，能把最大量的「生成變化過程」，注入到裸體之美中；能把具體的華麗景觀，處理成深具歷史意義；能把流幻無窮的、絕對非希臘風格的觀念，自作品內部中傳達出來，這人必定是魯賓斯。

在魯賓斯的作品中，形體不再是一種「大小」，而成為一種「關係」（回憶一下阿波羅、與浮士德數學特徵上的對立，便知這不是偶然的現象）。形體所需注意的，只是自它之中，流湧出來的生命之圓滿，只是生命順著它，自青春至老衰之路，昂首闊步一往直前。然後「末日的審判」（the Last Judgment）自會將形體轉化而為火焰，這成為作品表現的主題，這主題，又在震顫的動態空間的網絡中，交互繚繞，不斷出現。像這樣綜合的風格，完全不是古典的；甚至連古典作品中，常出現的山林女神（nymphs），到了法國畫家葛羅特（Corot）手中，其形象也已消融在色彩的斑紋之中，而反映了無窮的空間。這當然不是古典的藝術家們，描摹裸體雕像的本意了。

同時，古典的形式理想——那個表現在雕像上的，自給自足的「存有」單位，也完全不同於西方畫家所表達的。從喬歐朱奈到勃屈爾（Boucher），西方畫家們，所畫的那些徒具美貌的形體，只是藉以練習其畫筆的敏點，只是肉體的「靜物」（still—life）、風俗的作品（genre—work），只表達一種愉悅歡欣的官能感覺（例如「皮斗篷中的魯賓斯夫人」（Rubens's Wife in a Fur Cloak）一畫便是）。這與具有高度倫理意義的古典塑像，恰恰相反，幾乎沒有什麼象徵的力量可言[12]。

文藝復興時代，佛羅倫斯畫派曾發生一插曲：即嘗試以**塑像**，來作為人性的象徵，以取代哥德式風格的**畫像**。這樣一來，非驢非馬的，自然文藝復興的整個藝術，便會缺乏觀相的特徵。雖然如此，羅斯里諾（Rossellino）、唐納太羅、美依亞諾（Benēdetto de Maiano）、達費索爾（Mino da Fiesole）等人，全部的繪畫作品，畢竟在精神上極接近於梵依克（Van Eyck）、曼林（Memling）、與早期的萊因諸名家，甚至於很難分別得清楚。

由此看來，在建築上，由於新的作品在精神方面，很少阿波羅文化的成分，還可能創造出反哥德式的建築，但在畫像上，——卻絕對不能。畫像應是特別專屬於浮士德文化的一個象徵。而我們無論把唐納太羅的半身像「烏贊諾」（Uzzano），如何地高估——這半身像可能是該一時代及該一畫派最重要的成就——可是，我們定會承認，將它置於威尼斯畫家們的畫像之旁，它還是會黯然失色的。

12 西方藝術自十九世紀中期以降的墮落表現，莫過於荒謬的一窩蜂練習裸像畫；而學習裸像的深刻意義及主要動機，卻拋到九霄雲外去了——原註。

達芬奇、拉斐爾與米蓋蘭基羅——文藝復興的勝利者

文藝復興運動，生來即是一種挑戰。在哥德式、在巴鏤克，真正偉大的藝術家，都是經由加深、並完成其藝術的語言，而實現他的藝術的。可是在文藝復興，他唯一必須做的，只是去摧毀它而已。

在但丁之後，義大利僅有的真正的偉人——達芬奇、拉斐爾、與米蓋蘭基羅的情形，也是如此。哥德式的諸名家，在他們所從事的藝術上，都只是沉默的工作者，可是卻獲致了該一傳統及該一領域之中，最最高明的成就；而一六〇〇年左右的威尼斯和荷蘭畫家，也都是些純粹的藝術工作者。可是，在這兩大風格之間，居然出現了這三個人，不但是「雕刻家」或「畫家」，而且還是**思想家**，而作為思想家，必然不只是忙於尋求藝術表達的有效方式，而且還要忙於研究千百種其他的事項，永不休止、永不滿足，努力去追尋他們生存的真正本質和目標，這豈不是一件怪事？這豈不是意味著——他們「**根本就不屬於**」文藝復興的氛圍？

各人以其自己的形式，各人在其自己的悲劇性幻覺之中，這三位巨人，在中世紀的精神意向下，努力掙扎奔向「**古典**」；而他們自己，又以各種不同的途徑，粉碎了自己的夢想——，拉斐爾是用「線條」、達芬奇是用「表面」、而米蓋蘭基羅則是用「實體」。在他們身

上，被誤導了的文化靈魂，正在覓路回歸於其浮士德的起點。他們的本意，是想以「比例」來取代「關係」、以正規繪畫來取代光線與空氣的效應，以歐幾里得式的形體，來取代純淨無限的空間。

但是，不但他們，任何文藝復興時代的人，都不曾創造出一具歐幾里得式的靜態雕刻——因為這種雕刻只可能出現一次，出現在雅典，是屬於古典文化的靈魂的。反之，在他們所有的作品中，我們都可以感受到，有一種秘密的音樂存在，在他們所有的形式中，其**運動的性質**與**精神的傾向**，也都指向於**遙遠**和**深度**。他們所走的路向，不是通往古典的大雕塑家菲狄亞斯的精神，而是通向西方的大音樂家帕勒斯特里納（Palestrina）的世界[13]，而他們通往彼處的立足點，不在於羅馬的廢墟，而在於教堂的寂靜聖樂之中。

「反宗教改革」（Counter Reformation）的主調精神，是龐碩沉雄的、活潑暢快的、壯麗多采的。這些精神，早已存在於米蓋蘭基羅身中。對於他而言，形式的問題，主要是意味著一件宗教的事情；而對於他（也只對於他）而言，**宗教問題就是一切**，此外更無其他值得重視的事可言。而這，就足以解釋米蓋蘭基羅了：他那孤獨可畏的奮鬥歷程，無疑是我們的藝術中，最不快樂的形象；他以他的形式中，所表露的散碎、苦悶、不滿、可怕的藝術特徵，

---

13 帕勒斯特里納（1528—1594）義大利傑出的聖樂作曲家。

曾震撼了他那時代的人們，而其癥結所在，就是他的宗教心靈。

他是西方藝術界，對雕刻藝術，所作的最後的努力。他努力把藝術家人格的整體，投入於大理石的語言之中，至再至三，勤奮不懈。但是大理石，這種歐幾里得式的材料，根本不適合他，故畢竟使他歸於失敗。在菲狄亞斯看來，大理石是一種秩序井然的材料，正在籲求自己為它雕出形式；但是對米蓋蘭基羅而言，大理石是必須加以克服的頑敵，他必須要把他的理想，從大理石這一「監獄」中釋放出來，就好像北歐神話中齊格飛釋放布魯息德（Brunhilde）一樣。每一個人都熟悉他開始雕刻時的情狀：他不是根據他所要雕塑的形式，從每一個角度，冷靜地接近那粗礪的石塊，而是以一種狂熱前進的攻擊，來擊打石塊，他的離鑿刀砍劈到石塊中，就好像砍進了「空間」中一樣。他切割石頭，一層又一層，他錐向石中，越來越深入，直到他所要的形式出現為止，而其時，雕像的各部分，也慢慢地從石塊中顯形出來了。

人類面對「已經生成的事物」——死亡，所感到的「世界恐懼」（world—dread）；人類想要以振動不息的形式，來壓制死亡、捕攝死亡的意志，也許，從沒有比在米蓋蘭基羅身上，表達得更公開的了。古典人類的眼睛所吸收的是塑像的形式，可是米蓋蘭基羅卻以精神的慧眼來曠觀事象，而打破了直接由官能感覺的前景。於是，不可避免地，最後他摧殘了雕塑藝術的地位，大理石，對於他那追求形式的意志而言，已經微不足道了。他放棄了作為一個雕刻家，轉而從事建築。

在他的晚年，當他只製作一些粗礪的片斷雕刻，而且他雕刻的形象，幾乎仍是一片拙樸，這時，他的藝術天才中的音樂傾向，終於爆發了。終於，這種趨向於對位法形式的精神脈動，再也強抑不住了，他對他所曾花費了一生生命的藝術，完全不滿意，可是他仍然被那不可熄滅的自我表達的意志所主導著，所以，他打破了文藝復興建築的法規，而創造了「羅馬的巴鏤克」（Roman Baroque）。他以「力量」和「質量」間的對比，來取代了「實質」和「形式」間的關係。他把圓柱收斂成束、或把它們推向適當的距離；他以巨大的方柱，貫通了建築的隔層，並給予建築物正面，一種澎湃而衝擊的性能。於是，建築的度量，**變成了旋律**，靜態的精神，**屈服於動態**。如此，浮士德的音樂，乃把一切其他藝術的主體，都攬入於它的精神籠罩之下。

到了米蓋蘭基羅，西方雕刻藝術的歷史，便達到了終點。在他之後的雕刻，只剩下了誤解和追憶而已。其實，米蓋蘭基羅藝術上的繼承人，不是什麼雕刻家，而是那位大音樂作曲家帕勒斯特里納。

達芬奇所表達的語言，不是屬於他那個時代的。只有他一人，既沒有野心成為雕刻家，也沒有野心去做建築家。文藝復興時代有一個幻覺，即以為透過「**解剖學**」（anatomy），便可以獲致希臘人的感受、和希臘人對外部結構的崇拜之情。但是，當達芬奇研習解剖學時，卻不是去學米蓋蘭基羅那種「前景解剖學」（foreground—anatomy）、那種人體表面的「地形學」（topography）——這是米氏為了從事雕塑而研習的東西。達芬奇是為了研究內在的秘密，而研習人體內部的「**生理學**」（physiology）。米蓋蘭基羅嘗試以活生生的「形體」所表達出的語言，來承載人類生存的全部意義；而達芬奇的研究，卻恰恰相反。他那令人驚羨的「曖昧畫風」（stumato），即是以無窮的空間，來排拒具體的邊界的第一個表徵，因此之故，這也是「印象主義」的先聲。

達芬奇的畫，不是從確定的輪廓開始，而是從精神的空間出發；而當他結束時（這是說，當他真正畫完了這一幅畫，而不是留著未畫完的圖像），色彩的精華，好像只是籠罩在圖畫真正的結構上面的一股「氣息」而已，看來真是虛無縹緲，不可名狀。拉斐爾的繪畫，落實在平面上，他把他那秩序井然的畫叢，一起驅入了平面，而以一種比例勻稱的背景，來結束全畫。可是達芬奇卻只注重「空間」，廣漠而永恆的「空間」，他的畫中形象，就飄浮在這空間之中。前者是把個別而切近的事物之總和，置入到一個框架中去；後者卻是從無窮的空間中，切出一塊切片來。這兩人繪畫精神之背道而馳，有如是者。

達芬奇發明了血液的循環現象，但這並不是文藝復興的精神，帶動他獲臻的成就——正相反，他整個的思想歷程，恰恰使他自外於他那個時代的概念。米藍蘭基羅和拉斐爾，都不可能作此發現，因為他們那種畫家的「解剖學」，只能認識到各部分的**形式**和**位置**，而不能瞭解到**函數**或**功能**（function）。而達芬奇則像魯賓斯一樣，研究形體內的「**生命**」；不是如辛諾瑞里那樣，只研究形體的本身。巴鏤克時代，無疑，確是一個**大發明的時代**。

達芬奇完全是一個發明家。「發明」一詞，即是他整個本性的綜合描述。他也是第一個，用心去研究航空飛行的人。飛行，使自己脫離地球的羈絆，使自己消失在廣漠的宇宙之中——這豈不正是最高層次的浮士德野心？這豈不正是我們西方夢想之具體實現？難道沒有人注意到：在西方繪畫之中的基督教傳奇，豈不正是這一主題的輝煌的轉形？所有的畫中人物，上升於天穹，下降至地獄，神的形象飄浮在雲彩之上，天使與聖哲那種獲得聖寵的超然遠舉，堅持強調從地球的天空中，解脫出來的意願，所有這一切，都是靈魂飛越的表徵，都是浮士德藝術所特有的精神，完全不同於拜占庭的藝術。

從文藝復興的壁畫，轉形而成威尼斯的油畫，是精神發展史上的一件大事。我們必須從欣賞其間，那些精微而細緻的徵象，進而認識到這改變的歷程。從馬沙邱（Masaccio）畫在布蘭卡斯教堂中的「彼得與奉金」（Peter and the Tribute Money），其間經過法蘭西斯卡傳授給費德瑞戈（Federigo）與貝迪斯塔（Battista）的，那種圖像中的高翮遠翔的背景，直到佩魯基諾（Perugino）的「基督指示了路徑」（Christ Giving the Keys），在幾乎每一幅圖像中，壁畫方法，不斷與侵入繪畫領域的新形式抗爭著。這就是——也永遠是——「手」與「靈魂」之間的鬥爭、「眼」與「器材」之間的鬥爭、由藝術家所希望的形式，與由時間所決定的形式之間的鬥爭，也即是：雕塑與音樂之間的鬥爭。

瞭解了這一點之後，我們終於可以明白到，達芬奇在烏費滋（Uffizi）所畫的「魔幻崇拜」（Adoration of the Magic）卡通畫，其影響之深鉅了。這是文藝復興時代，最最大膽的畫，直到林布蘭時代，還不曾有人夢想到這種繪畫。達芬奇在此，超越了所有視覺的度量，超越了當時稱作「速寫」、「輪廓」、「組合」、「配列」的一切事物，他毫不畏懼地推進，去挑戰永恆的空間；在此，一切具體的事物，都像哥白尼系統中的行星一樣飄浮著；也像古老教堂的暗影中，巴哈的風琴複句歌曲的音調一樣迴盪著。在當時所能容許的技巧的限制下，像這樣的動態距離的意象，當然只能成為一件「未完成的作品」（Torso）。

拉斐爾的「聖母像」，是文藝復興的集大成作品。在此畫中，拉斐爾用輪廓，涵攝了作品的整個內容。這是西方藝術中最後的偉大繪畫，這也使得拉斐爾成為最不易了解的文藝復興時代藝術家。因為這時繪畫的傳統，由於內在感受的緊張，已經拉緊到瀕臨崩潰點，而他全不曾與這些問題奮鬥，他甚至根本不曾察知到這些問題的存在。但他把藝術，帶到不再能逃避投入的邊緣，而且在他有生之年，他在此形式世界內，發揮了最高度的可能潛力。一般以為拉斐爾的作品單調乏味的人，只是不能瞭解到他的系統之中，所「進行」的甚麼而已。我們可以在一瞥之下，瞭解佩魯基諾，可是我們只能自以為瞭解拉斐爾。他的線條，其繪作特徵，在乍一看之下，非常的古典，其實卻是飄浮在空間中，非人間世的，像貝多芬的音樂一樣。在此等作品中，拉斐爾是所有藝術家中，最不明朗的一位，還遠比米蓋蘭基羅為晦澀，他的意向，要經由他作品的所有的片斷，才能顯示出來。

達芬奇是超乎這一境界的，他那「魔幻崇拜」的素描，已經等於是「音樂」了。但在這件作品中，以及在他的「聖傑倫」（St. Jerome）中，他並沒有超出褐色的底繪、沒有超出「林布蘭式的」階段、也沒有超出未來世紀中，所用的空氣氛圍的褐色，這不是偶然的事，而是深具意義的環境影響使然。對達芬奇而言，意向的整個實現、清晰表達，是要在這一狀態下獲致的，任何更進一步的色彩領域，便會摧毀他已經創造出的靈魂。因為他的色彩領域，仍是處在壁畫風格的形上限制之下。新的色彩領域，要留待威尼斯的畫家來開拓，因為他們是在佛羅倫斯傳統之外的，所以能達到他在此處所追求的目標，塑造出一個色彩的世界，來**補足空間，而不是捕攝事象**。

文藝復興時代的人們，對畫像的觀念，並未成熟到林布蘭的境界。林布蘭觀念中的畫像，是指：從動態的掃描、光線、和色調之中，建立起來的一部「靈魂的歷史」。當時只有達芬奇足夠偉大，能經歷到此一**命運**的限制。其他的人。只致力於繪作畫像的頭部，但達芬奇卻有其無限廣闊的目的，他是第一個使畫像中的「手」（hand），也能表達意思的人，而且能夠表達出觀相上的傑構。他的靈魂，是著落在遙遠的未來，雖然他的肉體部分，他的眼和手，仍服從於這一時代的精神。無疑，他是文藝復興三傑中最自由的一位，比杜勒要深刻，比提善要大膽，他比他那時代中，任何個人都易於了解，因為他本質上是一位「未完成的」藝術家[14]。米蓋蘭基羅這位過時的雕刻家。也是如此。但從另一個角度來看，到了歌德的時代，這位「最後的晚餐」（The Last Supper）的作者，所不能達到的目標，卻已不但達成、而且超過了。米蓋蘭基羅努力把生命，再一次迫入到一個死的形式世界中，達芬奇則已感覺到了，未來的新的形式世界，而歌德則預言：不會再另有新的形式世界出現。在這三人的第一位和最後一位之間，便是浮士德文化的成熟世紀。

器樂的勝利和古典文化與此平行的事件

現在所剩下的，是處理西方藝術，在完成狀態下的主要特性。在此，「必然」（Necessity）的冷酷不移的過程，是很明顯的。我們已經瞭解到藝術乃是「基本現象」，我們不再期望因果的運作，能統一藝術發展的層次，相反的，我們已設立一種藝術的**命運**觀念，而且承認藝術，是文化的有機體，有機體必有誕生、成熟、衰老、及永久死亡的特性。

14 在文藝復興時代的作品中，完成了的作品，常常無餘韻可尋，很明顯的缺乏「無限」之感。沒有秘密，也沒有創發——原註。

就像古典文化的愛奧尼克時期一樣，作為一個文化「後期」時代，巴鏤克也知道它自己的藝術，所必須選用的形式語言。藝術，已從一種哲學的宗教，變成為宗教的哲學。大家巨匠，風起雲湧，取代了眾多無名的學派。在每一文化的顛峰時期，我們都可以看到由各大藝術，所組成的藝術的「組群」（group）的壯觀景象，經由它們背後的基本象徵的統一，而構成了秩序井然、聯繫一體的單元。阿波羅的組群，包括了瓶繪、壁畫、浮雕、列柱的建築，而重心集中在「裸體雕像」。浮士德的組群，環繞著純淨無限的空間理想而形成，其重心，則置於「樂器音樂」。

偉大的風格，越趨近於完成的狀態，由其確定而清晰的象徵，所展示的裝飾語言，也越趨向於決定性。約在一六七〇年，正當牛頓與萊布尼玆發明了微積分的時候，油畫已到達了其可能潛力的極限，油畫碩果僅存的幾位大師已經死去、或正要死去——凡拉斯夸玆（Velásquez）死於一六六〇年；波森，一六六五；法蘭斯霍斯（Fras Hals），一六六六；林布蘭，一六六九；魏米爾（Vermeer），一六七五；繆瑞羅（Murillo）、羅斯達爾（Ruysdael）及克勞德・羅倫，一六八二。我們只要看一下，少數幾位比較重要的繼承者的名字：瓦都（Watteau）、霍加特（Hogarth）、迪波羅（Tiepolo），便立刻可以感覺到：這一藝術的沒落、終結。而在這個時候，「圖像式音樂」的偉大形式也告死亡。舒玆（Heinrich Schütz）死於一六七二年，加里西米死於一六七四、普西爾（Purcell）則死於一六九五，——這些都是聲樂曲的最後的大師。他們環繞著「意象主題」（image—themes），把聲樂和器樂的色彩，演奏得變化無窮，而且在音樂中，畫出了美妙的風景、和偉大傳奇景觀的真實圖像。

到了盧里（Lully，一六八七）去世時，蒙特維德那種英雄式的巴鏤克歌劇，也停止活動了。以往的管絃樂、風琴、和絃樂三重奏中的，古老而「正統」的奏鳴曲，命運也復相同，因為它本是複句風格中，意象主題的發展。自此以後，音樂的形式，變成了「合奏曲」（concerto grosso）、「組曲」（suite）、和獨奏樂器的「三部奏鳴曲」，這些最終而成熟的形式。音樂，從依附於人的聲音（human voice）而發展的情況下，解脫出來、從固執於具體性的遺風中，解脫出來，而自身成為絕對獨立的藝術。音樂的主題不再是「意象」，而成為豐富繁複的「**函數**」，只依自己的演進歷程而存在。例如，巴哈所演練的複句風格，看起來只是一個微分和積分的持續不斷的歷程。

純粹的音樂，壓服了繪畫，可以從舒茲晚年所編作的聖樂「受難曲」（Passions）——這是新的形式語言所透示的曙光——以及道爾亞貝科（Dall' Abaco）與柯瑞里的交響曲、韓德爾（Handel）的雄辯曲、巴哈的巴鏤克對位樂等標示出來。這種音樂，確是代表浮士德文化的藝術。而瓦都也可以被描述為：一位畫家中的柯柏林、迪波羅則為畫家中的韓德爾。

在古典的世界，與此對應的改變，是發生在西元前四六〇年左右，當時最後一位偉大的壁畫家——波里諾特斯（Polygnotus），將其所承繼的偉大風格，拱手讓給了柏里克利特斯所代表的圓融的雕刻作品。在此以前，即使直到波里諾特斯同時代的雕刻家米羅、以及奧林匹亞三角牆建築的諸名家時，純粹平面藝術的形式語言，仍主導著雕像藝術。因為：當時繪畫形式的發展，其理想固然越來越傾向於，以內部交疊的畫線，來表現彩色的「剪影」（silhouette）；而雕刻家也認為，他所展現給觀者的正面「輪廓」，才是文化「精神」（Ethos）、文化類型的真正象徵，是他所要展現的形象。而廟殿中三角牆的建築範疇，也構成了一幅「圖像」（picture），從適當的距離看來，它所給人的印象，和那些它同時的紅色的「瓶繪」恰恰相同。

到了柏里克利特斯時代，紀念碑式的「牆畫」（wall—painting），乃讓位予那種以蛋黃或蜜蠟來繪製的「板畫」（board—picture）——這明顯的指示出：那個偉大的風格，已經去向他方了。阿波羅多拉士（Apollodorus）的描影畫，無論從哪一方面來看，其野心都不是在於，我們所稱的明暗對比法、和空氣氛圍法之類，而實在是雕刻家的那種「修飾圓融」（modelling in the round）。至於宙克薩斯（Zeuxis），亞里斯多德已明白地指稱，他的作品缺乏「文化精神」。故而，這種較新的古典繪畫，以其敏黠的技巧和誘人的魅力，實構成和我們十八世紀的作品相等的產物。兩者並皆缺乏內在的偉大性，也並皆努力以美術技巧的力量，來強自表達，那個單獨而最終的藝術的語言，而這藝術在兩者，都只是代表了高級意味的「裝飾」而已。至於柏里克利特斯與菲狄亞斯，則是與巴哈及韓德爾並列的人物；西方的音樂大家，將嚴格的音樂形式，自繪畫的實踐方法中解脫出來，而希臘的雕刻大師，也終於將雕刻從其與浮雕相繫不分的狀態下解放了出來。

於是在雕塑與音樂，發展到了這一階段時，這兩大文化也各自達到了它們的終點。一種具有數學式嚴格性的純粹象徵系統，已經成為可能的事實。柏里克利特斯能夠制定出他的「法則」，來規定人體的比例；與他相對應的巴哈，也推展出「複句的音樂藝術」，和「諧和的鋼琴手法」（Wohltemperiertes Klavier）。在由此而來的，阿波羅雕塑藝術、和浮士德音樂藝術中，我們便獲致了深浸著各自的文化意義的純粹「**形式**」，所能給予我們的最後而完美的成就。美的數學和數學的美，成為不可分離之事，而音調的無窮空間，和大理石或青銅所代表的圓融形體，也**隨即**成為這兩個**文化對其廣延世界的闡釋**。從數字的精神來看，則前者屬於「**關係的數字**」（number—as—relation），而後者屬於「**度量的數字**」（number—as—measure）。在壁畫和油畫中，在比例的定律和透視的法則中，數學的精神只是暗示出來而已，可是，「音樂」和「雕塑」這兩型最終的藝術，則本身**即是**數學。在這兩個藝術的巔峰上，我們可以完整地看透那整個的阿波羅藝術，與浮士德藝術。

在壁畫和油畫的出口之處，代表絕對雕塑、和絕對音樂的名家巨匠，層出不窮，不勝枚舉。柏里克利特斯之後，有菲狄亞斯、派歐尼亞斯（Paeonius）、阿克曼尼斯（Alcamenes）、斯科帕斯、普拉克西泰拉斯、李四帕斯。繼巴哈與韓德爾而起的，則有：格魯克、史連米玆、海頓、莫札特、貝多芬——置在這些音樂家手中的，是現在早已被人忘卻的，一些奇妙無儔的樂器；是經由西方的追求與發明精神，所創造的整個魔術世界；是希望尋得更多更好的音調和音色，以進行、並增強音樂表達的效果：實現一種豐饒繁沃的完美規整的結構，以承載偉大、莊嚴、華麗、優美、反諷等形式，甚至於表達出歡笑和嗚咽的激情。

這些形式，如今是沒有人能瞭解了。在那些日子裏，尤其是在十八世紀的德國，無論在事實上抑或印象上，都是由一種「**音樂的文化**」（culture of music），充盈了整個的文化生命。它的典型型態，便是霍夫曼（Hoffman）的作品：「克萊斯勒指揮」（Kapellmeister Kreisler）。如今，這種作品，早已被忘到九霄雲外去了。

而也在十八世紀，建築終於宣告死亡了。它被羅考課的音樂所浸沒、所窒息，終至死亡。現在常有一些絲毫不具憐憫之情的批評，強加在這種最後的西方建築，奇妙而脆弱的發展風格上，而不能理解到：這種建築風格的起源，即是在「複句歌曲」的精神之中。而它的不重比例、不顧形式，它的幻景縹緲、變異無常、閃耀不定，它對表面和視覺秩序的摧毀推倒，實際上，正是音調與旋律，征服了線條與牆壁；純粹的空間，戰勝了具體的實物；生成變化的本身，壓服了已經生成的事物。它們已不再是建築物，因為這些修道院、城堡、與教堂，有著流動幻變的正面和門廊，有著「虛華浮誇」的庭院，壯觀豪華的樓閣、苑廊、沙龍與會議室，看起來倒像是「奏鳴曲」、「小步曲」，以石頭表現的「抒情短歌」，以灰泥塑造的「室內音樂」，以象牙、大理石、和精美木材構成的「音樂組合」，以螺旋飾柱、渦形裝飾配成的「短歌小調」、和以飛簷與遮簷，表達烘托出來的音韻節奏了。

德萊斯登的「茨偉格爾宮殿」，是全世界所有建築中，最最完整的一首音樂作品，它的裝飾部門，就好像是古式小提琴流瀉出來的音調，就好像小型管絃樂中的，複句遁走曲的「快板」（allegro fugitivo）。

印象主義

「**印象主義**」，只是在大畫家莫奈（Manet）的時代，才成為一般通用的名詞，而在當時，原來是含有著輕蔑的意思，就像當初的「巴鏤克」、「羅考課」等名稱一樣。它非常愉快地，總結了那個由油畫之中拓展出來的，浮士德藝術途程的特殊性質。「印象主義」，是歐幾里得式世界感的反面，它竭力企圖，儘可能地遠離雕塑的語言、儘可能地接近音樂的語言。印象主義的繪畫，所給予我們的感應，是透過能接受並反射光線的事物，而產生的。看起來這些事象，似乎並不存在，至少在印象上，它們「本身」是不存在的。事象甚至不是形體，而只是空間中的「光阻」（light—resistances），而它們虛幻不實的視覺密度，是經由「掃描」

而暴露於世人眼中的。這些「光阻」所接受和承載的，便是所謂的「印象」（impression），它們緘默冷靜地評估這些「印象」，好像是一組超越廣延的簡單函數一樣。

藝術家內在的慧眼，洞透了事象的形體，粉碎了實質的邊界表面的魔力，而將之奉獻於「空間」這一至高無上的威權之前。而藝術家有了這種印象之後，在這印象的影響之下，他便在感性的素材中，感受到一種無窮無盡的「運動性向」（movement—quality），這是與壁畫那種雕像式的「恬靜性向」（Ataraxia）絕對相反的。因此之故，希臘絕對不可能產生「印象主義」，而如果世上有一種藝術，原則上就與「印象主義」極不相容，那便必定是古典的雕刻藝術了。

「印象主義」是世界感受的一種深入的表達，因此很明顯地，它必定洞透到，我們這「後期的」**文化**之整個觀相中去。於是，我們有「**印象主義式的**」**數學**，坦率而有意地超越了一切視覺上的限制。這就是牛頓和萊布尼茲之後所發展出來的「解析學」（Analysis），它包含了「數體」、「集合」，以及「多維幾何」等幻想似的意象。我們也有「**印象主義式的**」**物理學**，它不再著重質點的具體系統，而不過是研究一些，可變的係數之間的固定「關係」而已。我們也有「**印象主義式的**」**倫理學**、悲劇、邏輯；甚至還有「**印象主義式的**」**基督**

教，那就是「虔信教派」（Pietism）[15]。

一位西方藝術家，無論其為畫家或音樂家，他的藝術都在於：利用少量的掃描、點頓、或音調，創造出一個涵有無窮內蘊的意象；或一個浮士德文化的人，眼睛或耳朵所能感受的內在宇宙。也即是：雖然客觀事象，強使「真實」變成了「現象」，可是藝術家，可以在客觀事象的飛掠幻滅、虛無縹緲的暗示下，利用藝術迷人的魅力，再還原出一個「真實」的無窮空間來。這種藝術，大膽推移了固定不變的事象，確是史無前例的。從提善的晚期作品，直到葛羅特和曼扎爾（Menzel），具體的事象，在畫中震顫和流幻，就像在掃描的技法、破碎的色彩、殘缺的光線，所構成的神秘壓力下的一灘溶液一般。

「印象主義」追求的目標，和巴鏤克的音樂是一致的。巴鏤克音樂不注重旋律，而注重「主題」（thematic）的表現，它以和聲的魅力、樂器的音色、節奏和速度等每一種手段，來增強「主題」的效應。結果，從提善時代的模仿作品起，直到華格納的「題意結構」（leitmotiv—fabric）止，它創造出音調的圖案，並捕攝了一個全新的感受、和經驗的世界。當德國音樂達其高潮時，它也曾貫穿進入抒情詩的領域之中。它多少可說是，連續重複了哥白尼和哥倫布的成就。從沒有另一個文化，相對於其所用的方法而言，能具有一種如此動態

15 虔信教派，為日耳曼路德教會之一，強調信仰與奉獻。

印象的裝飾語言。每一色彩的點頓或掃描、每一低微暗啞、若有若無的音調，都能放散出某些驚人的魅力，而在人們的想像之中，連續不斷地，投入生生不息的「空間創化能量（space—creating energy）的新因素。

從流行而狹隘的觀點看來，「印象主義」是否為十九世紀的產物？是否因為有了印象主義，西方的繪畫多活了兩個世紀？它是否迄今仍然存在？但是，我們必定不可被這一新的「插曲」的特性所矇騙，這畢竟只是一個「插曲」而已。十九世紀，已越過了**文化**的境界，而進入了「**文明**」，「印象主義」，雖然不斷喚醒了一個偉大**文化**的繪畫上的某些幻覺，還選擇了「開放空氣」（plein—air）這一詞眼，來指稱它特殊的性徵，可是這畢竟只是迴光返照而已。在這插曲中，西方世界都會中的唯物主義，吹入了灰燼之中，而重新點燃了這一微弱搖曳、奇異可笑的信仰之火——這種一閃即逝的信仰，畢竟只維持了兩代，到了莫奈的時代，一切又再重歸於終結。

我曾把格朗瓦德、克勞德・羅倫、以及喬歐朱奈那種高貴的綠色，特指為「天主教」的空間色彩；把林布蘭那種超越的褐色，特指為基督新教世界感受的色彩，與此相反的，「開放空氣」與其新的色彩基準，則代表了「非宗教」（irreligion）的精神[16]。從貝多芬的氛圍、與康德那種星光燦爛的廣延世界出發，「印象主義」又回落到地殼的表面之上。它的空間是認知的，不是經驗的，是觀視的，不是冥思的，它所包容的，是情緒，而不是**命運**。盧梭那悲劇性的正確預言：「回到自然」，充盈在這一垂死的藝術之中，——老衰的靈魂，一天天迴向於自然中去了。

現代的藝術家，只是一個工匠，不是一個創造者。他把未破的調色譜，胡亂排列在一起，便成了作品。優雅的描摹、舞動的掃描，都轉而墮落為，幼稚粗拙的庸劣雕琢，墮落為畫面上的點、方塊、龐大而無機的巨塊之堆砌、混雜、與塗抹。泥水匠的刷子和泥刀，出現在畫家的畫具之中，畫布上的油漆底色，硬置入到繪作的體系之中，並帶入到畫面上應該空白的地方。這是一種危險的藝術，猥瑣、冷漠、煩擾不安，過分發展了自己的氣力，——但是，卻也是高度科學的藝術，發揮了每一分力量，以征服技術上的障礙，嚴格地遵照程序，絲毫不敢踰矩。

16 故而，在「開放空氣」派的原則下，不可能獲臻真正宗教性的繪畫；在其背後的世界感受，完全是非宗教的，至多只合稱為「推理的宗教」（religion of reason），所以在這方向的任何努力，即使帶有最高貴的意念，在我們看來，也顯得空洞而虛偽。只消頃刻的「開放空氣」派的處理，便足以把教堂內部俗化，而降至貨品店的地步——原註。

這也是從達芬奇一直延伸到林布蘭的，那個油畫的偉大時代中，末流的「色情垂飾」（satyric pendant）之發皇；它真正適合於發展的地方，只能是波德萊爾（Baudelaire）所代表的巴黎。葛羅特筆下那種銀色的風景，帶著些灰綠和褐色的情調，猶自夢想著古代諸大師的精神，可是，到了古拔（Courbet）與莫奈，卻已征服了赤裸的物理空間、「現實」空間。於是，由達芬奇所代表的「模仿性的發明家」，乃轉而臣服於「繪畫上的實驗主義者」（painting experimentalist）。

葛羅特尚是永恆的童稚，雖屬於法國，卻不屬於巴黎，他可以在任何的地方，發現到他所要找尋的超越風景；可是到了古拔、莫奈、塞尚等後期名畫家，則只能一而再、再而三地描繪芳丹伯露的森林、塞茵河的河岸、或是亞耳附近那些著名的山谷。他們的繪作，是痛苦、艱澀，而又沒有靈魂的。林布蘭那雄渾有力的風景，本質上是存在於整個宇宙之中，而莫奈的風景畫，則侷促在火車站附近一隅之地而已。

在德國，則頗與此不同。貝多芬之後，音樂內在的本質，並沒有改變，可是音樂本身，卻轉回到繪畫了，這是德國的「浪漫運動」的樣態之一。而在繪畫之中，「印象主義」開花最久、結的果實也最溫暖。因為畫像與風景畫中，都洋溢著一種秘密意欲的音樂精神。即使在湯瑪（Thoma）與波克林（Bocklin）的身上，也還殘留著艾克杜夫恩（Eichendorff）及莫瑞克（Morike）等人的音樂氣息[17]。

在十七世紀的暗褐色畫風之旁，另有一種藝術，也是熱情激昂的浮士德藝術——「蝕刻」（etching）。在此，林布蘭又是所有時代中最偉大的巨擘。這蝕刻與繪畫一樣，含有某些基督新教的成分，這使它與南歐天主教畫家，那種藍綠色的氛圍，以及哥布林的繡氈藝術，在範疇上頗有些不甚相同的地方。而李波爾可算是最後一位以褐色為主的藝術家，他也是最後的一位偉大的蝕刻家，他的刻板，具有林布蘭風格的無窮意念，包含、並展現了無限的秘密。

最後，到了馬瑞斯（Marèes）作品中，更充滿了偉大的巴鏤克風格的強力意欲，但是，雖然加里寇特（Gericault）與道米爾（Daumier）等人，尚勉強可以用正面形式，來捕攝這種意欲，馬瑞斯卻已無能為力，他已不能把這種意欲，帶入到畫家真實的世界中去，因為他已缺乏一個傳統所應給賦他的強韌力量。

17 湯瑪與波克林，為德國畫家；艾克恩杜夫與莫瑞克，則是德國著名音樂家。

培嘉門與貝魯特：藝術之終結

最後的浮士德藝術，於華格納的著名歌劇「屈萊斯坦」（Tristan）中，宣告死亡。「屈萊斯坦」是瞭解西方音樂的主要樞石，西方繪畫便不曾創造出如此輝煌的作品，來作為終結。「與此相應的」，阿波羅的藝術，也在培嘉門的雕塑中，到達其終點。培嘉門是西方貝魯特的「拓影」（counterpart）。著名的培嘉門神壇本身，當然是晚出的作品，而或許也不是那個時代最重要的作品，因為我們必須要明白，西元前三三〇至二二〇年間，一世紀的發展歷程，如今已湮沒難尋了。然而，所有尼采對華格納及貝魯特樂風的指摘，見於「戒指與派西孚」（*The Ring and Parsifal*）一文中的——頹靡不振、虛驕誇張、以及諸如此類的病態，也都可以適用於培嘉門的雕像上。

這種雕像的傑構之一，我們可以從培嘉門大神壇殘留的「巨人大戰圖」（Gigantcmaohia）腰線中，略見端倪。我們可以看出，同樣誇張的表現，同樣運用了從邃古曚昧的神話中得來的主題，同樣毫不收斂的展現了強力的衝撞滅裂（雖然其缺乏內在的力量，是不可掩飾的事），卻也同樣充分具有自我意識的力量感，和高聳超越的龐巨感。著名的「法尼斯神牛」

（Farnese Bull），以及更古的力厄肯（Laocoön）雕像組群的模型，無疑即屬於此一藝術[18]。

創造力衰微的徵象之一，是為了要製作圓融而完整的作品，藝術家竟非須要從「形式」和「比例」之中，解脫出來不可。這其間最明顯——雖然不是最具意義——的證驗，即是藝術上對「龐巨」（gigantic）的偏嗜。但不像在哥德式或金字塔的風格中，此處龐巨的體積，並不是內在偉大性的表徵，而只是對其自身的貧乏的一種掩飾。這種裝腔作勢、浮誇不實的巨大建築，是所有初期的「**文明**」所共有的現象。我們可以在培嘉門的宙斯祭壇、卻爾斯地方的太陽神像，即有名的「羅德島的太陽神像」（Colossus of Rhodes）、羅馬帝國時代的建築、埃及新王國時代的作品、以及今日美國的摩天大樓中，都看到這一「**文明**」的表徵。但遠較此更具暗示意義的，是這種任意浮誇、漫無節制的作風，已蹂躪、並粉碎了數世紀以來的藝術傳統。在林布蘭與巴哈的時代，藝術的雄心歸於「失敗」，尚是不可想像的事，如今卻已成為無可避免的命運。

藝術形式的命運，存在於種族與學派之中，而不在藝術家個人，私自的思想趨向中。在一個偉大的傳統的吸引之下，即使是一位次要的藝術家，也可能獲得充分的成就，因為活生

18 力厄肯，為希臘神話中，特洛城阿波羅神殿之一祭司，特洛之戰時，因識破希臘軍木馬之計，觸怒女神雅典娜，為神蛇纏死，後來的希臘雕像，均摹描其死狀之悲慘。

生的藝術，能使他與他的工作常保持接觸，興味盎然。如今，這些藝術家，已不再能實現他們意向中的願望，藝術傳統的薰育的直覺本能，已被貧乏的心智操作所替代，藝術的直覺本能，也告死亡。所有代表「**文明**」前期的藝術家，都已經歷到這一點：莫奈畫了三十幅畫之後，便已才窮智盡，他那幅「麥克斯密林王射擊圖」（Shooting of the Emperor Maximilian），雖然很明顯地，在全圖的每一項細節上都非常的用心，可是卻絕比不上哥耶（Goya）得來全不費工夫的「五月三日射擊圖」（Shootings of the 3rd of May）的手稿。巴哈、海頓、莫札特，以及千百位不甚知名的十八世紀音樂家，可以飛快地創作出最完整的作品，一若執行例行工作似的，可是華格納卻知道得很清楚：他只能在他藝術天賦中的最佳狀態下，集中他的能力，「悉索敝賦」，嘔心瀝血，才能達到他藝術的高峰，兩相對照，其命運之不同，固亦明甚。

在華格納和莫奈之間，頗有深刻的關係存在。這不是尋常人可以看出來的，可是波德萊爾以他的頹靡文人那種永不出錯的敏銳天才，立刻便看了出來。因為在印象派畫家而言，藝術的極致與巔峰，即是以色彩的掃描與斑紋，召遣出一個空間世界來；而這也正是華格納連用三條線譜所獲致的成就。整個的靈魂世界，都擁入於這些三線譜中：星光閃爍的午夜的色彩、迅掠而去的雲朵的色彩、秋天的色彩、恐懼和憂愁的破曉色彩，以及，突然瞥視到陽光照耀的遠處、世界的恐懼、懸浮的命運、絕望的尖銳的力量、毫無希望的希望——所有這些印象，在華格納之前，沒有一個作曲家，敢夢想去捕攝於作品中，可是華格納，卻以極少的主題音調和旋律，把它們描繪得完整而清晰。

在此處，西方音樂和古典雕塑之間的對立，達到了「最大極限」（Maximum）。每一項事象，都湮沒在無邊無垠的空間之中，沒有一條直線的旋律，能在曖昧模糊的音群之中掙脫出來，整個的音群，在奇異的洶湧澎湃之下，向一個想像的空間挑戰。主題旋律，從黑暗恐怖的深淵之中迸昇而出，經由一閃無情而明亮的陽光照耀，頃刻間泛濫於大地。於是，突然地，它非常接近到我們，使我們感到害怕而退縮。它狂笑頻頻、它甘言娓娓、它橫施威脅，不久之後，它消失於輕柔的絃音之中，再後無盡遙遠處復起，黯弱低微地修飾了旋律，然後在一縷簡單的風琴琴聲中，再傾瀉出一份新鮮而豐饒的精神色彩。

所有尼采對華格納的評論，也都可以應用於莫奈。他們的藝術，表面上是回歸於原始、回歸於自然，以反抗想像的繪畫與抽象的音樂；事實上，卻代表，**對世界都會的野蠻主義的一種讓步，是感性瓦解的開始**，獸性的狂野與精緻的文雅相混合，便是例證。如果說這是藝術歷程中的一步，則它必然便是最後的一步。像這種人工虛飾的藝術，不會有進一層的「有機的未來」（organic future），它即是終結的表徵。

而苦澀的結論便是：西方的形式藝術之沒落，是無可挽回的事了。十九世紀的危機，只是垂死的掙扎。像阿波羅、埃及、以及一切其他的藝術一樣，浮士德藝術也因衰老而死亡，在實現了它文化歷程中內在的可能潛力、完成了它自己的使命之後，它便一去不復回了。

今天我們所從事的藝術——無論其為華格納之後的音樂，抑或莫奈、塞尚、李波爾、曼扎爾之後的繪畫——只是一片萎弱無能，虛偽造作。有一件事情是很明顯的：如今，即使關閉了每一間藝術的學院，也絲毫不致影響到藝術的發展。從西元前二〇〇年的亞歷山大城，我們可以看到自己的一副嘴臉，我們可以看到自己所想知道的一切。即是，世界都會為了要設法忘卻自己的藝術已經死亡，乃努力設置出的一片藝術的喧囂。

在亞歷山大城，與我們的世界都會一樣，可以看到一片對「藝術進展」、對「個人特性」、對「新風格」、對「始料不及的可能潛力」（ensuspected possibility）的幻象的追求。理論上的空談大言；虛驕自憐時髦流行的偽藝術家；拿著雞毛當令箭，就像是漫把名片作啞鈴的舉重家一樣可笑；以「文化人」自居的詩人、「表達主義」（Expressionism）那種恬不知恥的鬧劇，都被低級藝術一體包攬，組成所謂「藝術史的樣態」，其實，在思想上、感受上、形式上，都無非是些**工藝**而已。

亞歷山大城中，也有所謂「問題劇作家」（problem—dramatists）、「亭子間藝術家」（box—office artists），觀者卻以為他們尚高明於索福克利斯；也有所謂「畫家」，發明了新的「畫風趨勢」，成功地欺騙了他們的觀眾。最後的結果，則只是不斷重複一堆固定的死形式而已，這是我們如今在印度、中國、及阿拉伯—波斯的藝術中，都可以看到的。繪畫與建築、詩篇與古瓶、家庭的裝設、戲劇與音樂的作曲——這一切，都成了一種「模式」，定了型。在幾個世紀內，更不必說在幾十年內，我們不再能從藝術的裝飾語言中，記載下任何的事物了。所以，它無疑，是已處在所有文化的最後的一幕中了。

第八章　靈魂意象與生命感受
——論靈魂的形式

靈魂意象——世界意象的一個函數

我們看不到那個不在我們周遭的世界，可是，我們確實相信，「它」是存在於我們及其他人們之中的。而且，由於「它」的觀相上深刻的力量，它能喚起我們內在的焦慮、與求知的欲望。於是，經過深思冥索之後，便產生了一個「反面世界的意象」（image of a counterworld）。而這，便是我們藉以看到肉眼所不能見到的、永遠陌生疏離的事物，所能使用的一種模式。**靈魂意象**（image of soul）是神話式的，但是，只要**自然意象**（image of

Nature）仍在宗教的精神之中，被人們苦苦思索；則靈魂意象仍將在精神的信仰中，繼續保持為一種追求的目標。而且，只要「**自然**」能被加以批判的觀察，則靈魂的意象，自身也會轉形為一種科學的概念，而能在科學批判的領域中，繼續成為目標。正如「**時間**」是「**空間**」的反面概念，「**靈魂**」也便是「**自然**」的一個反面世界，因此，它是依隨著「自然」的概念，而作著與時推移、瞬息萬幻的變化。至於每一種心理學，則也正是一種「反面的物理學」（counter—physics）。

故而，我一直認為：科學的心理學，由於它不能發現、甚至不能接近靈魂的本質，故充其量，只能在構成文化人的外在宇宙的眾多象徵之中，增添一項而已。就像其他不再代表「生成變化的本身」，而是「已經生成的事物」一樣，心理學也只是提供了一種「機械論」（mechanism），而不是一種「有機觀」（organism）。

在此，第一次率直地揭出一個名詞：「想像的靈魂體」（imaginary soul—body），它不是什麼玄奧的東西，只是「**形式**」的恰當反映影像而已，而成熟的文化人，便是以「形式」來曠觀其外在的世界的。在此，仍然是由深度的經驗，開展實現了廣延的世界。無論由外在的感覺、抑或內在的概念看來，皆是由那個直指奧窔的基本詞眼：「時間」（Time），創造了「空間」的。而靈魂意象，便也如世界意象一樣，有它的「導向深度」、它的「地平線」，以及它的「邊界性」（boundedness）、或是「無界性」（unboundedness）。

事實是這樣的：本書中所述及的，一切與**高級文化**的現象有關的事物，集合起來看，便需要有大量廣泛而豐富的靈魂之研究，遠較其他任何事物為多。在此，我們所願採用的，不僅是「系統的科學」，而且是廣義的、人類所具的「觀相的知識」（physignomic knowledge）。今天，我們的心理學家，所告訴我們的一切，都只與西方靈魂的「目前」狀況有關，而不是與整個的「人類靈魂」有關，可是，迄令人們毫無理由地，認定心理學已觸及到人類的心靈。

所謂靈魂意象，不是別的，正是某一與眾不同的靈魂，所反映出來的意象。

事實上，每一個**文化**，皆具有其自己的系統心理學，正如它具有自己的知識的風格、和生命的經驗一樣。而且，正如每一文化的各個階段——例如「煩瑣哲學時代」、「詭辯學家時代」、「啟蒙運動時代」等等——皆能形成專屬自己的，特殊的數學、思想、和自然的觀念，所以，每一個個別的世代，也能在其自身的靈魂意象之中，反映出自己的生命來。

哥德式意志

對哥德式時代的世界景觀、及其哲學的終極因素，作一分離的研究，的確是頗需要勇氣的工作。正如西方早期教堂的裝飾、與原始的繪畫，一直在背景上，搖擺於金色的氛圍與廣漠的氣態之間，不能作決定性的取捨；早期哥德式那怯懦的、未成熟的靈魂意象，所呈現在哲學上的，也混合著源自阿拉伯——基督教的形上觀、及其**精神**對**靈魂**二元分立的特色，與北歐神話中暗含的「功能」性的靈魂驅迫力量。這其間的矛盾，即在於：究竟是以「**意志**」（Will）為首？還是以「**理性**」（Reason）為主？這一衝突之中。這是哥德式哲學的基本問題，現在人們嘗企圖以古代阿拉伯的哲學觀念、以及新近的西方哲學立場，來加以解決。

靈魂意象中的**意志**與**思想**，正對應於外在世界意象中的**導向**與**廣延**、**歷史**與**自然**、**命運**與**因果**。「意志」這一**導向感受**（direction—feeling），與「理性」這一**空間感受**（space—feeling），應想像為一整體，且幾乎自始便糾結為同一圖像，而我們的心理學家，自內在生命中所抽離出來的圖像，即是出自於此一整體。

把浮士德文化，稱呼為一種「意志的文化」，正是表達了浮士德靈魂中，那種彰明較著的歷史意向的另一途徑。我們的第一人稱的習慣，我們的「唯我自是」（ego habeo factum）的觀念，我們的動態的造句法，忠實地表達了自這種歷史意向而來的「行事法則」，再加上此一意向正面的導向能力，不惟主導了我們歷史世界的圖像，而且還主導了我們歷史的根基。這種第一人稱，高聳矗立於哥德式建築之上，尖塔即是一個「我」（I），飛柱也是一個「我」（I）。故而，整個的浮士德倫理，從湯瑪斯，阿奎那，直到康德，都是一種「優勝者」的倫理——是「我」的自我完成，是對「我」所施的倫理功夫，是以信仰和工作，來證實「我」的存在。我們對鄰人「你」（Thou）的尊敬，只是為了自己那個「我」，為了自己的快樂，而且，最終而且最重要的，只是為了「我」的不朽。

而這一點，正是這一點，乃是真正的俄羅斯人，所認為是可輕蔑的虛榮。俄羅斯的靈魂，是泯滅意志的，以「**無垠的平板**」（limitless plane）作為它的基本象徵。它試圖努力在這平板上的「兄弟世界」（brother—world）中，成長起來——謙卑的、無名的、自我奉獻的。對俄羅斯人而言，把「我」當作與鄰人相處關係的起點、經由「我」對鄰近及親切的人的愛，而在道德上提昇「我」自己、或是為「我」自己的緣故，而感到悔恨，這些都只是西方虛榮的特性，其大膽放恣，正如同西方的教堂那種高聳入雲，似向天挑戰，那般的魯莽滅裂，而他們的教堂，只是一些平板的禮拜堂，加上少量的圓頂形建築而已。

托爾斯泰筆下的英雄尼可魯道夫（Nechludov），追求他道德上的「我」，十分急切，迫不及待，這恰顯示了托爾斯泰並非真正的俄國心靈，而實在是彼得大帝西化政策的「偽形」[1]下的產物。但是托斯妥也夫斯基筆下的拉斯可尼可夫（Raskolnikov），則只是「我們」（We）之中的一人。他的錯誤，是全體人的錯誤，而即使認為他的罪，是他所獨有的，在他也認為是一種驕傲和虛榮。這種觀念，在馬日靈魂意象中，也是存在的。「人到我這裡來，」耶穌

1 史賓格勒認為，由於彼得大帝採取「西化」政策，使俄國進入了西方的「偽形」籠罩之下，見第十四章。

說：「若不愛我勝過愛自己的父母，妻子，兒女，兄弟，姊妹，和自己的性命，就不能做我的門徒。」（路加福音十四章，二六）。但祂所自稱的名字，卻是我們所誤譯的「人子」（Son of Man）[2]，這也是由與此相同的謙卑感念而來的。

思想與意志的爭執不下，是從梵埃克起，至馬瑞斯止，每一幅畫像中潛藏的主題，而這在古典的畫像中，卻是不存在的。因為在古典的靈魂意象之中，思想（νοῦς），是內在的天神宙斯，它是由動物性和植物性的脈動，合併構成的完全反歷史的整體，所完成的。全然是肉體生理性的，全然不具意識的導向，自然地趨向於其終點。所以，浮士德原理的實際指向，是屬於我們的，也只屬於我們，對他們根本無關緊要。

具有高度象徵意義的，倒不在「意志」這一概念本身，而在於我們具有這環境來發展這一概念，而希臘人則對它完全無知。歸根究底來說，深度空間（space—as—depth）與意志二者，本無區別。這兩者，古典的語言都從未表露出來過。我們可以看出：空間與意志合為一體，表現在哥白尼與哥倫布的行為上——以及狂飆性人物荷亨斯多芬（Hohenstaufen）[3]與拿破

2「人子」，原來出於波斯宗教中之「伯那夏」（Barnasha），背後的意念，不是一種孝順的關係，而是泯卻個人一切，加入人類全體之中的一種謙虛思想——原註。

3荷亨斯多芬，統治日耳曼（一一三八——一二〇八；一二一五——五四）及西西里的古代王族，勇猛善戰，所向無敵。

崙的行為上——也表現在另一方面，例如：西方物理學中的「力場」（fields of force）與「位能」（potential）的觀念，就是希臘人無論如何不能瞭解的。「空間是感覺的一種先驗形式。」這是康德最後推闡出的定律，也是巴鏤克哲學多時以來，不屈不移孜孜追求的目標，意義即在於：確定了靈魂必能主導一切陌生疏離的事物的主權，也即是：**自我**，透過「形式」，主導了外在的世界[4]。

這一成就，也表現在油畫的「深度透視法」中。深度透視法，能使圖像的空間區域，具有無窮之感，而掌握的主體，端在觀者本人。觀者由選擇自己對圖像的距離，而確定其對圖像感受的主宰權。由於這種距離的吸引力，便造成了「英雄感」、及「歷史感」的風景型態，這是我們在巴鏤克時代的圖畫和公園中，都可以看到的。此外，這一成就，還表現在數學及物理學中的「向量」（vector）概念上。幾世紀以來，繪畫藝術狂熱地奮鬥著，要求達臻此一象徵，以統攝「空間」、「意念」、「力量」等詞眼所能表露的一切內涵。與此對應的，是我們還發現到，在我們的形上學中，有一堅定的傾向，要把與此相同的一切純粹動態的內涵，都綜攝在一些成對的概念之中，（例如：現象與本體、意志與觀念、自我與非我），以便依

4 中國的靈魂，則「徜徉」於其世界中，故而其透視畫法，是將消失之點置於圖像的中間，而非如西方一樣，置於圖像深處。西方透視法的功能，則是以「我」來主控物象，將物象統攝於「我」——原註。

據精神，設定一種函數化的事象關係系統。這與希臘哲學家普魯泰哥拉斯（Protagoras）[5]的觀念：「人是事物的權衡，而不是創造者。」是恰恰相反的。

內在的神話

對於每一個人而言，無論他隸屬於哪一個文化，其靈魂的要素，就是他「**內在的神話**」（inner mythology）中的神祇[6]。在希臘，真正的「思想」在內心世界中的地位，與宙斯在外在的奧林帕斯山上的地位是一樣的，這是每一個希臘人，都能有意識地擁有著的——是其他的靈魂要素之王。而在我們西方人，「上帝」對我們而言，是世界之呼吸、是宇宙的權力、是永恆的創造者與供給者，但是，從世界的空間，反射進入想像的靈魂的空間，而且必然地，感受其為一種實際的存在的——「**意志**」，**卻也具有同等的意義**。在巴鏤克時代，外在

5 普魯泰哥拉斯（484?—411 B.C.），希臘哲學家，他主張人為萬物的權衡，而非創造者，將一切判斷，均視為感覺判斷，因此之故，他否定一切客觀的真理之存在。

6 此處「內在的神話」，頗近於楊格（Carl Jung）所謂的「集體潛意識」（collective unconciousness）是指心靈深處，不自覺地潛存的信念或思想。

世界流行的泛神論（pantheism），立即便影響及於內在世界，而與「世界」恰成對照的「上帝」這一個字，無論作何解釋，其意涵也與相對於靈魂而言的「意志」，吻合無間，即：是支配其領域內一切事物的，一種原動力。[7]

思想一旦脫離了「科學的宗教」（Religion for Science），我們便在概念上獲得了雙重的神話：在物理學中，以及在心理學中。「力」、「質量」、「意志」、「感情」等概念，並不是根據客觀經驗而生的，實在乃是基於「生命的感受」（life—feeling），而達爾文主義，也正是此種感受的一條特別淺薄的定則，沒有一個希臘人，會像我們的生物學那樣，以一種絕對專斷、法則分明的意味，來使用「**自然**」一詞。對我們而言，「上帝的意志」，無異是一冗辭，因為——「上帝」便是「意志」的化身。而在希臘，宙斯絕不具有支配世界的全部權力，他只是「眾神中的首位」，只是諸形體之中的一個而已，這是阿波羅的世界感受使然。古典意識的宇宙秩序中，無可捉摸的**必然性**，內在的**命運**，絕不依宙斯而決定；相反的，諸神本身，都從屬於命運。

7 很明顯，無神論對此也無例外。當唯物主義者或達爾文主義者，談到「自然」能總理萬象、影響選擇、創造及摧毀任何事物時，他與十八世紀的「自然神論者」（Deist）也不過只有程度上的差別。文化的世界感受，在此毫無改變——原註。

艾士奇勒斯在「普羅米修斯」（Prometheus）[8]的動人篇章之中，便說得很直率：甚至於在荷馬的史詩中，這一點也可以充分感覺得到，例如：在「諸神之爭」（Strife of Gods）這一節中，便是如此；而在另一節決定性的情節中，宙斯取出「命運之秤」（the scales of destiny），不是去**決定**、而只是去**瞭解**赫克特（Hector）的命運[9]，可見命運是高於一切的。因此，古典的靈魂，以及其才賦和特性，只把自己想像為：居住著諸位小神的奧林帕斯，而使此諸小神彼此平靜無擾、和諧相處，這即是希臘人生命倫理中，所謂「和諧」、「肅穆」的理想境界。很多的哲學家，已指出了希臘人的此一靈魂中至高的部分——「思想」（νοῦς），與宙斯之間，有如此的關聯性。其實，亞里斯多德便是把他的神，看作是「沉思」（θεωρία）的一種簡單的機能，而這，也正是狄阿鏗尼斯（Diogenes）[10]的理想——這是一種完全成熟的靜態的生命，與我們十八世紀理想中的完全成熟的動態生命，恰恰相反。

所以，靈魂意象之中此一謎樣難瞭的事象，此一「第三進向」（third dimension）的熱情——「意志」，完全是巴鏤克特殊的創造物，就如同油畫中的透視法、近代物理學中的

8「普羅米修斯」，為古希臘神話中的巨神。他盜取天火，傳於世人，以拯救人類，因此為宙斯所縛，遍歷痛苦，始終不悔。

9 赫克特，為荷馬「依里亞得」中，特洛城的英雄，後為阿克利斯（Achilles）所殺。

10 狄阿鏗尼斯（412—323? B.C.），希臘著名的犬儒派哲學家，以禁慾苦修聞名。

「力」的概念、以及器樂中的音調世界一樣，是西方所獨有的文化表達形式。

如我們已知，巴鏤克的建築，是始於米蓋蘭基羅以動態的要素——力與質量，取代了文藝復興時期的結構的要素：支柱和負荷。於是，相對於布魯奈勒斯基（Brunelleschi）建在佛羅倫斯的「巴茲教堂」，表達出一種光輝燦爛的完整性；維吉諾拉（Vignola）建在羅馬的「基素教堂」，其正面卻代表了以石頭呈現的「意志」[11]。這種教會建築形式的新風格，可以稱之為「耶穌會」（Jesuit）的建築。而事實上，維吉諾拉與波塔（Giacomo della Porta）在建築上的成就，與「耶穌會」創始者羅耀拉（Igatius Loyola）在神學上的創造之間，確有內在的關係[12]，代表了此教派中純粹而抽象的「意志」，這正如「耶穌會」那抽象的運作、與無限的界域，也與微積分、及複句音樂的藝術有關一樣。

故而，此後我們若提及所謂心理學、數學、及純粹物理學中的一種「巴鏤克風格」、或甚至「耶穌會風格」，讀者當不必驚訝愕然，以為不可思議。因為，在這幾世紀中，所有心

11 魯布奈勒斯基（1377—1446），佛羅倫斯著名的建築家；維吉諾拉（1507—1573），亦是義大利傑出的建築師。

12 博學的耶穌會教士，在理論物理學的發展上，所擔任的重大角色，實在不容忽視。波士科維奇（Boscovich）神父的原子力系統，發表於一七五九年，是第一項超越了牛頓的真正進步成就。把「上帝」與純粹空間視同一體的概念，在耶穌會教士的作品中，較笛卡兒及巴斯卡等所屬的詹生教派的作品中，尤為明顯——原註。

靈創造，有一共同的地方，即是一種「**動力學**」（dynamics）的形式語言。它以「容量」（capacity）和「強度」（intensity）的能力對比，取代了古典的「實質」和「形式」的那種無意志性的體質對比，而「意志」，正是此一精神徹底的呈現。

古典的行為戲劇，與浮士德的性格戲劇

現在問題是：西方文化中的人，對於他所創造的靈魂意象，所要求於他的事，究能實現到如何一種地步？

「意志」在靈魂意象中的地位，具體而言，即如同「**性格**」在生命圖像中的地位一樣，而西方的生命，在西方人而言，自是明朗易喻的。所以，無論我們的倫理體系，在形上基礎和實踐教諭方面，有何歧異，卻皆有一個基本的肯定原則——「人人皆有性格」。性格，是在世界的大流中——人格、生命與行動的關係中——形成的，它是浮士德式的「人之印象」（impression of Man）。從佛洛勒斯主教耶爾琴、以及十字軍時代起，我們在觀念上，就一貫地認為，人類乃是一個活動的、戰鬥的、進步的整體，所以我你已很難理解到：這觀念只是我們西方人自以為是的一種「假設」（hypothesis），只能在一個時代中，顯得生動而真實，卻

不是放之四海而皆準的真理。例如：古典標準下，那種「把握現在」（carpe diem）的、完滿自足的存有，就與我們西方人所感受的，截然不同；西方的歌德、康德、與巴斯卡，教會的思想家與自由的思想家，都認為：**只有活動的、戰鬥的**、與**勝利的**「存有」，才具有價值[13]。

「性格」是一個有用的形式，透過了它，紛擾多事的生命，才能統合本質上高度的不變性、與細節上最大的變化性。所以，性格是一部優秀的傳記，所必須具有的東西。普魯塔克（Plutarch）那種真正的古典傳記[14]，相形之下，只是一堆以編年為聯繫的軼事舊聞，而不是歷史發展的有序圖像，因為它沒有「性格」的觀念。

當然不待說的，當我們轉而研究古典的生命感受時，我們必定會發現，某種倫理價值中的基本要目，會恰與「性格」形成對照，一如「靜態雕像」對照於「複句音樂」、「歐氏幾何」對照於「解析幾何」、及「形體」對照於「空間」那般。我們發現這要目就是「姿態」

13 馬丁路德將實際活動，置於道德的中心之點。這也是使清教教義，在深層的本質上，較為有力的諸般理由之一。缺乏導向能量，一味只求虔信的作品，本只是南歐宗教感念的遺跡，如今已從受到高度尊重的地位上墜落下來。在倫理的基礎上，修道院的制度自此日益為人藐視。在哥德式時代，進入修道院內的，那種在心性、行為、意志上的禁慾苦修，曾經是一種最高尚的倫理特性與行為，是一種所能想像到的，生命的最高度犧牲表現。但是，到了巴鏤克時代，即使羅馬的天主教，也不再持此看法。於是，不再刻苦修道、只求懶惰安逸的教會機構，在「啟蒙運動」的精神之前，便日趨下游了——原註。

14 普魯塔克（46——102? A.D.）希臘著名的傳記作家及歷史學家，為《希臘羅馬名人傳》的作者，該書迄今仍為古典文學傑作之一。

（gesture）。「姿態」供應了古典的精神靜態，所需的必要基礎。而在古典的字彙中，與我們的「人格」（personality）一詞相當的，乃是「面貌」（πρόσωπον）[15]——意即：人的角色或面目。在後期的希臘語及羅馬語中，「面貌」意味著一個人的「公開的觀點與姿態」，這對古典文化的人而言，實即相當於人的本質及核心所在。例如，一位演說家可描述為：他演說的「面貌」有似一位僧侶、或戰士。希臘人認為：奴隸是「無貌的」（όπράσωπον），即：奴隸沒有公眾生活中的地位或形象可言，但不是「無靈的」（άόσμajos）——即是：他也有一個靈魂。

羅馬人觀念中：命運指派某人擔任國王或將軍的地位，也以「擔任皇帝角色」（persona regis, imperatoris）等字樣表示。阿波羅型態的生命類型，於此已顯示得十分明白。其所著重指向的，並不是個人的人格，並不是一個活躍奮進的生命的內在可能潛力之展開；而是一種永恆不變、自給自足的「姿態」，嚴格適合於古典人那靜態存有的「塑形理想」（plastic ideal of being）。亞里斯多德曾揭櫫 ρῶον πολιτικον 一詞，其意涵很難翻譯，通常翻譯時，都附上一種西方的內涵或附註，本意是指：當人獨自而寂寞時，他什麼都不是；只有在眾人中、在大會

---

15 πρόσωπον一字，在古希臘文中，意為「面貌」，稍後，在雅典文字中，意為「面具」。直到亞里斯多德，這字眼仍未用於「個人」身上，而persona一字，原先也是一種戲院面具，後來用於法律方面，才有「個人」的意味，而在羅馬帝國時代，這個字所蘊含的豐繁意義，也反過來影響了πρόσωπον這一希臘字——原註。

場、或在公眾集會所時，每一個人能反映出他的鄰人的存在，如此，只有如此，他才能算是一個「真正實際」的存在體。這意義，也涵攝在另一詞語 σωματα πολεως 中，適用於城市中的公民。

進一層說，西方和古典的此一對立，也造成了兩者的悲劇形式，無論從任何觀點看來，都截然不同的現象。事實上，浮士德的「性格戲劇」（character—drama）、和阿波羅的「貴姿戲劇」（drama of noble gesture），除了「戲劇」一名相通外，其他根本完全不同。只把古典的悲劇指稱為「行為戲劇」（action—drama）、而把西方的悲劇指稱為「事件戲劇」（event—drama）以資區別，是不足以表明兩者之間的歧異的。

浮士德的悲劇是「自傳式的」（biographical），而古典悲劇則是「軼事式的」（anecdotal），即是：前者處理的是整個生命的意義，後者則只觀照單一時刻的內涵。例如：古典悲劇中，依底帕斯與奧瑞斯特斯[16]，在他們的生命旅途上，突然遇到了致命的事件，這與他們所有內在的過去生命，有何關係可言？但是，莎士比亞筆下，奧賽羅的悲劇——這是心理分析方面的傑作——則即使其過去生命中，最小的特性，都曾多少影響到奧賽羅最後的災禍。種族的仇

16 奧瑞斯特斯，希臘悲劇中，阿加曼儂之子，其父為其母及情父所害，奧瑞斯特斯乃殺死母親及奸夫，以報父仇，走上永恆的悲劇之途。

恨、他本人在貴族中傲慢自負所造成的隔離心態、摩爾人的善戰、但不成熟的心理、年邁的單身漢之寂寞感——所有這一切，在此悲劇中，都自有其重要意義。

所以，「心理學」其實是西方自己獨具的名稱，以描繪人的狀態，這名稱既適用於林布蘭的畫像，也適用於華格納「屈萊斯坦」的音樂，既適用於但丁的「新生」（Vita Nuovav），也適用於史丹達爾的「紅與黑」，與此類似的事物，在任何其他的文化中，是絕不存在的。如果古典藝術確曾小心謹慎地排除了什麼，那便必定是心理學，因為在心理學的形式中，藝術把人處理成有血有肉的具體「意志」，而不是古典文化所要求的「精神」（σῶμα）。若把古典的大悲劇作家優里披底斯，也稱為一個「心理學家」，那就是顯示我們對心理學的無知了。

因此，我們浮士德文化的人，把戲劇理解為：「最大限的主動」（maximum activity），是具有深刻的必然性的；而同樣必然的，希臘人則把戲劇理解為：「最大限的被動」（maximum passivity）[17]。一般而言，阿提克的悲劇，根本可說無「行動」可言。阿提克悲劇，以艾士奇勒斯為代表，艾士奇勒斯本人是希臘的伊留色斯島（Eleusinian）人，他所創作的高境界的戲

---

17 古典字彙中Patho與Passio兩字的演變情形，正對應於此，第二個字是在羅馬帝國時代，才從第一個字處衍化成形的，其原始意義，只是用於描述基督的「受難」（Passion）。到了早期哥德式時代，尤其是在法蘭西斯派「狂熱」分子、及佛洛勒斯的耶爾琴的門徒之間，其意義才有了決定性的逆轉。開始用來表達一種要竭力投射自己的深度激動狀態，而終至，成為一個表現所有精神動態的常用名詞，帶有強烈的意志與導向的能量——原註。

劇，源出於該地的神秘祭禮形式，及儀式上的「突變」（peripeteia）節奏，而神秘祭禮，其實只是純粹的儀禮執行程序。

故而，亞里斯多德曾描述悲劇為：對一樁事件所作的「模仿」。這模仿又是對神秘祭禮的一種「褻瀆」；而艾士奇勒斯還進一步，把伊留色斯僧侶的聖服，作為阿提克舞臺上的正規服飾，他並因此而受到指控[18]。儀禮的本身，及其從哀慟倒轉而成歡樂的變化，不是在於其所敘述的神話。而是依其背後的儀式行為而定，它在觀者的瞭解和感受上，是具有深刻的象徵意義的。隨此一非荷馬式的早期宗教而俱來的，是一種粗俗的祭典，祭祀當地的底米特農神與戴奧奈索斯酒神的跳舞節慶，無論其為陽物崇拜的形式、或是狂歡合唱的形式，總之，都是滑稽的景觀。在此際的獸性狂舞、及其後面的伴唱，即是後來希臘悲劇的「合唱團」的初胚；希臘悲劇始祖狄斯比斯（Thespis）[19]，用於演員及「回答者」（answerer）方面的伴唱，即是由此而來。

真正的悲劇，是從嚴肅的死亡悲歌中發展出來的。到了某一時刻，愉悅狂歡的戴奧奈索斯慶典，變成了一個由憂傷者組成的合唱團，森林中的「人羊神」遊戲宣告結束了。艾士奇

18 伊留色斯神秘祭禮，根本毫無秘密可言。每一個人，都知道進行的程序。但這些祭禮，能對信徒產生一種奇異而強力的影響，而若在廟宇之外模仿這些聖禮形式，便是褻瀆了聖禮，構成「背叛」的罪行。

19 狄斯比斯，西元前六世紀，希臘著名詩人，為希臘悲劇的創始者，後之三大悲劇作家，皆由此所導出。

勒斯引進了第二位演員，而完成了古典悲劇的本質。哀慟的主題，附隨在一幕偉大的，人類苦難的清晰情景上出現，成為所要表達的主旨。

此悲劇的前景故事，並不是「行動」，而只是提供了「合唱團」唱歌的場景。但是，不久之後，遠遠超離在哀慟之上的，是一種表現人類忍苦受難的莊嚴情境，是英雄的態度和表現。主題並不是在表現英雄的行動者，以他意志的激越洶湧，粉碎了一切陌生疏離的阻力、和自己內心的惡魔；而是表現沒有意志的忍耐者，他的肉體生命，被無緣無故地摧殘毀滅。所以艾士奇勒斯的「普羅米修斯」三部曲開始的時候，也很可能正是歌德的劇本已經結束的時刻。李爾王的哀傷，是悲劇行為的主題所在，可是索福克利斯作品中的亞傑克士（Ajax），是在戲劇開始之前。就已被雅典娜注定了哀傷的命運——這就是個人的**性格**、和被操縱的**形體**之間的區別所在。

事實上，正如亞里斯多德所言：恐懼與憐憫，是希臘悲劇帶給希臘觀眾（也只是希臘觀眾）的必然效應。這從他所選擇的幾幕表現效果最佳的景觀中，所描述到的：幸福突被剝奪、美德竟遭惡報的情形，可以很明顯地看出來。在上述兩情形中，前者的主要印象是「恐懼」，而後者的主要印象便是「憐憫」。而在觀者心中所生的「清滌作用」（Kaθ αρσιs），乃是以觀者的生存理想，是一種「靜態秩序」為前提。由此可見，希臘人的「靈魂」，即是「切近與當即」（here and now），其精神是靜態的，「固定於一點的」存有。

看到這種存有，被神祇的嫉妒、或被盲目的命運所危害，而且這可以毫無理由、毫無警告地，降臨到任何人頭上，真是希臘人所有經歷中，最最可怖的一種。這在酷愛挑戰的浮士德文化的人，是對其活潑潑的積極精神的無比刺激，可是對希臘人而言，卻擊中了其存有的根柢深處。故而——發現了自己的自我救贖、發現了太陽再度東昇，而黑雲在遙遠的地平線處自行散沒、深深地欣悅於自己所仰慕的偉大姿態、看到那苦悶的神話靈魂再次呼吸——這便是「清滌作用」。但它成立的前提，是一種於我們而言，完全陌生疏離的生命感受，一種很難翻譯到我們的語言、和感覺中去的生命感受。

西方人由於在古典書籍之前特別的謙遜柔順，所以巴鏤克與古典主義的時期，所有的美學上的努力表現和武斷論點，都在強勸我們承認：「清滌作用也是我們自己的悲劇，所必需的精神基礎。」這是不足怪的。但是事實上，我們西方的悲劇，其效果恰恰與此相反，它不會把我們從事件的死沉沉的壓力下解脫出來，反而會喚醒我們心中，一種積極的、動態的元素，激動我們，刺戟我們。它喚起了一個強有力的人類生命之原始感受，緊張、危險、暴烈的行動，勝利、犯罪、征服與毀滅的戰勝，所帶來的狂野和暢快，——這些，都是從維京人、荷亨斯多芬人、及十字軍時代起，就深蟄在北歐每一個靈魂深處的感受。這是莎士比亞戲劇的效果，而希臘人，則不能忍受如「馬克白」這樣的悲劇，一般而言，也根本不能瞭解到：這種**有導向**的、**自傳式**的宏壯藝術的意義。

戲劇的象徵

阿波羅與浮士德的文化景觀，在戲劇展現的形式方面，確有對應的差異存在。而這差異，也可以補充說明，兩者之間，詩歌概念上的不同。

古典的戲劇，是一件雕塑品，是一組感覺上頗像浮雕的戲劇場景，是一種演出在「背牆」（back—wall）的確定平面上的，巨大木偶戲之展覽。戲劇所展現的，完全是莊嚴偉大的想像性「姿態」，其神話中那些貧乏的事實，只是在嚴肅地加以複誦，而並不是在展現出來。而西方戲劇的技巧，恰指向於相反的目標——要求連續不斷的動作，而嚴格排除刻板靜止的時刻。在雅典，有名的統一場合、時間、行動的「三一律」（three unities），雖然不曾明白地成為戲劇的定則，卻畢竟在無意識中蔚成風氣，這是一種對古典的大理石雕像型態的闡揚，它與大理石雕像一樣，都指示了古典的人們，屬於雅典「衛城」、屬於純粹「現在」的人們，以「姿態」代表生命要素的人們，他們所感受到的生命，究竟是何形象。「三一律」是一種有效的**否定**，否定了過去和未來，拒斥了一切精神性的「超距作用」（action—at—a—distance）。

十六世紀的西班牙戲劇，曾在「古典的」主導權威下，俯首帖耳；偉大的西班牙劇作家，尤其是達莫里那（Tirso da Molina），塑造了巴鏤克的「三一律」。然而，這「三一律」並不代表希臘那種形上的**否定**，而純粹只是表示在精神上，對古典戲劇的高度膜拜而已。哥奈黎（Corneille）[20]這位西班牙精神的馴服的弟子，更從西班牙借用了「三一律」，來發展自己的戲劇。這是很致命的一步失錯，本來，純粹浮士德型的、具有想像不到的形式和膽量的，一種雄渾有力的戲劇，非常可能在此時出現，可是竟沒有出現。條頓人的戲劇，以莎士比亞之偉大成就，而竟尚未能搖撼那個，為我們所誤解了的，希臘傳統的魔力，這便是盲目信仰亞里斯多德的權威所造致的惡果。假如巴鏤克的戲劇，一直是處在騎士史詩、神秘祭禮、以及哥德式的「復活節」神話劇（Easter—play）等的影響下，一直與「基督聖樂」及「受難曲」等密切相鄰，而從不知希臘戲劇為何物，則它將會有何等的表現！

一種源自對位法音樂的悲劇，超越了那些對自己毫無意義、而只適合於塑形藝術的限制；一種從奧蘭多・拉索（Orlando Lasso）[21]與帕勒斯特里納起，就可能發展出來的戲劇詩——能與舒茲、巴哈、韓德爾、格魯克及貝多芬的音樂並駕齊驅，而且完全自由，直發展到它自己的純粹形式成立為止；這一切都是可能發生的事，但是竟然不曾發生。

20 哥奈黎（1606—1684）法國有名的劇劇作家，受學於西班牙。

21 奧蘭多・拉索（1530—1594）法蘭德斯及尼德蘭有名的作曲家。

雅典的阿提克戲劇，並不只以「三一律」為滿足。它還更進一步，要求面部表情的**僵化**，好似戴了堅硬的面具一般。故而，它禁止任何精神上的特徵化；正如阿提克的感情，也不容有個人特徵的雕像存在一樣。它要求的，不是生命本身所要掌握的形象，故而希臘悲劇中，演員所著的是統一的「半統靴」（cothurnus），並且在演員周身，填滿了衣飾、掛滿了飾物，以消除他一切的個人特性。最後，它還需要一種單調的**歌頌**，來傳達劇情，這便是由固定在面具裏的代言人完成的。

在此，我們的注意力，不妨集中於希臘悲劇的一大特色：就是一直存在於劇中的「合唱團」，這是浮士德型的任何真正悲劇，必定不能忍受的事。這種「合唱團」，在理想上，恰恰與西方那種孤獨而內在的人、及其內在的獨白，完全相反。它代表了群眾，它永遠存在劇中，作為劇中人「獨白」（soliloque）的見證者。無論在舞臺生命、或現實生命中，這種合唱團，都是真正阿波羅型的產物，因為有了它的存在，人類在無限與虛空之前的恐懼感，才會被驅斥出去。

在希臘，自我的反省，是一種公開的行為；有公眾之前誇張的悲哀，而無寢室之中孤獨的哀痛；眼淚和憂慟，填滿了諸如「菲羅克底特斯」（Philoctetes）、與「特萊琴尼亞」（Trachiniac）等戲劇整個的過程中；但卻絕無孤獨的滋味湧現。所有雅典衛城所代表的靜態感受；所有古典文化中的陰性色彩，都顯示在「合唱團」這一象徵之中。

與此類戲劇相形之下，莎士比亞的戲劇，只是一些單純的獨白。因為，即使在對話中，即使在群景中，我們也可以感覺到：一種人與人之間的，濃厚的內在「距離感」，每一個人，歸根究柢，只是在對自己說話。沒有任何事物，可以克服這種精神上的隔離之感。無論在「哈姆雷特」中、或「塔索」中；在「唐吉訶德」中、或「維特」中，甚至在吳爾夫蘭的「派西乎」中，都充滿了西方這種無窮之感的印痕。這一歧異，也適用於所有的西方詩歌、和古典詩歌之間的比較。從渥吉維德（Walther von der Vogelweide）[22]直到歌德，再從歌德，到我們這些垂死的世界都會中的詩章，所有我們西方的抒情詩，都是一種「獨白」。而古典的抒情詩，則是一種合唱式的抒情詩，是在觀眾面前演唱的詩歌。這與兩者在戲劇上的對立，若合符節。

白晝的藝術與黑夜的藝術

因有合唱與獨白之別，所以，雖然伊留色斯的神秘祭祀、以及色雷斯島的戴奧奈索斯「顯

22 渥吉維德（1170—1230）為日耳曼聞名的吟遊詩人。

聖」（epiphany）慶典，應該是夜間的慶禮，可是古典悲劇家狄斯比斯的藝術，由於其**內在深處**的自然要求，畢竟發展為一種**白晝的景觀**，充滿了璀燦的陽光；與此相反地，我們西方的流行而狂烈的戲劇，本是起源於教堂中固定的講道，並且首先由牧師所製作，然後才有一般人在公開的廣場上演出，並且是在重大節日的**白晝**間上演的，但是，它卻在可說是不易覺察的情形下，發展成為一種黃昏與**黑夜的藝術**。在莎士比亞時代，戲劇的演出已在午後舉行，到了歌德時代，終於達成了目標，使藝術與光線的設置之間，產生了適當的關係，給人以一種神秘之感。

大體而言，每一種藝術和每一個文化，在一天之中，都有一段具有它本身的象徵意義的時間。十八世紀的音樂，是一種屬於黑夜、訴諸內在之眼的音樂；而雅典的雕塑，則屬於晴空無雲的白天。若比較一下：那永遠包裹在「朦朧的宗教之光」（dim religious light）中的哥德式雕塑，與代表正午陽光的樂器——愛奧尼亞的橫笛，便知這其間的對立，不是浮淺的表面差異。事實是：燭光「肯定」了與一切事象相反的空間，而陽光則「否定」了空間的意義。在黑夜，空間的宇宙壓服實質的事物，而在正午，環境彰顯了自己，而排斥了空間的存在。同樣的對立，也出現在阿提克壁繪、與北歐的油畫之間；更出現在希臘神話中，牧羊神潘恩（Pan）與赫利亞斯（Helios）[23]的象徵、及北歐神話中，星夜和落日的象徵之間。

古典的瓶繪和壁畫，不表達一天中的時間。沒有陰影指示出太陽的狀況、沒有天穹存在有星星的閃亮，既沒有早晨、也沒有黃昏，既沒有春天、也沒有秋天，只是一片純粹不具時間色彩的光亮明朗。基於此相同的理由，我們西方的油畫，則向與其相反的方向發展，也與一天的時間無關，而只朝向於想像的黑暗，從而形成了浮士德型空間靈魂的特性氛圍。所表現的，是絕早的凌晨、晨日的雲霞、照在遠山上的最後餘暉、燭光照耀的室內、春天的湖畔草地、秋日的樹林叢木、以及畦溝與叢林的長長短短的陰影，但是，這些都完全被一種凝滯壓抑的黑暗所貫透著，而這種黑暗，則並不是由天體的運行而來的，正常的黑夜。事實上，持續不變的光明、與持續不斷的微曙，分別是古典文化與西方文化的表徵，無論在繪畫或戲劇中皆然。甚至，我們也可以把歐幾里得幾何，述描為一種「白晝的數學」，解析幾何則描述為一種「黑夜的數學」。

場景的改換，在希臘人，無疑視為一種瀆神的行為，但對我們西方人而言，幾乎是一種宗教上的必然，一種我們的世界感受中的定則。我們內在的心靈，需要一種透視法則及廣闊背景的戲劇、一種能擺脫所有的感覺上的限制，而把整個世界吸納於自己的舞臺。這便是莎

23 潘恩與赫利亞斯，皆為希臘神話中的神祇，潘恩為山林、曠野、鳥獸及羊群之神，赫利亞斯即太陽神。

士比亞的貢獻。莎士比亞生於米蓋蘭基羅逝世之年，而在林布蘭出世之年，停止寫作。在莎士比亞戲劇中，戲劇的無限性、推撼一切靜態限制的狂熱感，達到了最大限度。他筆下的森林、海洋、小徑、花園、戰場，都像是敷設在遙遠的地方，在無垠的空間。年歲飛逝，空間無窮，哀傷的李爾王，由於愚蠢和大意，被拋棄在荒野之上。在黑暗和風雪裏，那無可言宣的寂寞孤獨的自我，失落在空間之中——這便是浮士德型的生命感受！

通俗的特性與隱秘的特性

每一個文化，皆有自己的某種，非常確定的「**隱秘特性**」（esoteric character）、或「**通俗特性**」（popular character），這是內在於其所有作為之中的。只要這些作為具有象徵的意義，便必定會在「隱秘」、或「通俗」二者之中，表現其一。我們可以在西方文化中任何地方，皆看到明顯的「獨佔形式」（exclusive form），可是這在古典文化中，卻絕不存在。例如：法國的普拉汶斯文化、與羅考課文化，其整個的時期，都是處在最高度的選擇與獨佔情形之中，它們的理念和形式，只是為一個少數的高級人類集團而存在，對一般大眾，則並無意義。甚至文藝復興時期也不例外，雖然它自稱是古典文化的再生，而古典文化顯然是非獨佔的、開放給所有人民的；可是事實上，文藝復興畢竟完全是一小部分、甚至個別的特殊心靈的產物，它從開端時，就摒棄了通俗流行的品味。相反的，每一個阿提克市民，都屬於阿提克文化，阿提克文化也不摒棄任何人。故而，對我們西方，具有決定性的重要意義的，「深刻」和「淺薄」之別，在阿提克，可謂根本不存在。在我們西方人看來，「通俗」和「淺薄」乃是同義語，無論在藝術和科學中皆然，但是在古典人們看來，卻不是如此。

從提善開始，西方繪畫變得越來越隱秘；詩歌也是如此，音樂也是如此。而哥德式文化本身，從其一開始起，就是隱秘難解的，這可以但丁及吳爾夫蘭為證。歐凱金（Okeghem）與帕勒斯特里納的彌撒曲、甚至巴哈的彌撒曲，都從來不是群眾之中，一般人士所能理解的。普通人甚至會對莫札特或貝多芬的音樂感到厭煩，而認為音樂一物，可有可無。

自從啟蒙運動時代，發明了：「為一切人而藝術」（art for all）的口號後，音樂廳和戲劇院確也吸引了某一程度的、對音樂的興趣，但浮士德藝術委實不是——而且在本質上也不可能是——「為一切人」的。如果現代繪畫，已不再訴諸於任何人、而只訴諸一小群越來越少的藝術鑑賞家，這只是因為：它已經不再繪作那些街上任何人都能瞭解的事象；它已經把真實的性質，從內容轉向於空間——而根據康德的哲學，只有透過空間，才能彰示事物的「存在」。

再思考一下我們的科學：每一種科學，毫無例外的，除了它主要的基礎之外，還有其非一般人所能理解的、某些「更高的」領域——**象徵**，屬於我們的「無窮意志」、和「導向能量」的象徵。事實上，我們可以把這種對擴張效應的渴望，作為一種充分的指針，而看出西方科學那正在開始、但已感覺得到的沒落。巴鏤克時代那嚴格的隱秘特性，如今已被感覺為一種負擔，這是能力萎縮和距離感變鈍的徵狀，因為它謙遜地承認了「極限」（limitation）的存在。對我們而言，專家和常人之間的兩極對立，具有高度的象徵意義，而當這距離的張力開始變弱時，我們浮士德的生命，也便萎弱了。

天文意象、地理水平、權力意志

權力意志（the Will to Power）——恰恰與「行為道德」（the Moral of Behaviour）相反——它也表達在西方的天文學圖像上。**望遠鏡**，是一種真正浮士德型的發明，貫透了肉眼所看不到的空間，從而增大了我們所「擁有」的宇宙。我們所看到的，只是光線所能指達的地方，我們所瞭解的，也只是我們自己的象徵。如今，世界已顯示出：空間和星球，不過是無窮宇宙之中的小球而已，實質上已不再能影響到我們的世界感受，故而，一種近乎貪婪的饑渴，驅使我們越來越深入地，進入那遙遠的無窮空間。而希臘科學家德模克利特斯

（Democritus）[24]，則嘗試（既代表阿波羅文化，他的嘗試自是被侷限的）去設定某種具體的極限，使一切事物都不能超出極限之外；故而，他想像有一層圈狀的原子，環繞著希臘人的「宇宙秩序」（Cosmos）。

同樣的情形，也見於地理的水平上。阿波羅文化中的人，很少感受到哥倫布式的遠航願望，就像他不能理解哥白尼的希祈一樣。而在第十世紀，浮士德文化乍誕生時，北歐人的精神，已在想像中驅其小舟，遠赴美洲海岸了；而古典的人們，則甚至完全沒有環航非洲的興趣，雖然這是埃及人和迦太基人早已完成了的事。雅典人根本無視於此，正如他對古代東方的知識一樣，興趣闕如。

哥倫布和達伽馬的發現，把地理上的水平開展於無限，於是，以三大洋為主的所謂「世界海」（world—sea）與陸地之間的關係，就好像空間宇宙對地球的關係一樣了。而浮士德型世界意識之中，也首次產生了政治的「張力」（tension）。因為，對希臘人而言，希臘一直就是地球表面最重要的地方，毫無疑義；但是，由於發現了美洲大陸，西歐便只成了巨大整體中的一部分，故而，西方文化的歷史，便出現了我所稱的「行星系統」的特色。

每一個文化，各有其自己的「家鄉」（home）與「故土」（fatherland）的觀念，這是很

24 德模克利特斯（460—370 B.C.）希臘著名哲學家與科學家，為原子論之最初倡立者。

難瞭解、更少形諸文字的感受，充滿了黑暗難解的形上關係，但是，它的大傾向卻是不會錯誤的。古典的家鄉感念，個別而具體地、歐幾里得式地，繫定在雅典衛城之上；這恰與北歐人那種音樂似的、高翔遠翱的、非人間世的、謎樣飄忽的「思鄉之情」（Heimweh），形成一種對照。古典人們，只有當他能從本城的衛城上，確實看到的地方，才認為這是「家鄉」。在這種雅典人的地平線終結之處，所出現的，便已是另一種陌生疏離的、充滿敵意的「異域」了。

總而言之，如果我們看一下整個的畫面：——我們今天所擁有的哥白尼式的世界，已擴張入於星光燦爛的空間，哥倫布的發現，已被西方人擴展為對地球的表面，所作的廣被世界的控制掌握；油畫和戲劇的透視法形式；家鄉觀念的昇華；以及我們的**文明**，對敏捷的交通運輸、對天空的征服、對南北極區的探險、對攀超幾乎不可能抵達的山峰，所具的狂熱之情——我們可以看到：每一處都浮現了浮士德靈魂的基本象徵——**無窮的空間**。至於西方的靈魂神話中，特殊的創造物，例如「意志」、「力」、與「行動」等，則必須要認作是，此一基本象徵的導出物，才能獲得了解。

第九章　靈魂意象與生命感受
——佛教、斯多噶主義、社會主義

每個文化皆有自己的倫理

西方的人類，毫無例外，全都處在一種龐大的視覺幻景的影響之下。每一個人，都要求其他的人如何如何。我們常充滿信心地說：「你應如何」（thou shalt），事實上，意思就是世上的一切，都應該、能夠、而且必須加以改變、形成、或安排，使遵從於固定的「秩序」，而且我們相信這些秩序，無論在功效上，抑或在我們所賦予的名稱上，都是不可動搖的。對我們而言，這就是所謂的「道德」，除此之外，便別無道德可言了。在西方的倫理學中，任何事物都具有導向、都具有權力的主張、都想以意志來影響遠方的事物。在此點上，馬丁路德與尼采、天主教的教皇與達爾文主義者、社會主義者與耶穌會會員，都是完全一致的。對其中任何人而言，「道德」的肇端，就是先主張有普遍而永恆的真理存在，而對浮士德型的靈魂而言，這且是必然應該如此的。任何人所思想的、或所教授的，若「與此不同」，則必定是有罪的、是開倒車者、是仇敵，應該毫不容情地加以擊倒。

你「應該如何」、國家「應該如何」、社會「應該如何」——這種的道德形式，對我們而言，是無可置疑的自明之理，它也代表了我們所謂的「道德」一詞的真正意涵。但在古典文化、或中國文化、或印度文化中，情形都不是如此。例如：佛陀提供了一套入世或出世的型模，而伊比鳩魯斯（Epicurus）[1]也提出了另一項型模，無疑地，這兩者都是高境界的道德形式，但其中任一者，都不曾含有「意志」的因素。

我們所完全不曾觀察到的，是我們這種「**動態道德**」的特殊狹隘性。如果我們承認「社會主義」（倫理意味的、不是經濟意味的社會主義）是一種：「試圖以實現自己的觀點，來代表所有人類的世界感受」的思想。則我們無論是否自願、無論是否自覺，都毫無例外的，是社

1 伊比鳩魯斯（341—270 B.C.）希臘哲學家，伊比鳩學派之創立者，認為人的目標，應是一種平靜愉悅的生活，而由道德、自律、沉靜、及文化發展，來加以規制。

會主義者。即使是尼采，這位最熱情的「世俗道德」（herd morale）反對者，也完全不能自己抑制其狂熱，不能走上古典文化的道路。他所念念不忘的，只是「人類」，可是他卻攻擊每一個與他自己不同的「人」。相反的，伊比鳩魯斯則是很誠懇地，不介意他人有與他不同的意見與行動。

尼采心目中的查拉圖士特拉，雖然是公開地超越於善惡之上，可是一當看見人們與他所要求於他們的不同，畢竟會感到痛苦，而一種深刻的、純粹非古典的欲望，想要提供一種生命，給他們去「改革」——改革成他自己所希望的形象，也就自然地，成為他唯一的欲望了。正是尼采這一種「普遍的價值轉換」（general transvaluation）的觀念，造成了他的倫理一元論和「社會主義」——此處的社會主義一詞，是用為一種新奇而深刻的意義。所有的「世界改革者」，都是一些社會主義者，故而理所當然地，古典文化中，並無所謂「世界改革者」的存在。

道德的強制規範，成為道德的形式，只是浮士德文化的特殊表現。把基督教與道德的強制性，扯上關係，是非常錯誤的事。不是基督教改變了浮士德文化中的人，而是浮士德型的人，改變了基督教本身——他不但使基督教變成為一種新的宗教，而且給予它一種新的道德取向。基督教原先的「祂」，變成了「我」（I），「我」成為滿含熱情的世界之中心，成為「個人懺悔」這項偉大聖禮之基礎。權利意志甚至存在於倫理學中，即是：狂熱地追尋著，設定一種自己獨具的道德，以當作「普遍的真理」，將它強置於人性之上，並重估、或征服、或摧毀一切與此不同的道德——沒有任何事物，比這更能表現我們自己的特性了。而由於這一特性，哥德式時代的春天，便曾經將耶穌的道德教諭，作了一次深奧的內在變形——這是迄今無人評估過的。一種自馬日文化的生命感受中湧現的寧靜的精神道德——一種被認為是努力追求救贖的道德或行為、一種其知識是作為「聖寵」的特殊行為來領受的道德——被棄置了，而代之以一種強制要求的道德[2]。

有多少個文化，就有多少種道德，一一對應，分毫不爽。正如每一位畫家和音樂家，心中都有某些事物，起自於內在必然的力量，從未浮現在意識之中，但卻「先驗地」主導了他作品的形式語言，並使他的作品，與其他任何文化的作品，有所差異；故而，一個文化中的人，其所持有的每一項生命概念，也都「先驗地」（取此詞之最嚴格的康德式的意義）具有一種天性，它較一切的瞬間判替和追尋更為深刻，並且能把這些判斷和追尋的「風格」，都印烙在此一特定文化的表徵之上。故而，相對於文化的基本感念而言，個人的行為，可以有「道德」與「不道德」之分、有「為善」與「為惡」之別，但是，他的行為所根據的理

2 「有耳能聽者，即讓他聽」——這些話語內，絕沒有強制要求的意味。但西方的教會，從不認為其使命僅止於此。其實，耶穌的「佳音」，與瑣羅亞斯德、摩尼、穆罕默德、新柏拉圖派、及一切同源的馬日宗教的教義一樣，乃是神秘的善行之表現，而絕不是強制的行為——原註。

論，本身並不是一種結果，而只是一種「基據」（datum）。每一個文化，有其自己的判斷標準，它的真確性，始終以該一文化本身為依歸。世上沒有人類的「普遍道德」。一種道德，就像一種雕刻、一種音樂、或一種繪畫藝術一樣，是一個自己自足的形式世界，表達出一個文化自己的生命感受；它是一種基據，一種內在的必然，基本上是不可改變的。

浮士德的道德

我們所知道的、或所能感受到的，每一種古典的倫理，都是在將人構成一種個別的靜態整體，構成諸個體形之中的一個形體；而所有西方的倫理價值，則都在使人成為無窮整體中的影響中心。所謂「倫理的社會主義」，其實恰正是一種「超距作用」的道德情緒、「第三進向」的道德悲懷；而「關心」（Care）的基本感受——關心與我們一起的人們，關心未來世代的人們——也瀰漫在我們時代的氛圍之中。

於此看來，我們的社會主義傾向，在某些方面，倒有些**近似於埃及文化**。而古典文化那與此相反的，傾向於固定不變的姿態、無欲無求的心境、個體的靜態性自給自足的趨向，則令人聯想到印度倫理、及此倫理所塑成的人。那穩坐蓮臺的佛像，「一逕看著自己的肚臍」，這與希臘哲學家芝諾（Zeno）的「恬靜精神」，彼此之間並不陌生。古典人們的倫理理想，曾導入於其悲劇之中，並特別顯現在悲劇的「清滌作用」中。

清滌作用，以其最終的深度而言，意味著阿波羅的靈魂，自其所沾染的非阿波羅的負擔之中，洗滌淨化出來，而並不是指從「距離」和「導向」等因素中，解脫出來。為了要瞭解這一點，我們必須認識到：斯多噶主義，正是希臘悲劇的成熟形式。斯多亞（Stoa）[3]意欲把希臘悲劇的嚴肅主題——雕像風格的靜態、與不具意志的精神，散播在生命的整個領域之上。如此，則清滌作用的概念，豈不很近似於佛家的「涅槃」（Nirvana）的理想？

涅槃，其成為佛家的要義，無疑是在「後期」印度文化中，但它的精髓，完全是印度特有的本質，甚至早在吠陀時代，即已有跡可尋了。當我們想及這兩者的相似性時，便會感到：若蘇格拉底、伊比鳩魯斯、尤其是狄阿鏗尼斯，此諸人的觀念，產生於恆河沿岸，也並不是荒謬可笑的事；可是，若狄阿鏗尼斯，是生在西方的世界都會中，則無疑會是絕不可能發生的笑話。在另一方面，普魯士的腓特烈威廉一世[4]，這位廣義的社會主義者的典型，若是

---

3 斯多亞本是雅典的一種建築物中的門廊，芝諾在此講學，而開斯多噶學派，故有時斯多亞即泛指斯多噶學派中人。

4 腓特烈威廉一世（1688—1740）普魯士國王，武功顯赫，為典型之政治家，本書第十九章中，有專門之論列。

產生在尼羅河岸的政治體系中，並不是不可想像的事，可是，若謂他能存在於伯里克斯時代的雅典，則絕不可能。

假若尼采能以少一些的偏見、少傾向於對某些倫理產物的浪漫性維護，來認識他自己的時代，則他當會發覺到：他所謂的一種特殊的基督教「憐憫」（compassion）的道德，事實上，並不存在於西歐的土地之上。我們必須不被諸如「人性普遍法則」或「人性通則」之類的詞眼所誤導，而無視於它們真正的意蘊。其實，一個人所持有的道德、和他自以為他持有的道德之間，關係是十分的曖昧和不穩的（正因此故，一種顛撲不破的心理學，實在可謂是無價之寶）。充滿了信心的「聖經」經文，並不即是保證了它的真實性，因為：人是很少能意識到他自己的信仰的。我們對「新約聖經」教諭的理論上的尊崇，事實上，與我們對文藝復興運動、及對古代藝術的「古典主義」，所持的理論上的尊崇，並無什麼區別；前者不曾改變我們西方人的精神，後者也不曾影響我們作品中的精神。

我們時常引用為宗教精神的代表的「苦行教派」（Mendicant Orders）、「基督教兄弟會」（Moravians）、和「救世軍」（Salvation Army），由於其數目極端稀少、所產生的影響力更是輕微，故而，它們實在是一個與其完全不同的整體之中的例外情形，而這個整體，才是「浮士德式的基督教道德」（Faustian—Christian morale）。這種道德，並不是馬丁路德或特倫特教會所制訂的；而是所有具有偉大風格的基督徒——殷諾森三世（Innocent III）與加爾文

（Calvin）、羅耀拉與薩佛納羅拉（Savonarola）、巴斯卡與聖特瑞薩（St. Theresa）[5]——內心所湧現的，甚至在潛意識中，這還與他們自己公開的教諭相抵觸。

我們只需將純粹西方的，關於人之美德的概念：——尼采所標舉的「英雄道德」（moralinfrei）、西班牙所謂的「宏壯多姿」（grandezza）、以及法國巴鏤克的「莊嚴光榮」（grandeur）——持與希臘理想中陰性的「樂天精神」（ἀρετη'）比較一下，便知個中端倪所在。希臘的「樂天精神」，其實際的應用，對我們而言，即是享樂的能力、意欲的平靜、不奢求、不妄想，這與我們是格格不入的。尼采曾提及西歐人是所謂「**金髮碧眼獸**」（Blond Beast），並認為牠的氣質，體現在文藝復興時代人的典型中，這便與呈現在每一種古典的倫理、並體現在每一個有價值的古典人身上的型態，恰可形成對照。

浮士德文化，已製造了一連串鐵石心腸的人：古典文化，則一個也沒有。在北歐，偉大的撒克遜、法朗哥、荷亨斯多芬諸帝，皆出現在文化的尖端，其周圍並環繞著一些巨人，例如「獅心王」亨利（Henry the Lion）、與教皇葛里哥萊七世（Gregory VII）[6]等。然後，便是文

---

5 殷諾森三世為著名的教皇，加爾文為新教的奠始人之一，羅耀拉即耶穌會的創始人，薩佛納羅拉為著名的宗教改革者，後被火焚，聖特瑞薩（1873—97）法國有名的托缽僧。

6 葛里哥萊七世（1020—85），為中世紀最有力之教皇，常以強烈手段制裁當時的蠻族皇帝，樹立教權的尊嚴，後為亨利四世所逐，死於流亡途中。

藝復興時代的人們、紅白玫瑰之間的戰爭、法國的新教徒之戰、西班牙王位繼承之戰、普魯士人民和國王的崛興、拿破崙、俾斯麥、羅德茲。

還有什麼其他的文化，曾出現過這些人事？從浮士德道德的高峰時期看來，由十字軍到世界大戰，我們能在何處找到所謂的「奴隸道德」（slave—morale）、柔順忍讓、宗教「博愛」？這些，只有在虔誠而恭敬的言詞中存在，其他便無處可尋了。甚至典型的僧侶，也是浮士德型的人物；不妨想一下：古日耳曼皇帝的那些輝煌卓越的主教們，騎在馬背上，指揮部下進入戰場；[7]以及那些能迫使亨利四世、及腓特烈二世屈服的教皇們；再想一下在奧斯特馬克的條頓武士；以及馬丁路德在古代北歐的異教世界上，昂然崛起，挑戰羅馬教廷；再想一下路易十四的三大紅衣主教：黎息留（Richelieu）、馬扎林（Mazarin）和福流雷（Fleury），[8]都身為一代名臣，塑造了法國的形象。這，便是浮士德型的道德，如果一個人看不出，這種

7 一一六七年對抗回教徒的塔斯古倫之役，即是由科倫與梅因斯兩地的大主教所贏取的。英國的歷史，也充滿了好戰的主教們的形象，這不但包括其民族運動的領導者，如蘭頓（Langton）主教，也包括一些鐵腕處事的大臣與戰士。一三四六年蘇格蘭人大舉入侵，即是由約克的大主教，予以迎頭痛擊。達拉謨（Durham）地方的主教，更是行使「主權」達數世紀之久，我們發現其中尚有一位，於一一四八年，服役於法國國王的軍中，且收取費用。在西方歷史上，這一系列好戰的主教，從「征服者威廉」之弟歐多（Ode），一直延展到亨利四世時代的大主教及謀叛者斯克魯伯（Scrope）——原註。

8 黎息留、馬扎林、和福流雷三位紅衣主教，為法國波本王朝全盛時代的中心人物，輔弼路易十四，皆為一代名臣，對法國的內政、外交、戰功、財務各方面貢獻良多。

浮士德的道德在西歐歷史的整個領域內，所發生的效果，則他必定是個瞎子。

從這些重要的例子中，我們可以看到一種世界性的激情，表達了一種「使命感」。只有透過這些，我們才能瞭解到浮士德型的道德，所表現的濃重的精神上的狂熱，和不可抵擋的直率而強項的所謂「博愛」（caritas）。這種動態的「博愛」，與古典的中庸精神、早期基督教的溫和性質，大不相同。日耳曼的神秘哲學、日耳曼和西班牙的軍事性的「教會」、以及法國和英國的加爾文主義者，所實踐的，便是一種「硬性」（hardness）的憐憫。在俄羅斯，博愛的型態，是指一個靈魂，融進在其他靈魂的兄弟之愛中；可是在浮士德文化中，博愛乃是一個靈魂，超出在其他靈魂之上。故而，「惟我自是」即是道德的定則，而個人的「博愛」，只是為了要在上帝面前，救贖自己，救贖個人而已。

早期「文明」的道德

當尼采第一次寫下：「對一切價值，作價值重估」（transvaluation of all values）的字樣時，我們所生活於其中的、幾世紀以來的精神發展，終於尋到了它的定則。「對一切價值，作價值重估」，是每一個「**文明**」最基本的特性。因為在**文明**開始時，它要重鑄已逝的**文化**之各種形式，以不同的眼光來瞭解這些形式，由不同的途徑來實踐這些形式。但是，這一**文明**的基本特性，其所能為力的事，只不過是「重新解釋」（reinterpret）而已，故而**文明**的各個時期，所共有的，乃是一種「否定」的態度。它認定真正的創造行動已經發生過了，它只需要著手繼承已成的偉大現實即可。

在後期古典時代，這情形是發生於希臘——羅馬的斯多噶主義中，這也是阿波羅靈魂長期的垂死掙扎。蘇格拉底，其實是斯多噶學派的精神之父，在他身上，可以很明顯的看到，內在的靈魂荒瘠、和城市的理智主義的最初徵象。從蘇格拉底到伊比克底特斯（Epictetus）與馬古斯・奧理略[9]，這中間的時期內，每一項以往古典文化的存在理想，都經過了價值重估的歷程。

另外，在印度文化中，婆羅門生命的價值重估。是完成於孔雀王朝的阿育王時代。我們若比較一下，在佛陀之前、和佛陀之後形諸文字的吠陀哲學，前後的不同，是顯而易見的。至於我們自己，則表現在浮士德靈魂所特具的「倫理的社會主義」。如我們已見的，當靈魂本身已被巨大都市的石牆圍堵起來時，它的基本倫理，也正在經歷價值重估的歷程。

9 奧理略，在羅馬皇帝中，以潛心斯多噶哲學而出名，他在位二十年（西元一六一——一八〇），擯絕奢侈，自奉極儉，辛勤工作，一如平民。著有《沉思錄》一書。發揮同情與悲觀的哲學思想。但政績並不甚佳。伊比克底特斯，為西元前五〇——一三五年間，羅馬著名的斯多噶哲學家。

盧梭是社會主義的先驅者，他像蘇格拉底和佛陀一樣，是一個偉大的「**文明時代**」的代言人。盧梭否定一切偉大的**文化形式**和一切的**重要傳統**，他的「回歸於自然狀態」的名言、他的實用理性主義，都是不容否定的證據。蘇格拉底、佛陀、盧梭，這三位**文明**的代表者，各自埋葬了一段千百年的精神深度。他們各自對人類宣揚他們的福音，但這只是對城市中知識階級的人類。而城市的知識階級，已經厭倦了鄉鎮、厭倦了後期的文化，他們「純粹的」（即無靈魂的）理性，盼望著自文化的權威形式及其嚴肅性質之中解脫出來；也盼望著從他已不再與之活潑交流、並因而已經憎恨的象徵系統之中解脫出來。**文化，就是經由此一辯證歷程，而歸於絕滅**。

由此觀點看來，蘇格拉底是一個虛無主義者，佛陀亦然，而西方、埃及、阿拉伯、或中國，人類靈魂消逝的情形，都是一樣的。這不僅是政治與經濟的現象，也不僅是宗教與藝術的變異，更不僅是任何有形的、或實際的變遷，而是一個靈魂，已實現了它所有的可能潛力之後，必然的狀況。

文化和文明——前者是一個靈魂的活生生形體，後者卻是靈魂的木乃伊。對西方文化而言，兩者的分際約在西元一八〇〇年——在境界的一邊，從哥德式的童稚時期，至歌德和拿破崙，生命是由內在的成長所形成，是在一個偉大而連續的演進中發展，直到充分完成，自我確定；在境界的另一邊，則是我們大都市中秋天氣息的、人工虛飾的、沒有根柢的生命，其形式是由理智所塑造。換言之，**文化人生活於內在**，而**文明人外向於空間**，置身於「具體」和「事實」之中。前者所感受為**命運的**，後者只以**因果**的關聯來加以理解；故而，**文明人即是唯物主義者**——而唯物主義者也只是對文明而言，才有真實的意義——無論他自願與否，文明人皆是唯物主義者。也不論佛教、斯多噶主義、或社會主義的原理，是否披上了宗教的外衣，它們其實都只是**唯物主義**。

只有病人，才會觸摸自己的肢體。當人們建構成一種非形上的宗教，以反對宗教上的崇拜和教條；當人們設定一種「自然律」，以對抗歷史的定律；當藝術上，真正的風格已不再能夠產生或駕御，而另外發明了很多雜亂的風格；當人們認為國家只是一種「社會秩序」，不但可以、而且必須加以改變時——很明顯的，**文化**中有某些事物，已經的確崩解了。世界都會本身，是最高形態的無機體，它矗立在文化的風景之上，它的人民，被它連根拔起，吸入本身，而消化得無影無蹤。

只要一個**文化**，仍在向其完成之路行進，只要此文化中的人，仍繼續順乎自然、毫無問題地直道而行，則他的生命自有安頓之所。這是一種「直覺的道德」（instinctive morale），無論它的形式如何地千變萬化，但是此文化的人本身，不會無所適從，因為他內在「擁有」這種道德。但是，一旦**生命**已經衰竭，一旦人被置於大都市的虛假土地之上，一旦他需要一種適於安身立命的「**理論**」時，**道德，便成了一個「問題」**。

直到古典文化的柏拉圖、和西方文化的康德之時，倫理學仍不過是一種辯證之學，一種概念的遊戲，或一種形上體系的周衍，歸根究柢，這不是什麼真正必需的學問。以康德為例，他所揭櫫的的「斷言命令」或「無上道德命令」（Categorical Imperative），只不過是對一種根本不成問題的事象，所作的抽象陳述而已。但是，到了芝諾和叔本華的時代，情形便不同了，在此時，存在的規律，已不再牢繫於直覺之中，故而去發現、創造、或緊握一種安身立命之道，乃成為必須之事；基於此點，便出現了一種「**文明化的倫理**」，它不再反映**生命**的本身，而只是反映生命的**知識**。

我們可以感覺到，在所有「**文明**」的最初幾世紀中，都充滿了一些「深思熟慮」的體系，這些體系所包攝的事象，是虛飾矯揉的、沒有靈魂的、半真半假的。這些體系並不是什麼深奧難解、幾乎不屬人間的創作，不值得與各大藝術並列。等到**生命**不再能統理自己，而需要一種「實際的」道德來加以統理的時候，一切高風格的形上理念，一切純粹的直覺智慧，都在這一需要之前消失殆盡了。直到康德、直到亞里斯多德、直到瑜伽和吠陀哲學時代，哲學本身，還是偉大的世界體系之延續，在這世界體系中，形式的倫理學只佔了非常微不足道的地位。可是，現在，它已成為一種具有形上背景的「道德哲學」（moral philosophy）。知識論的熱情，已屈服於硬性的實際需要之前。社會主義、斯多噶主義、和佛教，就是這一類型的哲學。

非宗教

中而言之，每一個文化，各有自己的精神熄滅的模式，這是隨每一個生命的整體，所表現的**必然性**，而不得不爾的事。所以，佛教、斯多噶主義、和社會主義，作為一種文化的終結現象，它們從形態學的觀念看來，是彼此「相當的」（equivalent）現象。

佛教便是如此。迄今為止，佛教的深入意義，一直為人所誤解。它既不是一種「清教運動」（Puritan movement），像伊斯蘭教和基督教的詹生教派（Jansenism）那樣；也不是一種「宗教改革」，像阿波羅世界的戴奧奈索斯崇拜的風潮那樣；事實上，若以「吠陀」的宗教、或「使徒保羅」的宗教的意義看來，佛教根本不是一種宗教[10]。它是「印度**文明**」的一種基本感受，故而相當於、也「相應於」斯多噶主義和社會主義。

這一完全屬於世界性（worldly）而非形上（unmetaphysical）的思想，可以見於佛祖所宣諭的「四如真諦」之中。釋迦牟尼這位王子哲學家，便是以此教諭，而獲得了他最初的

10 在很多世紀之後，佛陀的生命倫理，才發展成為樸素農人的一種宗教，而其所以能夠如此，還是有賴於其返歸到久已確立的婆羅門神學之中，以及，更進一步，返歸到非常古老的民間崇拜之中——原註。

信徒。它的根柢，是在於理性而無神的薩迦哲學（Sankha philosophy）[11]，它毫無異議地接受了這一世界觀；就如同十九世紀的社會倫理，是來自十八世紀的「感覺主義」（Sensualism）和「唯物主義」一樣；而斯多噶哲學，雖然表面上是襲取自赫拉克利特斯[12]，而其實，卻是導源於畢達哥拉斯和詭辯學派。在這三種情形中，都是以「理性」的全能為其起點，而著手討論道德。若以宗教的意義，為「對任何形上事物的信仰」的話，則宗教並不曾進入這三者中的任一者的內心。這三者的原始形式，所表現的體系，可謂完全是「非宗教的」（irreligious），——我們在此所關心的，就是這些體系本身，而非其導出物。因為它們的導出物，是屬於**文明**的後期階段。這在本書後面，再加討論。

用尼采的用語來說，則現在我們面前所討論的，是三種「虛無主義」的形式。在每一種中，昨日的理想，幾世紀以來發展出來的宗教、藝術、與政治的形式，都已被棄如敝履了；但是，即使在這一最後的行動中，即使在這自我的**否定**中，每個文化，還是使用了它整體存在中的「基本象徵」。因為：浮士德型的虛無主義者——易卜生或尼采、馬克斯或華格納——是自己粉碎了這些理想。阿波羅型的虛無主義者——伊比鳩魯斯、安提斯西尼斯

11 薩迦哲學，為印度哲學的主要系統，涵攝兩大終極而完全不同的原理，即物質與精神。

12 赫拉克利特斯（535—475 B.C.）希臘大哲學家，他是純就存在者的生成面，來把握自然存在義蘊的第一位哲學家，他主張「火」為世界萬物之本。

（Antisthenes）[13]、或芝諾——是眼看著它們在自己眼前崩潰。而印度的虛無主義者，則自此等理想中抽身，轉而退返於自己之中。

斯多噶主義是指向於個體的自我照料，指向於雕像式純粹的現世存有，而無視於過去、未來、或鄰人。社會主義，則是對同一主題的動態處理；它像斯多噶主義一樣，是防禦性的，但它所關注的，不是行為，而是過程，尤有甚者，它是攻擊性的防禦，因為它將自己投於「未來」，並計畫將全體人類，帶入於一個單一的體制之下。佛教，與基督教比較起來，是極少涉及到宗教的探索的，故而也很難以西方語言的用語來加以重述。我們可以談及所謂「斯多噶式的涅槃」，並以狄阿鏗尼斯的形象為例；而只要歐洲那高舉著「世界和平」、「人性尊嚴」、「人類的兄弟之愛」等口號，為了生存的掙扎而起飛的心態，為靈魂的厭倦所覆壓的話，則所謂「社會主義的涅槃」，也自有其存在的餘地。然而，無論如何，沒有一者能接近到佛家的「涅槃」概念，那種奇異的深奧性。由此可見，文化的基本象徵，也浮現在這種**文化崩解**的歷程中。

每一靈魂，都有其宗教，宗教只是它存在的另一名稱。一個靈魂，能夠藉以表達自己的、所有活生生的形式——一切的藝術、原理、習俗；一切的形上、與數學的形式世界；一

13 安提斯西尼斯（445—365 B.C.）希臘哲學家，犬儒學派之創立人。

切的裝飾；每一根圓柱、每一首詩、每一個觀念——**最終都是宗教的，也必須是宗教的**。但是從「**文明**」的開端起，這些便不再能如此了。正如每一**文化**的本質是宗教，——故而，每一**文明**的本質即是「**非宗教**」（irreligion）。文化與宗教、文明與非宗教，乃是同義語。而世界都會本身，恰與古老的文化鄉鎮相對立——亞歷山大城對雅典、巴黎對布魯傑斯（Bruges）、柏林對奈恩堡——它甚至在最小的細節上、在街道的外觀上、在人們臉上那種枯乾的才智上[14]，都表現為「非宗教」的[15]。當然，對應地，屬於世界都會的形式語言之中的倫理情緒，也必然是非宗教的、無靈魂的[16]。

社會主義，是浮士德的世界感受，變成為「非宗教」以後的形象；英國的社會主義者，唇邊永遠不忘掛著：「基督教」的字樣（甚至限定是「真正的基督教」），對他而言，宗教似乎只是一種本質上不帶教條的道德而已，並不是文化的生命所在。而斯多噶主義與奧斐爾宗教（Orphic religion）相較之下[17]、佛教與吠陀相較之下，也都是屬於「非宗教」的。至於羅馬的

---

14 關於世界都會與文化鄉野的對立，及兩者分別代表的意義，本書第十三章有詳盡的論述。

15 此一名詞不可與「反宗教」（anti—religions）相混淆——原註。

16 注意很多羅馬的半身畫像，與事實上屬於美國風格的現代畫頭部，有出人意料的相似之處；也與很多埃及及新王朝時代的畫像頭部近似，雖然不如前者明顯——原註。

17 奧非爾宗教，為古希臘一種神秘的教義與儀禮，崇拜奧菲斯（Orpheus）神祇，或戴奧奈索斯酒神。

斯多噶主義者，贊成並遵從「皇帝崇拜」；後期的佛教徒，誠摯地否認他的無神論；或是社會主義者，自稱是真誠的自由思想者、甚或繼續信仰上帝，這些，都是無關宏旨的瑣事，不具什麼象徵意義。

像這種活潑潑的內在宗教情操之熄滅，漸漸地，甚至影響到人的存有之中，根本無關緊要的項目。當「**文化**」轉入為「**文明**」的時候，這種宗教情操之熄滅，是歷史的圖像上，很明顯的一種現象。

倫理的社會主義

讓我們再次回顧一下：——倫理意義的「社會主義」，應與和它同名的經濟運動無關，它其實只是「**文明**」的倫理，表現在浮士德靈魂中的例證。它的朋友，把它當作未來的形式，它的敵人，把它視作墮落的徵記，而這兩者，都一樣是正確的。我們都是社會主義者，無論是否自知，亦無論是否自願。甚至反對它的事物，本身也具有它的形式。

從其最高的意涵而言，「社會主義」，和其他的任何浮士德型的理念一樣，是獨佔性的。它之所以能夠通俗流行，完全是由於人們誤解了它的本質，甚至連闡揚社會主義者，也有此等的誤解。他們把它當作是權利的總和，而不是義務之一種；他們把它當作是康德式規制的革除、而不是強化；把它當作是導向能量的減弱、而不是加深，這是何等的誤解！朝向於「福利」、「自由」、「人性」等理想，所代表的猥瑣而膚淺的趨向；「最大多數的最大幸福」的主張，都只是浮士德倫理的**否逆**。這與伊比鳩主義傾向於「幸福」（happiness）理想的趨勢，完全不同。因為幸福的狀況，正是古典倫理的實際總和與本質。這裏提供了一個好例子，即：儘管外表的情緒可以非常相像，可是內在的意義，卻完全不是同一回事。

相同地、而且必然地，所有「後期」時代的古典人們，都是不自知的斯多噶主義者。全部的羅馬人，其形體之中，都帶有一種斯多噶的靈魂。真正的羅馬人，儘管是斯多噶主義最頑強的反抗者，可是，卻要比任何一個希臘人，更接近於一個嚴格意義下的斯多噶主義者。

生命的「導向律動」（directional movement），**文化**人是將之感受「**時間**」為和「**命運**」的，一旦它的形式，變成為一種有方法、有目標的心智機器時，它便僵化而至死亡了。「倫理的社會主義」，便是最明顯的生命目標之表達，便是一種心智的機器。

不管呈現在前景中的外觀如何，「倫理的社會主義」實在並不是一個同情、人道、和平、仁愛與關懷的體系，而是一種**權力意志**。任何人若不作如是觀，所見的便是海市蜃樓般的幻景。斯多噶主義者，直接地接受他所發現的世界；而社會主義者，卻想要於形式和實際中，將世界予以組織、予以重鑄，他想要以**他自己**的精神，來充塞於這個世界。斯多噶主義者，是修正自己，使適存於世界，社會主義者，則是指揮世界，令服從於自己。他想要使整個的世界，都依照他自己的意欲，而賦定形態。所以，他把「純粹理性批判」這一套的觀念，轉入於倫理的界域之中。這就是他在政治、社會、與經濟事務，各方面所念念不忘的「範疇規制」一辭的終極意義——使人以為自己所實踐的箴言，經由自己的意志，已經成為放之四海而皆準的定律。

這種思想獨裁的傾向，甚至在這一時代中最浮表的現象上，都屢見不鮮。這不僅是一種態度與姿勢，而是一種已定了型的主觀行為。在中國與埃及，生命只是「如實」地呈現。而「**事實**」（Deed）的有機概念，被西方加以機械化之後，便導致了一般所瞭解的「**功**」（work）的概念，「功」，便是浮士德意識中「效能」的**文明化**形式。阿波羅的人們，矚視於過去的「黃金時代」，這使他能由憂心未來的時代，所引起的困惑中解脫出來：而社會主義者，則把未來，看作是自己的工作和目標，並認為現世的幸福，與未來相形之下，是微不足道的。古典的精神，及其宗教中的神諭和預兆，都只希望能「知曉」未來，但是西方人，卻要「塑造」未來。「第三帝國」，就是德國人塑造未來的一個夢想。從佛洛勒斯的耶爾琴，到尼采和易卜生——如查拉圖士特拉所言，都是一些「渴望抵達彼岸的箭矢」——每一位偉人，都把自己的生命，連繫著一個「永恆的黎明」（eternal morning）。

就在此處，社會主義成為一種悲劇。尼采，他如此完全地明瞭、並確知文化價值中，何者應予摧毀、何者應予重估，可是，一旦他進而討論「方向」（Whither）和「目標」（Aim）的問題時，他便在霧樣的「**通性**」（generalities）中，目迷五色了，這是具有最深刻的象徵意義的事件。他對頹腐文化的批判，是曠古無比的，可是他的「超人」理論，卻是空中樓閣。在此便見到一項深刻的必然命運；因為，從盧梭以降，浮士德文化的人，對於任何與**生命**的偉大風格有關的事，已毫無指望了。某些事物，已經走到了終點。北歐的靈魂，已耗盡了它內在的可能潛力；曾經在世界歷史的未來景觀上，表達了自己的動態文化力量和韌性，如今也已一洩無遺，只剩下純粹的壓力、創造的狂慾、和毫無內容的形式而已。

這一靈魂，其實即是「意志」，除了意志之外，也別無所有了。它需要為它那哥倫布式的世界希祈，找尋一個目標，它也至少已給予它的固有的活力，以一種意義和目標的幻覺。故而，敏銳的批評家，會發現在所有的現代事物中，甚至在其最高級的現象中，都有一種強自掙扎的哈馬伊克達（Hjalmar Ekdal）式人物的蹤跡存在。易卜生稱此為「生命的謊言」。因為在它的底層深處，充滿了不可抑遏的陰暗感受，而一切此類強作昂奮的熱望，其實都是一個靈魂中，不能、也不會止息的絕望的自我欺騙。這是一種悲劇情狀——恰是哈姆雷特悲劇主題之倒轉——而它的螺絲，已旋入了整個的社會主義的結構之中，包括政治、經濟、與倫理，這使得它無視於它自己的終極意蘊中，所代表的**文化絕滅**的嚴重性，而仍保持幻覺，以為它自己的存在，是一種歷史的必然。

第十章 阿波羅與浮士德的自然知識

每一項科學皆有賴於一種宗教

大科學家漢姆荷茲（Helmholtz）發表於一八六九年的一次演講[1]，現已非常有名。在該次演講中，漢姆荷茲提到：「自然科學的終極目標，即是要發現在各種變化之下，物體的運動，及其原動力；這其實就是：要把自然科學的本身，解消於**力學**（Mechanics）之中。」這裏所謂的「解消於力學之中」，其意是指：要使一切的「定性的」（qualitative）觀念，都以某些

1 漢姆荷茲（1521—92）德國哲學家與物理學家，對動力學與熱力學，有極大貢獻。

「定量的」（quantitative）數值基底為依歸的準據；也即是：——以空間的廣延和位置的變換為參考的基準。引伸言之，這也意味著——如果我們想及**生成變化的過程**、與**已經生成的事物**之間的對立，**形式**與**定律**之間的對立，以及**意象**與**觀念**之間的對立——感官可見的自然之圖像，要依據想像的圖像為準據，才能建構出來。而此處所謂想像的圖像，則是指一種數字上和結構上，可以度量的「秩序」（order）。

所有西方力學的特定傾向，都是趨向於利用度量，所從事的一種「心智之征服」（intellectual conquest）。因此，勢必要在一種具有某些「恆定」的基礎的體系中，才能追求到現象的本質，而系統中這些「恆定」的基礎，很明顯地，是完全需要以度量來鑑別的。在這些基礎中，漢姆荷茲特別揭出「運動」（motion），作為其中最重要的一項。

對物理學家而言，以上的定義，既清晰明白、又徹底完整；可是，若對於已研循過此一科學信念本身的「歷史」，而如今身為**懷疑論者**而言，則完全不是如此了。在物理學家眼中，今日的力學，純是一些清楚、統一而重要的概念，以及一些簡單而必然的關係，所構成的一個邏輯系統；可是，在懷疑論者看來，它只是一種「圖像」（picture），雖然他承認這圖像本身，在最高層次，是圓滿一致的，而且在觀感印象上，也極其可信，可是，這圖像畢竟與西歐的精神結構，不甚相同。而很明顯易見的，事實上並無實際的結果和發現，足以證明這「理論」、這「圖像」的真確性。

作為一種科學，現代物理學，乃是以名詞和數字的形式，所構成的一個龐大的「指涉系統」（system of indications），經由此等指涉系統，我們可以像處理一部機器一般，來處理**自然**。既如此，它自有其十分明確的指向。可是，若作為歷史的一個片面來看，則物理學，完全是由致力於物理的人，生命中的命運和偶然、以及研究過程的本身，所集合而成的。故而就目標、方法、和結果等觀點看來，物理學也一樣，是一個**文化本身的表達和實現**，是該一文化的本質中，一種有機而開展的項目。它的每一項成果，本身都是一種文化的象徵。

物理學上的發現，如果不計其寫下來的公式，而就其想像的內涵來看，則頗具一種**純粹神話**的性質。這即使在縝密嚴謹的物理學家，如美以爾（J.R.Mayer）、法拉第（Faraday）、赫茲（Hertz）等人的心靈中，[2]亦是如此。故而，每一條自然律，儘管它在物理上，可能完全正確，可是我們仍需要分辨清楚，式中的無名數、和它的名稱；以及此式一般的固定極限、和這些極限在理論上的解釋。公式，只代表通用的邏輯數值、純粹數字——即是說，只代表客觀的空間。但是公式本身是不會說話的，例如 $S = 1/2gt^2$ 這條公式，若非我們能夠在心理上，將式中的字母，與一些特定的詞語、及其象徵的意義，聯想起來，則它根本無任何意義

2 美以爾、法拉第、赫茲三人，皆為近代著名科學家，美以爾對能量理論作系統之研究，法拉第以電解理論著稱於世，赫茲在電學上有不朽的地位。

可言。但是，一旦我們將式中那些死的符號，覆以上述的詞語，給以血肉、形體、和生命，使它們具有了可以感覺的意義，則我們在事實上，已逾越了僅屬科學「秩序」的極限，而動用了我們自己的「視觀」（εωρια）——「視觀」一詞，意指意象和視景，因有了它，乃使得自然律，超出了圖形和字母的公式的限制，而浮現了文化本身的性徵。

任何事物，在本身之內，是無意義可言的，任何的物理觀察，全是為了要替一些想像的「預設」（presuppositions），找出其實際的基礎；它的結果如果是成功的，則其效果，也只是使這些「預設」，變得更為可信而已。若沒有這些「預設」，則物理學的結果，便只剩下一堆空洞的圖式。但事實上，我們不會、也不能摒棄這些「預設」，即使有一位研究者，能把他所知的每一項假設，都拋諸腦後，可是一旦他把自己的思想，投向於某一項「假定為」（supposedly）清晰的物理工作之時，便已不是由他在控制工作的形式，而是由**工作的形式控制了他**。因為，在活潑潑的生命動作中，他永遠是一個屬於他的文化、他的時代、他的學派、和他的傳統中的人。

信仰和知識，是人類僅有的兩項內在的確定事物，但在兩者之中，信仰較為早出，故而是它主導了一切知識的情狀。因此之故，所有自然科學基本的支柱，乃是一些人為的「理論」，而不是純粹的數字。文化人的潛意識中，渴望追求真正的知識，而這所謂真正的知識，其實本是該文化人的精神中，特定的性向；有了這種渴望，我們才能領悟、透視、並掌握到自然的世界意象。徒然孜孜於為度量而度量，永遠只不過是一些褊小的心靈、可憐的嗜好而已。每一項大科學家所作的實驗，無論其屬那一方面，其實同時也即是一種象徵作用之浮現；這種象徵的作用，主導了該科學家的理念意向。一切以文字列出的定律，都是導源於經驗，故而它即是該一文化——**僅只該一文化**——的典型象徵。

至於「必然性」，本是一切精確的研究，所必需的基本條件。可是，我們在此也必需考慮到，有兩種必然性，其一、是精神和生命內的必然；其二、才是已知條件下的必然。前者存在的原因，是緣於：決定任何一項個別的研究工作，其歷史是在何時、何處、如何發生，是**命運**的事；後者的西方流行的名稱，即是「因果律」。——如果一則物理公式中，純粹的數字，代表了**因果的必然**，則一條定理的存在、誕生、與生命期，本身即是一種**命運的必然**。

物理學家的工作，是「簡化」或「化約」（reduce）**自然**，而此工作的終極形式，即是純粹的力學。可是純粹的力學，本身即先預設了一項「信條」（dogma）的存在——即：哥德式時代的**宗教性世界圖像**。因為西方心態，所特有的物理學，本是由此一圖像所導出的。世上沒有一種科學，其潛意識中，不具有此類的預設，超過了此類預設，則科學研究者將無所適從，而這些預設，可以追溯到**覺醒的文化**之最早時期。故而，「**世上沒有一種自然科學，會不具有一個先於它而在的宗教**」。

每一種批判的科學，就像每一項神話和宗教信仰一樣，是植基於一種人類的「內在確定」。這內在確定所創造的事物，雖然在結構上和名稱上，可以紛繁不一，可是在基本原理上，則全無二致。所以，任何由自然科學施諸於宗教的攻訐譴責，都只是一種無的放矢，不惟是同根相煎，而且會反傷自己。我們以為我們能自行建立「真理」，來取代「人神同形」（anthropomorphic）的概念[3]，其實這只是我們狂妄放恣的一廂情願，因為所有的概念，都是源自於「人神同形」，只有這概念才是真正存在的。每一項可能成立的觀念，都只是其創作者，本人生命存有（being）的外在反映。不論物理學的理論，如何堅持它名義上的基礎，那個「人以其自己的意象，創造了上帝」的陳述，不惟對任何一個歷史上的宗教為真確，而且對任何一項物理學的理論，也為真確。

每一個文化，對於物理的過程，都有一組自己的意象組合，這組合只對它本身而言，才為真確，也只有當文化本身活著時，才能活著。例如，古典人類的「**自然**」，其最高的藝術表徵，在於裸體雕像，基於此等世界感受，而邏輯地發展出一種形體的「靜力學」，一種指向「切近」的物理學。阿拉伯的文化，可以由阿拉伯風格的鑲嵌、及回教寺院的洞穴穹窿來加以象徵，而經由此等世界感受，乃出現在阿拉伯特有的「冶金術」（Alchemy），以及神秘

3 「人神同形」為早期矇昧人類心目中，對自然世界所作的粗略認識，也是對人類起源所具的直接想像。

的「質粹」觀念,[4]諸如「哲學水銀」(philosophical mercury)之類,這既不是一種實物,也不是一種性質,但可以透過魔法,而使一種金屬變化成為另一種。至於浮士德文化中人的「自然」觀念,則發展為一種幅度無限的「動力學」,一種指向「遙遠」的物理學。於是,屬於古典文化的,是「實質」和「形式」的概念,屬於阿拉伯人的,是帶有可見或神秘屬性的「質粹」觀念(很近似於斯賓諾莎的思想),而屬於浮士德文化的,則是「力」與「質量」的觀念。

不但是問題的敘述和處理的方法,各有不同,而且連基本的觀念,都南轅北轍,互不相干,它們都只是各自那一個文化的象徵,而不是「普遍的真理」。古典文化中一些基本的字彙,不可能翻譯成我們的語言,例如,把 α'ρxη' 一詞,譯為「基本素質」,便失去了它的阿波羅型的內涵,而成為一個空洞的外殼,聽起來陌生而刺耳。

古典的人看到空間中的「運動」,他便以「位移」——物體的位置變動——來加以理解;而我們西方人,則從我們自己經驗到的運動,而演繹出一種「過程」(process)的概念、「進行」的概念,以表達、並強調我們思想中,所認為的「自然」歷程中必要的因素

4 「質粹」(substance),即「實質」,是馬日文化的世界觀中,一種特異的概念,在第十五章中,有深入闡述。

——**導向能量**。在阿拉伯的「冶金術」中，對於物象既具有塑型的實體——，即希臘數學家、物理家、詩人所謂的「體質」（soma）——而又希望能消融和摧毀體質，以找尋自己的本質一事，便曾發生深刻而科學性的懷疑。這一衝突，涉及到基督教人士，顯現在早期的教會之中，並導致了「景教」（Nestorian）和「一性論」（Monophysite）的分離運動，究其實際，便是導源於阿拉伯冶金術上的問題[5]。故而，這類事不會發生在古典世界，因為一位古典的物理學家，永遠不可能一面研究事象，而同時卻又否定、或消滅事象所具的可感覺的形式。而也因此之故，古典文化中，便不會有化學發生。

阿拉伯風格的化學方法之崛起，展開了一種全新的世界感受。它的出現，一舉擊倒了古典的世界感受，使阿波羅型的自然科學、力學上的「靜力學」，趨於終結。這種化學的出現，與一個神秘的人物退斯米基斯塔斯（Hermes Trismegistus）有關。一般認為他曾居住於亞歷山大城，而與普拉提尼斯、戴歐芬塔斯等人同一時代。與此相同的，正當西方的數學，經由牛頓和萊布尼茲，作了確定的解放之後，西方的化學，也出現了史達耳（Stahl,1660–1734）及其「燃素說」（Phlogiston theory），而脫離了阿拉伯的形式。化學與數

5 因為基督教已處在古典文明的「偽形」籠罩之下，不能充分表現馬日的世界感受，所以有景教、摩尼教、與一性論的分離運動，見第十五章。

學一樣，成為純粹的分析，然後，波義耳（Robert Boyle, 1626—91）發明了化學解析的方法，從而出現了西方的「元素」（element）概念。事實上，這也即是真正化學的一種終結。它溶解在純粹動態的理解系統之中，而被自伽利略以迄牛頓的巴鏤克時代，所奠定的力學景觀所吸收而同化。

我們所稱為「靜力學」、「化學」、和「動力學」的學科，在現在科學中，只是一種傳統的區分，而沒有什麼深刻的意義。可是，事實上，這三者乃是分別代表了阿波羅靈魂、馬日靈魂、和浮士德靈魂中的物理體系。而且，每一者都是只從其自己的文化中，發展出來的，也只限於對自己的文化，才為真確。與這三種「物理學」一一對應的，我們在數學上，有歐幾里得幾何、代數學、與高等解析幾何；在藝術上，則有雕刻人像、阿拉伯鑲嵌、和複句音樂。

原子論

人類思想的趨勢，永遠傾向於因果的意念。所以總想要簡化**自然**的意象，使儘可能成為最簡單的「定量」形式單元，以便能以因果的推理、度量、和計算來予以掌握——一言以蔽之，就是由**機械的推演**，來解釋**自然的意象**。這種趨勢，必然地，將古典、西方、以及任何其他文化的物理學，都導向於一種原子的理論。關於印度和中國方面的原子論，我們只知道它們曾一度存在過，其詳情便不甚了了；而阿拉伯方面的原子論，甚為繁複，甚至直到現在，仍似乎極難展現明白。但對於我們自己的、以及阿波羅型的科學方面，我們所知卻相當豐富，足可憑以觀察兩者之間，深刻的象徵上的對立。

古典的「原子」，是一種極小的「形式」（forms），而西方的原子，則是一種極微的「量額」（quanta），也包括了極微的能量在內。希臘物理學家盧細帕斯（Leucippus）與德模克利特斯所謂的原子，形式、大小各有不同，它們是純粹可塑的單元，固然，如「原子」一名所指，是「不可分割的」，但只是形象上的不可分割。至於西方物理學中的原子，則好似音樂中的輪廓和主題，它們的存有或本質，端賴自身的振動與輻射而定；它們對自然歷程的關係，一如「動因」（motive）之於「運動」（movement），故而它們的所謂「不可分割性」，根本另有所指。在一方面——德模克利特斯那些繁多而混亂的原子，像依底帕斯一般，被盲目的機遇所追獵，好似一些犧牲品；而另一方面——西方的原子，是抽象的「力點」（force—points）系統，在和諧、活潑、而由能量所主導的「空間」之中，運動不已，像馬克白一般，克服了一切的阻礙。

根據盧細帕斯的說法，原子「自己」在虛空之中飛動；德模克利特斯也認為震動與反震，只是「位移」的一種形式，這些，都是「靜力學」的觀念。至於亞里斯多德，則解釋單獨的原子運動，是偶然的事件；而恩庇多克利斯（Empedocles）並引伸言及「愛」和「恨」，亞拿克薩哥拉斯（Anaxagoras）則認為是「聚」（meetings）和「散」（partings）[6]——，所有這一切，也都是古典悲劇中的要素。阿提克舞臺上的圖像，就正是如此地互相聯繫的。進而言之，這些也自然都是古典政治學中的要素。故而，「原子論」並不是獨立存在的客觀「真理」。

但是，原子論與倫理之間的內在關係，實在更為深遠。前面已言及：浮士德靈魂的存有，是在於對可見事象的征服，其感受，是一種孤獨感，其渴望，是在於無窮的空間。並已言及，這靈魂是如何將它對孤獨、遙遠、和抽象的需要，置入於它實際的表現、公共的生活，及其精神的形式世界、和藝術的形式世界之中去。

用尼采的話來表達，這即是一種「遙遠的悲懷」（pathos of distance），這在古典靈魂而言，是極端陌生疏離的，因為在古典世界中，每一個人所需要的，是切近、支持、和共存共

6 恩庇多克利斯（493—433 B.C.）希臘哲學家，主張「地、水、火、風」為萬物之根元，四者的混合與分離，便構成世界的生滅現象，引申而至愛恨觀念，愛表混合，恨表分離；並認為靈魂由於犯罪，須在永劫之中挨受輪迴轉生之苦。
亞拿克薩哥拉斯（500—428 B.C.），希臘哲學家，主張「萬物種子」之說，認為現實存在的事物，具有無限質差，而某一事物之稱呼，乃得自其中最多之種子而來，進而主張「理性」（nous）為種子的聚合與分離的動因。

榮。這便使得巴鏤克的精神，與愛奧尼克的精神，迥然有異；而西方中古政體的文化，也與伯里克里斯時代的雅典，大為不同。這種悲懷，在倫理上，區分了英雄的「行動者」和英雄的「受難者」的不同；而出現在西方物理學的圖像上，便是所謂的「張力」（tension）。

「張力」是德模克利特斯的科學理論中，所沒有的觀念，因為在德氏的震動與反震的原理中，已蘊涵地**拒絕**了，有一種指揮空間、並與空間認同的**力的存在**。相應於「張力」的，是古典的靈魂意象中，也沒有「意志」這一要素。張力的原理，是發展自「位能」的理論，它既不可能翻譯為古典的語言，也不可能溝通入古典的心靈，可是對於西方的物理學而言，「張力」卻是基本的原理。它的內容，既源出於能量，而**能量**，即是**自然中的權力意志**，故而，它在我們西方，實在是必然的觀念，正如它在古典的思想中，卻根本不可能一樣。

運動的問題

以此之故，**每一種原子論，都是一種神話，而不是一種經驗**。在原子論之中，各文化透過其偉大的物理學家的創造性思考能力，而展現其最高的本質，及內在的自我。

在第四章中，已說明了「深度經驗」的重要性。深度經驗與靈魂的覺醒是認同為一的，故而也與屬於此靈魂的外在世界之創造活動，密不可分。單純的「感覺印象」，只包括長度和寬度，只有活潑而必然的「藝術」，才能增加「深度」，而形成實際與世界。像任何其他活生生的事物一樣，它也具有導向、運動、與不可逆性（這些性質，在我們的意識中，綜合而為「**時間**」一詞）。在此，生命本身，進入於經驗，而成為第三進向。這頗不同於廣延空間——古典意識中，純粹的廣延，是一種感覺與**具體的存在**；而西方意識，依自己的形象，所獲致的廣延，則是一種**超越的空間**。而當它設想的空間，越來越益超越時，它便逐漸發展出「容量」（Capacity）和「強度」（Intensity）的抽象性兩極對立，這與古典文化中「實質」和「形式」那種具體的兩極對立，恰成強烈的對照。

但準此而論，則在「已知」（known）的領域內，活潑潑的**時間**，必不可能再現。因為它已進入「已知」、進入恆定的「存在」，而成為**深度**，故而，與**廣延**認同一致的，只是「**持續**」（duration），只是「**無時間性**」（timelessness）的狀態。至於「求知」（knowing）的過程，則具有導向的特性，故而把「**時間**」一詞，應用於物理學上那種想像性的、可度量的時間進向（time—dimension）中，便成為一種錯誤。

現在唯一的問題是：這一錯誤是否為無可避免的事？如果我們在任何物理的陳述中，以「**命運**」一詞來取代「**時間**」，我們立刻會感覺到，純粹的**自然**，根本不包含**時間**。因為，物理的形式世界，所能展延的幅度，應恰是數字和觀念的認知的形式世界，所能容許展延的幅度，而我們已知道：數學的數字和**時間**之間，不可能有任何最微小的關係存在。然而，這與周遭世界圖像上的「運動」的事實，又發生牴觸。故而這便成為希臘伊利亞學派（Eleatics）[7]所未解決、也不能解決的問題——存有（或思想）與運動互不相容；運動並不「存在」，而只是「出現」（apparent）。

在此，第二次，自然科學變成了教條式與神話式的東西。「時間」和「命運」二詞，任何人若是直覺地使用它們，則接觸到**生命**本身，接觸到生命最深刻的深度——生命是一整體，不能自生活經驗之中分離出來。可是在另一方面，物理學卻「必須」分離它們。於是，活生生的經驗「本身」，在心理上脫離了觀察者的行動之後，成為死板的、無機的、嚴格的「對象」，成為所謂的「**自然**」，成為只屬數字處理的事物。從此角度看來，**自然的知識**，只成為一種「度量」的活動。可是，當我們在觀察時，我們同時也在生活，正如我們所觀察的事物，也與我們一起生活一樣。而**自然圖像**中有一個要項，是覺醒意識、及其世界之間的連繫物，經由它，生命不但能時時刻刻的「存在」，而且能在我們周遭的一條連續長流中，「生成變化」，這一要項，便稱為「運動」，它與**自然的圖像**本身相抵觸，可是它卻代表了此一圖

7 伊利亞學派，為西元前六至五世紀的古希臘哲學學派之一，集中於伊利亞地方，故以地為名。此派主張單一而不變的「存有」才是唯一的真實，而繁複、變化、與運動，只是幻象而已，巴門曼德茲及芝諾，均為該派之傑出人物。

像的「歷史」。於是，正如**理解**（Understanding）自感受之中抽離出來、數學的空間自光阻之中抽離出來一樣，物理上的「**時間**」，也要自運動的印象或觀念之中抽離出來，才能成就所謂的「自然科學」。

柯契荷夫（Kirchhoff）[8]曾說：「物理學，即是對運動，作完整而簡單的描述。」這確實一直是物理學的目標。可是，問題並不是自然圖像**之中**的運動，而是圖像**本身**的運動。運動，其實是一種形上的事象，它造成了意識的連續綿延。「已知」的事物，由於不具時間性，故與運動割離；它那「已經生成」的狀態，本身即涵蘊了它與運動無關的事實。只有「有機」的次序，才能產生運動的印象。物理學家接受「運動」這一印象，並不是基於「推理」，而是基於他整個的人；而物理學家所涉及的，也不僅是「**自然**」，而是整個的世界。而這，便是屬於「世界歷史」的觀念了。故而，「**自然」，只是各大文化的一種表達形式**。而所有的物理學，都是對運動問題的一種處理——這是因為生命問題，即蘊涵在運動問題之中——而物理學處理運動問題，不是以為有一天能解決此問題，而正是因為這問題是不可能解決的。

我們若把一個物理系統之內的運動，看作是該一系統的「長成」（aging），則會立即而明晰地感受到：「運動」這一名詞，以及它一切的導出物中，所表露的內在命運感，與無可征

8 柯契荷夫（1824—87）德國物理學家，以電路理論著名於世，為電學上公認的大師。

服的有機內涵。但是，力學顯然與「長成」無關，故而也便與運動無關。既然一個科學系統中，若不包含一種運動的問題在內，則不能成其為科學系統，所以，一個**完整而自足的力學系統**，便成為**根本不可能**之事。在這系統中，總會有一處地方，會成為一個有機的「起點」（starting—point），而讓臨即的**生命**進入於內——這成為一種臍帶，把心靈的童稚與生命的母親連繫起來，把思想與思想家本人連繫起來。

自然科學既離不開**生命**的籠罩，故而浮士德與阿波羅的自然科學的基礎，便截然不同。世上沒有一種「**自然**」是純粹的——在它之中，總永遠會有一些**歷史**的成分在內。如果人是反歷史的，像希臘人那樣，則他整個的世界印象，便貫注在一種純粹的、點狀的（point—formed）「現在」，他的**自然意象**，也便是靜態的，自給自足的。**時間**用作一種「大小數量」的觀念，很少出現在希臘的物理學中，正如亞里斯多德的「實體」觀念中，不含時間因素一樣。另一方面，如果人是歷史型構的，像西方人那樣，則他所形成的意象，便是動態的。

歷史是永恆的生成變化的過程，故而是**永恆的未來**；自然是已經生成的事物，故而屬於**永恆的過去**。可是，在自然科學中，這裏卻似乎出現了一種奇異的逆轉情狀——「生成變化的過程」，失去了它對「已經生成的事物」的優勢地位。當人類的心智，從自己的領域內往後看，則生命的觀點便告倒置，承載著目標與未來的**命運**，轉變成機械的因果原理，而因果原理的重心，則在於**過去**。於是，**空間**的經歷，**提昇到瞬時的生命之上**，而時間，被空間的世界系統中的「長度」所取代。

然而，既然在創造性的經驗中，**廣延**出自於**導向**，**空間**來自於**生命**，則人類的理解力，把生命當作是一種，進入無機的空間的歷程，顯然只是一種想像。也即是：生命把空間視作是屬於自己的一種機能，而心智卻把生命視作是空間中的一種事象。故而，所謂設定「科學的系統」，意指：**從已經生成和已經實現的事物出發，沿著一種機械的構思歷程，倒溯回去**，以追求其「原因」，這也即是：把生成變化的過程，處理為一種空間的「長度」（length）。但是，**時間**和**命運**其實是不能逆轉的，所能逆轉的，只是物理學家所謂的「時間」，他把他公式中的「時間」，視作是可以分割的單元，尤其是一種負性的、或想像的性質。這與我們所稱的**時間**，顯然不可混為一談。

這種自然和歷史相乖謬的困境，一直是存在著的，可是很少有人看出這是必然而天生的事。在古典科學中，伊利亞學派拒絕承認要把**自然**設想是處在運動之中的必需性，他們並設立一種邏輯觀點來排拒這一思想，認為：思想是一種「存有」，並推論「已知」與「廣延」認同為一，故而知識本身，與生成變化的過程，並不相容。

他們的批評，一直未被反駁、也不能反駁，但是，他們並不能阻礙古典物理學的演進，因為，古典物理學的演進，是阿波羅靈魂的一種必然的表達，故而超乎一切邏輯的困難之上。而在巴鏤克時代，由伽利略和牛頓所奠定的所謂「古典」力學中，也一再基於動力學的思考，而欲尋求有關運動問題的一種無懈可擊的解答。其最後一次嚴肅的嘗試——必然地，也像其他各次一樣，歸於失敗——即是赫茲的努力。

赫茲企圖完全消去「力」的觀念，而把整個的物理學圖像，建立在**時間**、**空間**、和**質量**三種性質之上。他感覺到一切力學系統中的謬誤，應在基本觀念之中尋找，這是正確的；但是，他沒有觀察到：**時間**本身，是一種有機的要素，沒有它，不可能表達出一種動力理論，可是有了它，便不可能獲得清晰的答案。進而言之，即使不提這一點，力、質量、和運動的概念，所構成的乃是一種教條式的單元，它們互相關聯，互相牽制，應用到其中的任一項，從開端起，即已暗中牽涉到另兩項。質量的觀念，只是力的觀念之補足物。[9]

牛頓——具有一種深刻的宗教氣質——當闡明「力」與「運動」二詞時，說及「質量」是「力」的附著點，是「運動」的承載者，這便正是表達了浮士德型的世界感受。「力」與「運動」二者，也即是十三世紀的神秘教派，所感受到的「上帝」及其與「世界」的關係。故而，對於**西方人而言，「力」在機械的自然圖像中的地位，就如同「意志」在他靈魂圖像中的地位、以及無限的「上帝」，在他世界圖像中的地位一樣**。物理學上這三種基本觀念，

9 二十世紀愛因斯坦的「相對論」，及海森堡的「測不準原理」（principle of uncertainty），對此等觀念，已作更深入的說明。

遠在第一位物理學家誕生之前，即已根深蒂固，因為，它們是深植在我們文化中，最早期的宗教的世界意識內的。

「經驗」的解釋

自然律是由已知的事物，所架構的形式。在自然律中，個別的事項被組合起來，而形成一種較高等級的單元。然而，在自然律裏，活生生的時間，是被忽略了的——這即是說：事項究竟**是否發生**、**何時發生**、以及發生的**頻繁與否**，是無關緊要的，因為，自然律的問題，不涉及編年的順序，而只注重數學的序列。可是，在我們的意識中，其所以認定世上沒有什麼力量，能搖撼到自然律的計算，其基礎實在是在於：我們那種壓服自然的「**意志**」，這是浮士德文化的本性使然。只有從此一觀點看來，才能理解到：「奇蹟」（miracles）的出現，乃是自然律的裂罅所在。馬日文化的人，則自「奇蹟」之中，看到一種超越人世的力量的運作，這不是一切文化所共有的觀念，也絕不與自然律相矛盾牴觸。至於古典文化的人，以普魯泰哥拉斯（Protagoras）為例，實在只表現為事象的度量者，而不是事象的創造者——他們在潛意識中，放棄一切經由定律的發現、或應用，而能征服自然的觀念。

於是，我們看出：因果的原理，只是一種西方的現象——嚴格說來，只是巴鏤克的現象——它對我們的必要性，自是不在話下，它是我們的數學、物理學、及哲學所共同承認的真理基礎。因果原理是不能證明的，因為以西方語言，所表達的任何證明、及由西方心靈所導引的任何實驗，都先已預設了它自身的存在。一般而言，在每一項問題中，闡述問題的本身，即已包攝了證明的胚芽，而一項科學的方法，即是該科學的本身。毫無問題地，自羅傑培根（Roger Bacon）[10]以降，自然律的觀念、以及物理學是一種「經驗科學」的概念，都「先驗地」涵攝了這種西方特殊的因果必然性。相反地，古典人類認知自然的模式，卻並不包含這種必然性，而希臘的科學地位，表現在邏輯中的，卻也並不因此而呈軟弱。

如果我們細心地研究德模克利特斯、亞拿克撒哥拉斯、和亞里斯多德的言論——尤其亞里斯多德，他身上包容了古典文化對自然沉思所得的總和——並且，最重要的，如果我們能檢驗一些關鍵名詞的意蘊內涵，諸如，α'λλοιωσις，α'να'γκη，ε'ντελε'χεια，我們會驚訝地洞察到：一個迥異於我們自己的**世界意象**。這一世界意象是自給自足的，故而對希臘人而言，也是無條件地真確的。而我們所謂的因果律，在此並無用武之地。

「能量守恆」的原理，經美以爾的闡述之後，一般已極其認真地，將之視為是一種明白

10 羅傑培根（1214—95）英國僧侶中著名的科學家。

的概念性的必然原理。可是事實上，這只是利用物理上「力」的概念，所重述的一種動態的因果原理，並不是什麼新的真理。而訴諸「經驗」（experience）的習俗；以及爭論「判斷」究竟是必然的、抑或是經驗的——以康德的話來表達：即「判斷」究竟是「先驗的」（a priori）、抑或「後驗的」（a posteriori）——這些都是西方文化中特有的徵狀。但是卻沒有人注意到：在如此一種「經驗」的概念、及其活躍的動態意涵中，所隱含的，是整個西方的世界觀；其他任何文化中，都不曾、也不可能有意義如此豐富的「經驗」。故而，當我們拒絕承認亞拿克撒哥拉斯、或德模克利特斯的科學成就，是「經驗」的成果時，這並不意味古典的思想家，不能解釋事象，只是浪擲幻想；而是意指：我們不能在他們的綜論中，找到構成我們的「經驗」的因果性的要素而已。

對我們而言，「經驗」實是一種心智的活動，它並不只侷限於接受、認知、並排列短暫而純粹的目前印象，而毋寧是要追尋和回憶這些印象，以征服它們感覺上的歧異，而把它們歸匯為一個無限的統一體，使感覺上的歧異，消融於無形。故而，我們意謂的「經驗」，實具有一種「由殊象入於無限」（from particular to infinite）的趨向。正因此故，它與古典科學的感受，恰相對立，對我們是通向獲得「經驗」之道者，對希臘人而言，卻反是失去「經驗」之路。故而希臘人避免採用強項有力的經驗方法。我們的精確科學，是強制性的，而古典的科學卻很「圓柔」，是消極的沉思結果。

「上帝感受」與自然景觀

經過以上的探討之後，我們可以毫不猶豫地指出：每一種自然科學的形式世界，實對應於其適當的數學、宗教、及藝術的形式世界。例如：一位深刻的數學家——當然不是指一部熟練的計算機，而是一個人，任何人，只要他能感受到他內在的數字精神——便能瞭解到：透過數學的形式世界，他可以「認識上帝」。畢達哥拉斯和柏拉圖對這一點的覺知，絲毫不遜於巴斯卡和萊布尼茲。

「上帝」（God）一詞，在哥德式教堂的拱門之下、在摩布隆（Maulbronn）和聖迦倫（St. Gallen）的寺院中[11]，以及在敘利亞的長形式聖殿、在「共和時代」的羅馬神廟中，都各有不同的意涵。例如，浮士德教堂的特徵，是一種「森林性徵」（character of forest）。浮士德的世界感受，體現在建築方面的，最初是在北歐平原的高聳森林中，找尋到自己的象徵。落葉林及其神秘的格子方型、遙響在觀者頭上的葉子永不止息的嗚咽聲、樹頂那種掙扎著似欲

---

11 兩者皆為摩爾人所建的教堂。

脫地而去的形象，都與浮士德的基本感受暗暗契合。我們不妨想一下，中古羅曼斯克的裝飾藝術，以及它在感覺上與樹林的風貌，有何等深刻的類似，便可略知一斑了。

柏樹與松樹，給人的印象是具體的、歐幾里得式的，不可能成為無窮空間的象徵。但是橡樹、山毛櫸和菩提樹，若有若無、斷斷續續的光斑，映現在淺密的形體上，卻予人一種虛無縹緲、無垠無限的精神之感。森林中的樹梢沙沙之聲，是一種古典詩人所無法體會的魅力——因為它不在阿波羅型的自然感受的可能範圍之內——這種魅力，以及它所帶來的秘密問題：「自何處來？」「往何處去？」，以及它的表象，淹沒在永恆的空間中，這一切，都與**命運**、與**歷史**和**持續**的感受、與**導向**的性質，有極深刻的關係，驅迫著人們焦慮苦憂，不能自已，使浮士德的靈魂，趨向於無窮遙遠的**未來**。

同樣的原因，風琴的音調，透出於我們的教堂，深沉而高揚地迴響在四野，與希臘那種長笛與豎琴的平板堅實的音調相形之下，似乎無遠弗屆，不知所窮，成為西方祈禱時專用的樂器。教堂與音樂，形成一個象徵的統一體，一如神廟和雕像。十八世紀的管絃音調，也孜孜不息掙扎無已，以期能更接近於風琴的主調。「照臨」（schwebend）一詞[12]，用於古典的事物上，簡直毫無意義，可是在我們的音樂理論、建築、油畫、以及巴鏤克的動態物理學中，卻

12 用於下列句子中：「上帝的精神，照臨在水面上」——原註。

都十分的重要。一個人若站在一棵莖幹強實的高樹之下，而上面風雪凜冽，嘎然有聲，他便立刻可以體會到：那種推移質量的「**力**」，其概念的全部意涵所在。

從這樣一種基本感受出發，我們便在周遭世界之中，興起了一種內在的神聖之感，而這種概念，漸漸地愈來愈趨於明晰。有知覺的人，接受了自然之中運動的印象後，便感受到一種幾乎不可名狀的**疏離的生命**、陌生的力量，他追溯此等印象的來源，便歸結到所謂的「**基本型構**」（numina），歸結到「另一世界」，而此另一世界，顯然也具有**生命**。對陌生疏離的**運動**感到驚訝，是宗教與物理共同的起源；宗教與物理，分別是經由靈魂、及經由理智，對周遭的自然，所作的闡釋。而「力量」也即是恐懼或親愛的敬畏、以及批判的研究，所共同的最初目標。在此所表現的，既是一種宗教經驗，也是一種科學經驗。

現在重要的事，是研究各大**文化**的意識，如何理智地凝固出它的基本「型構」。我們發現，這是利用「**名稱**」（names）完成的。文化的意識，將一些重要的「名稱」，置於現象之上，從而拘束了這些基本型構。而由於人們擁有「名稱」，終使基本的型構，屈從於人的理智力量之下。正確的名稱（在物理學上，是正確的概念），是一種魔術似的符咒，靈驗萬分。宗教上的神祇和科學上的基始觀念，最初都只是一些咒語似的名稱，代表一種在感覺上，漸趨明確的概念。例如，以「神」（Deus）來指謂一種**神聖的意志**，以「概念」（idea）一詞來表示一種**心智的動向**，即是如此。對於最有學問的人們而言，「事象本身」、「原子」、

「能量」、「重力」、「原因」、「演進」等詞的命名，其意義就如拉丁的農夫以「西瑞斯」（Ceres）命名穀神、以「坎瑟斯」（Consus）命名農神、以「詹納斯」（Janus）命名門神、以「維斯塔」（Vesta）命名灶神一樣，都極具文化的特性[13]。

大神話——浮士德、古典和馬日的基本型構

科學家在習慣上，把神話和神的觀念，指為原始初民的產物，並認為當精神的文化「進步」時，這種形成神話的能力，便告流逝。可是事實上，情形恰好相反。如果歷史的形態學，在目前不是如我們所見的，一片未經開拓的處女地的話，則一般所以為，是無所不在的神話詩意創造力（mythopoetic power），便早已會被發現為：只是限制在某些特定時代的現象。我們早就應該認識到：這種由文化的靈魂，以自身的形象特徵、和象徵，來填塞於其世界，以使世界能像自己，與自己協和一致的能力，主要**並不屬於初民的混沌時代**，而只是出

13 例如，可以斷言的，生物學家赫克爾（Haechel）對於「原子」、「事象」、「能量」等名稱，所固持的徹頭徹尾的信念，實在在本質上，與尼安德塔人（Neanderthal Man）的拜物教信仰，沒有什麼不同——原註。

現在各大**文化的春天**。每一項大風格的神話，都出現在一個覺醒中的**文化精神**之開端，它是該精神的最初脈動行為。它不可能出現在別處，它**一定出現在文化的春天**。

有多少個**文化**、多少類早期的建築，便有多少種偉大神話的形式世界。就古典和西方文化而言，是在荷馬時代（西元前一一〇〇—八〇〇年）及對應的騎士時代（西元九〇〇—一二〇〇年），也即是所謂的「史詩時代」，不早不晚，恰在此文化的春天，出現了文化上兩大新宗教的偉大世界意象。在印度與埃及文化中，對應的時代，則分別為「吠陀時期」、及「金字塔時代」。終有一天，我們將會發現，埃及的神話，是在第三王朝和第四王朝之間，達到成熟而入於「深度」的。

只有以文化春天的行為來體會，我們才能夠瞭解到，那些充瀰於日耳曼的「帝國時代」（Imperial Age），歷時三世紀之久的，宗教直覺的神話創作，實在是無限豐富的精神財產。這時所出現的，正是我們的「浮士德的神話」（Faustian mythology）。迄今為止，由於一些宗教上、學術上的成見，使我們在處理這些神話時，總把天主教的成分排拒於北歐異教的領域之外，反之亦然。終至，我們不能看到這一神話的形式世界之廣袤和統一。事實上，根本沒有這些差異存在。因為當時基督教團內，在觀念上的深刻改變；與蠻族移民，對古老的異教崇拜之統一，作為一種創造性的行為來看，實在是可以認同一致的。

愛達史詩中一些偉大的上帝傳奇，與飽學僧侶們所作的福音詩中的許多主題，都出現於此時；日耳曼的很多英雄故事，如齊格飛與古德林（Gudrun）、底退克（Dietrich）和韋蘭（Wayland）的事蹟[14]，也綻現於此際；此外，由古代賽爾特傳奇中，演變出來的無數騎士傳說，有關於「亞瑟王與圓桌武士」、「聖杯」、「屈萊斯坦」、「派西乎」、「羅蘭」等的傳奇，也在這時出現於法國的土地之上。與這些傳奇同時的，還有對耶穌受難的故事所作的精神重估，以及天主教的「聖徒傳」（hagiology）。其最豐富的成就，產生在第十及十一世紀，創造了聖母瑪利亞的宗教生命，以及羅赫（S.S.Roch）、西貝德（Sebald）、席維林（Severin）、方濟各（Francis）、聖本篤（Bernard）、歐迪利亞（Odilia）等聖徒的歷史。還有，「黃金傳奇」（Legenda Aurea）的編作，約在二一五〇年——正是宮廷史詩和冰島吟遊詩歌的開花時節。

當然，在這些宗教創作之中，能將終極意義，顯示得最為清晰的，仍莫過於有關「英靈殿」（Valhalla）的歷史[15]。關於「英靈殿」的概念，並不是日耳曼原有的，甚至在蠻族大遷移時的各種族，也完全不曾具有這等的概念。這是在**文化的春天**，於新崛起於西方土地上的各民族意識中，突然地成形的，表現為一種內在的必然。故而，它實與我們從荷馬史詩中，所

14 齊格飛、古德林、底退克、韋蘭，均為日耳曼中世紀著名的傳奇人物，許多武士史詩均以他們為主角，齊格飛尤為「尼布龍之歌」中的英雄形象。

15 「英靈殿」是北蠻諾斯人神話中，大神歐丁（Odin）迎接並款宴戰死英雄們的大殿。

知的奧林帕斯神話「相應」。而奧林帕斯的神話，與其產地梅錫尼殊少淵源，正如英靈殿，也與日耳曼無甚關係一樣。要之，神話的發源地，與神話本身的意義，並沒有若何的關係。「基本型構」的本身，世界感受的原始形式，是一種純粹、必然、而無意識的創作，是不可言傳的事物。

於古典、阿拉伯、和西方文化中，春天的神話，在每一方面的表現，都是正如我們所預期的；即：古典神話是靜態的、阿拉伯神話是馬日型的、而西方神話則是動態的。我們檢驗一下神話形式的各種細節，便會發現：在古典神話中，所表達的是一種「姿態」，而背後的主體，是一種「存有」；而西方神話中所透示的，則是一種「行為」，而背後的主體，即是「意志」。

在古典神話中，具體而確實的事象、感覺上圓滿的事物，壓蓋了一切，故而其宗教崇拜的重心，在於「感覺印象式」的祭拜；可是在北歐，是空間、是力，壓蓋了其他，故而其主要為「教條式」的宗教情操，重心在於渲染空間與力的原理。這些年輕靈魂所表現的最早期創作，使我們認識到：奧林帕斯諸神的形象、古典的雕刻、和具體的多力克神廟之間的關係；圓頂的長方形聖殿、上帝的「精神」、與阿拉伯式鑲嵌之間的關係；以及英靈殿與瑪利亞的神話、高聳入雲的教堂、和樂器音樂之間的關係。它們分別屬於某一文化的產物，彼此各有自己的性徵，不可混淆。

進而言之，古典的多神教，有其自己的風格，與任何其他文化的世界感受的觀念，皆不在同一範疇內，無論表面上是何等肖似，畢竟不可混為一談。像這種「具有諸神，卻沒有主神」的宗教，世上只有在希臘文化中才曾存在過，也只有在希臘文化中，裸體人像的雕刻，才成為其藝術的整個表現。

自然，如古典人們就其周遭所感受和認知的，是構形完美的具體事象之總和，故而惟有構形完美的事物，方能奉為神祇，這便是古典的多神教信仰。因之，羅馬人覺得基督教把耶和華當作唯一的真神，本身即具有一種無神論的成分在內。**對羅馬人而言，一神，即是無神**。這也可以解釋：希臘人和羅馬人的大眾情緒，何以如此厭憎哲學家，——因為哲學家多是泛神論者，也即是無神論者。而對於一般數學家、律師、和詩人而言，神祇即是形體，且是最高典型的形體，而神祇的繁多，本是形體分佈的一種性質，而且，神祇也如人們一樣，具有喜怒哀樂的情緒。具有深刻意義的一項事實是：在希臘各城邦中，代表遙遠世界的基本型構的「星神」（star—gods），完全闕如，而「日神」只有半東方的羅德島，曾加以崇拜。「月神」則根本無任何祭拜可言。

古羅馬的宗教，是將古典的世界感受，表達得特別純一的地方，而這宗教，完全不知崇奉日、月、風、雲等神祇。森林的撼動與森林的沉寂、狂暴的風雨和洶湧的浪濤，完全主導了浮士德人們（甚至先於浮士德的賽爾特人與條頓人）的**自然**感受，並在浮士德神話中，賦予了特殊的性徵，可是古典人們，對比卻無動於衷。在古典文化中，只有具體的事物——如爐子與門牆、樹叢與土場、這一條特定的河、那一座特定的山等——才能凝入於他自身的「存有」之中。

阿波羅與浮士德的自然意象之基礎，在各方面，都分別表現為兩種對立的象徵：「個別的事象」與「純一的空間」。古典的奧林帕斯神山，和冥府赫地斯（Hades），都是感覺上完全可以確定的地方，可是北歐神話中的矮人國、小鬼邦、妖魔國，以及「英靈殿」和「幽森殿」（Niflheim），卻都是在宇宙中某一不知處所的地方。在古羅馬的宗教中，「大地之母」（Tellus Mater）並不是萬物之母，而只是一塊可見的耕作地，木神「孚納斯」（Faunus）即是木頭，河神「伏特納斯」（Valturnus）即是河流，穀子的名稱即是穀神「西瑞斯」，而收穫物的名稱即是農神「坎瑟斯」。當羅馬大文豪霍雷斯（Horace）在冷冽的天穹下，說及：「朱夫（Jove）之下，何其寒冷！」（sub Jove frigido）[16]之時，他真正表現了羅馬人**具體**的宗教感。

在這種情形下，羅馬人甚至從不嘗試在拜神的地方，製作任何神像來供其膜拜，因為這等於是複製了神的形象。甚至在很後期的時代，不僅羅馬人、而且連希臘人，本能的直覺都與偶像崇拜格格不入。所以，當塑型藝術，變得愈來愈瀆神的時候，便愈來愈與大眾的信

16 朱夫即是羅馬的主神周比特，代表天空。

仰、虔誠的哲學不能相容。無論如何，這種多神教的信仰，是與西方宗教大相逕庭的。在屋子裏，門神「詹納斯」即是門，灶神「維斯塔」即是灶，即是：所奉為神祇的，只是屋子兩項**機能的客觀化**。而希臘的河神，即確切地指一條河而言，而不是意味著此神是居住在河中；牧羊神潘恩（Pans）與森林神散塔兒（Satyrs），也只是指正午的原野和草地。至於樹神特瑞德（Dryads）與哈瑪特瑞德（Hamadryads），更只是指一些樹木而言。相反地，北歐神話中的小妖、矮人、女怪、女戰神臥凱瑞絲（Valkyries）及其族類，以及午夜遊蕩的「幽靈軍」，則絲毫不沾一點此等地域性的具體色彩。希臘羅馬神話中的奈亞德（Naiads）水神，本身即是河泉；可是北歐神話中的水精、樹妖、屋怪，則是一些幽靈，並不固限於河泉、樹木、房舍中，總想要奔脫出來，自由漫蕩。

希臘神話中的山澤女神寧芙（nymph），在想要訪晤英俊的牧羊人時，她是具有人形的；可是北歐的林仙奈克西（nixie），則是被施了魔法的公主，髮中長著睡蓮，半夜從她所居住的池塘深處偷跑出來。由此看來，浮士德的宇宙，似乎厭憎一切實質而具體的事物。我們總在事物之中，猜疑到另外的世界，總認為事物的硬度和厚度，只是外表，總認為有些天賦特佳的人，具有透視峭壁危崖，而看到地層深處的能力——，這在古典神話中，是注定為不可能的。但是，這種尋幽探秘的心向，豈不正是我們的物理學理論、我們的每一項新假設背後的秘密意欲？

沒有任何其他的文化，有這麼多關於深山潭底的寶藏神話；關於神秘的地下王國、宮殿、花園，而其中居有另外的人類的傳說。可見的世界中，所有的具體實質，都似為浮士德的自然感受所否定，認為：歸根結柢，並沒有任何事物屬於地球，唯一的真實只是「空間」。正如哥德式風格，消融了我們教堂的石頭形質一樣，這種神仙傳奇，也消融了自然的實質，使成為無數鬼魅似的形式和命運，發散出一切的力量和知識，無垠無際。

古典的多神教，不斷強調其神祇在實體上的具象化、個體化，這在其對「異教的神祇」（strange gods）的態度上，表現得特別的明顯。對於古典人們而言，埃及人的神祇、腓尼基人的神祇、日耳曼人的神祇，只要能想像出形象來，即如同他自己的神祇一樣的真實。例如，如果一個希臘人旅居於巴比倫，而宙斯和阿波羅離他很遠，他便有足夠的理由，特別尊崇當地的神祇。這就是雅典那座供奉「未知之神」（the unknown gods）的神壇的真義所在，而後來的聖保羅，以馬日的一神教觀點來衡量它，便犯了嚴重的誤解。事實上，這些未知之神，希臘人並不知其名，只是希臘一些大海港（庇雷斯、柯林斯及其他港口）中的外地人，所崇拜的神祇，而希臘人也便隨之加以尊奉。羅馬人把這種古典的清晰宗教感，表達在宗教的誡命、以及妥慎保存的律則之中，例如，在羅馬著名的「萬民法」裏，便可覘其大要。由於宇宙即是所有事象之總和，而神祇本身也是事象的一類，所以，羅馬人對於他們並未實際發生關係、甚至在歷史上也無所淵源的神祇，也一併加以認知。

到了「帝國時代」的最初幾個世代間，雖然一般並沒有任何外在的儀禮、或神話的形式之類的變遷，可是古典的多神教卻已逐漸解消，而轉化為馬日的一神教信仰。一個新的文化靈魂已經奮然興起，它雖生活在舊的宗教形式中，卻帶來一種新的型模。原來的神祇之名仍然襲用，可是宗教的基本型構，已被覆蓋，而告消融[17]。

在一切後期古典的宗教崇拜中，原來那些神祇，諸如愛色斯神及栖貝拉神（Cybele）、太陽神密斯拉、梭爾（Sol）、與西拉比斯（Serapis）等的神性，已不再被人感覺是：具有確切可認的形態，地域固定而形式分明的「存有」。到了早期基督教時代，對於羅馬主神周比特，鐸力鏗奈斯（Jupiter Dolichenus）或太陽神梭爾，因維克特斯（Sol Invictus）的崇拜[18]，已變得可以有「兩個或三個神祇，共用一個此等的名稱」。所有這些神祇，越來越被人感受為單一的神道，不復眾神並立了。雖然，一個特定宗教崇拜的信徒，仍然會相信自己確實知道該神的真正形態。於是，一個愛色斯神，可以有千百個不同的名稱，而名稱縱然紛紜，所指

17 此即馬日宗教，已掙脫了古典「偽形」，而造成了情狀的逆轉，古典宗教反而受其影響，而成為馬日型的「融合」宗教，原來的神祇，名目雖存，意義已變。

18 周比特・鐸力鏗奈斯，本是鐸力鏗地方的地域神祇，其崇拜之所以散播到羅馬帝國全境，是由該地所招募的兵士帶出來的。梭爾・因維克特斯是密斯拉神在羅馬的形式。如周比特一樣，也是由軍隊運動及商業貿易，而將這一崇拜，帶至帝國的全境——原註。

仍只一神。在此之前，不同的名稱，代表的是眾多不同形體、不同地域的神祇；可是如今，這些名稱只是每人心中唯一的「真神」（the One）的不同稱號而已。

這種馬日的一神教信仰，顯現在所有的宗教創作中，從東方出發，泛濫了整個的羅馬帝國——亞歷山大城的愛色斯神及太陽神，為羅馬皇帝奧理略所崇信；密斯拉太陽神的波斯形式，在敘利亞完全重鑄之後，在羅馬為戴克理先所維護；迦太基的貝爾（Baalath）太陽神，則為羅馬的西伏拉斯所尊崇。這些神祇的輸入，並不是如同在古典時代那般，增加了具體的神祇的數目，相反地，它們吸納了古代的神祇，而且逐步剝除了古代神祇的具象形態。這時，馬日的冶金術，也取代了古典的靜力學。而與此對應地，我們看到在宗教上，越來越多的象徵——諸如：聖牛、羔羊、聖魚、三角形、十字架——取代了神像，出現在民眾之前。到了君士坦丁時代，古典宗教的殘餘回音，也都煙消雲散了。一神教信仰中，對於人設聖像的厭憎之情，已告根深蒂固，終於發展為伊斯蘭和拜占庭時代，對神像下了禁命，才告終止。

無神論

「無神論」這一論題，迄今為止，心理學家和宗教學家，仍認為沒有什麼仔細研究的價值。雖然已有很多文章討論到它——一方面是出於自由思想的殉道者，另一方面是來自宗教的狂熱份子，恰恰形成對立。可是，從沒有人提及無神論的「種類」；也沒有人將它當作一項個別而明確的現象，當作正面的、必然的、高度象徵的現象，而予以分析地研究；更沒有人認識到，無神論是如何地被**文化的時代**所侷限。

正確地理解，則無神論是一個文化的精神，在完全實現了自身，耗盡了宗教的可能潛力，而正沒落衰亡入於無機狀態時的，一種**必然的表現**。它與文化本身，對於真正的宗教的活潑潑的渴望與需求，是相容一致並不衝突的[19]——它就好似「浪漫主義」一樣，是對那無可避免地已一去不返的**文化**，所殘餘的一份追憶。無神論很可能只是一個人的感受的產物，它潛伏在他的心底，而他並不自知；它可能從不與他的思想習慣，發生衝突；也從不向他的宗教信仰，提出挑戰，然而，這畢竟仍是無神論。如果我們能領悟到：何以信仰虔誠的海頓，在聆聽貝多芬的一些音樂之後，稱貝多芬為一個「無神論者」，我們也便可以理解到這一點了。一言以蔽之，無神論，不是隨**文化**的黃昏以俱來，而是來自於**文明**的早期。

但是，如果無神論——這一世界感受及世界意象的後期形式、我們的「**第二度宗教狂**

19 希臘演説家狄阿哥拉斯（Diagoras），因其「無神的」著作，而被雅典人判處死刑，可是身後遺留的作品，卻是一些深刻虔誠的狂熱祭歌。再看韓培爾（Hebbel）的日記及信札，他説他「不相信上帝」，可是他卻祈禱——原註。

熱」（second religiousness）的序幕[20]——終竟是對我們現有的宗教的一種反逆，則它的結構，在各個**文明**之中，當然也便有所不同。任何一個文化，其宗教都會具有一種，只屬於自己、也只針對自己的，無神論的反動。具體言之，在**文化已逝**、**文明開始**的時候，古典、馬日、和西方的人們，仍然分別繼續經驗到他們的外在世界，是一個秩序井然的形體組成的宇宙、或一種世界的「洞穴」、或一個永恆動態的空間，但是，他們不再能活生生地體驗到，其中的神聖的因果律則。他們僅能感覺到一種只屬於機械的——或希望只成為機械的——瀆神的因果律則。故而，古典、阿拉伯、和西方，各有其無神論，彼此在意義上和實質上，都各自不同。

尼采揭櫫其動態的無神論，是基於他所謂的：「上帝已經死了」（God is dead），倘若古典的哲學家，要表達其靜態的、歐幾里得式的無神論，則勢須宣稱：「住在聖地的諸神，都已死了！」前者指出無窮的空間、後者表示有數的形體，已經失去了「神性」。但是，死的空間和死的事象，正是物理學中的「事實」，而無神論者，則還不能體驗到物理的自然圖像、和宗教的自然圖像之間的差別。只有語言，以其精微的感覺，能夠區分出智慧（wisdom）和心智（intelligence）之別：——前者，是靈魂的早期時代、鄉野狀況的表現，而後者，則是後期

20 第二度宗教狂熱，本書第十六章有專節論列。

時代、世界都會的產物了。

每一個活潑潑的**文化**，不論是否自知，**其精神即是宗教**，即有宗教。從沒有一個文化精神，是非宗教的；若有所謂「非宗教」，至多也只是如中古的一些佛羅倫斯人那樣，玩弄觀念的遊戲而已。但是，世界都會中的人，確是「非宗教」的，「非宗教」是他生存的一部分，是他歷史地位的一項標記。

一個時代所能具有的虔信程度，是表現在其對於宗教「寬容」（toleration）的態度上。一個人寬容某些事物，其一，是因為這些事物，與他一些神聖的經驗有關；另一，是因為他已不再能有這等的經驗，故而已對異端的存在，漠不關心。

在古典世界中，我們現代人所謂的「寬容」，其實是一種與無神論相反的表現。可是，在浮士德靈魂而言，則並不是以可見的儀禮、而是由教義的規條（dogma），構成了信仰的精粹。浮士德意義下的「無神」，即是指對教條的反對，而所謂異端的觀念，就是源自於此。浮士德的宗教，本性上不能容許任何的「良知自由」（freedom of conscience）；因為良知的自由，與宗教那種侵略性的空間動態精神相抵觸。甚至自由思想，也不容存在。

在西方人中，沒有任何的信仰，不是依伴著某一種的「宗教裁判」（inquisition）的。引申下來，若以適當的電動力學的意象來表達，則宗教的信仰，無異於一個「力場」，它按照自身的強度，來調整「場」內所有的心靈。若不能如此，即表示缺乏信仰——以教會的術語來說，則是「無神」。相反地，對阿波羅靈魂而言，只有對於祭典的蔑視（α'σ'εβεια），才是「無神」。故而阿波羅的宗教，不容許有「姿態自由」（Freedom of attitude），這與不容許「良知自由」，是迥然不同的表現。而在兩者，由宗教感受所要求的、以及所拒絕的「寬容」之間，都有一條截然分明的線條，劃分清楚。

在希臘的人羊神戲劇及喜劇中，諸神的歷史，是可以作為消遣的對象——這並不違悖到他們那種歐幾里得式的存在模式。但是神的雕像、祭禮、以及其信仰的造型表現，是不允許任何人妄自觸及的。而且，早期帝國時代人們遵行那些公眾的祭典，尤其遵行各類祭典中最深刻真實的——皇帝的祭典。這並不是出於矯揉虛飾，而是古典宗教的本質所在。而在另一方面，成熟的浮士德文化中的詩人和思想家，則可以任意「不去教堂」、避免告解，在新教的氛圍下，更可以於教會集會日時，待在家中，不與教堂發生任何關係。但是，他們卻不可以觸及教條、懷疑教條，這在任何教儀、任何教派中，都認為是極其危險的事，尤其包括自由思想在內。羅馬的斯多噶主義者，對於神話全不信仰，然而卻能虔誠地遵守儀禮的形式，這種行為在西方文化中的拓影，可見於啟蒙時代的一些人士身上。例如萊辛和歌德，他們忽視教會的一切儀禮，但是，卻從不懷疑「信仰的真理基礎」——教條。

浮士德物理學，是力的教條

如果我們從研究：**自然感受**，如何變成為**形式**的問題，轉而注意：**自然知識**，如何形成為**系統**的問題；則我們便會明白：上帝或諸神，實在是一切意象的起源，而透過這些意象，文化的心智，才能企求去理解其周遭的世界。歌德有一次向雷默（Riemer）評論道：「理性與這世界同其古老，甚至孩提也有理性。但理性並不是應用在所有時代中，方法都相同，目標都一致的。較早的世紀是由想像的冥思，獲得他們的概念；但我們的時代，則把概念簡化而成觀念，相形之下，以前的創造力比較巨大，而現在則是摧毀力、或分解力比較當令。」

牛頓力學中，那種強烈的宗教性[21]，與現代動力學定理中，那種近乎純粹的無神論，其實具有同一的色彩，只是同一的基本感受在正面、和負面的表現。一個物理學的體系，必然具有其文化靈魂的一切特性，因為它的形式世界，本就屬於這個靈魂。巴鏤克時代宗教上流行的是「自然神論」（Deism），物理上隨之而來的便是動力學與解析學，而「自然神論」的三原則：「上帝」、「自由」、「不朽」，表現在力學的語言中，便成了伽利略的「慣性原理」、

21 牛頓在一七〇六年發表的光學（Optics），其著名的結論實帶有強力的神學印象，並成為神學問題全新的闡述之起點，在其中，牛頓將力學的領域限制在神聖的「第一因」之下，而「第一因」的理解機構，實即是無窮空間的本身——原註。

德蘭伯特的「最小作用」、與美以爾的「能量守恆」。

西方的物理學，自其內在的形式而言，是教條式的（dogmatic），而不是儀禮式的（ritualistic）。它的內容，即是**力的教條**，而這內容，是與浮士德文化的特色「空間」、「距離」，認同一致的。

西方物理學中的「力」或「能量」，其實是一種由意志凝注而成的觀念，而不是什麼科學經驗的結果。這可以由下述的，常被忽視的事實中看出來：物理上有名的基本原理「熱力學第一定律」（First Law of Thermodynamics），雖然是有關「能量」的重要定律，卻根本不曾提及能量的本質[22]；而我們可以說，那一項並不正確的（雖然心理上而言，卻是最為重要的）假定——「能量守恆」的概念，即是此定律的一部分。實驗的度量，對於事象的這一特性，只能設定一個數字，此數字我們命名為「功」。但是我們思想的動態型模，卻硬性要求「功」須被當作為能量的一種「差額」（difference）來看待，雖然能量的絕對值，本身卻只是一種虛構之物，不能以確定的數字來加以衡度。故而，有關能量的計算，永遠要加入一項不定的正值常數，換句話說，我們永遠要努力維護我們的內在慧眼，所形成的「能量」意象，儘管實際的科學實驗，與此並無關係。

22 熱力學第一定律，即是熱與功代換的定律。

「力」的概念，起源既是如此，所以我們不能對之加以定義，一如我們不能界定其他一些非古典的名詞，例如「意志」和「空間」一樣。因為這其中，永遠剩有一些事物，是須要由感受和直覺來體會的，故而使得每一項由個人所下的定義，都幾乎成為此定義的作者，本人的一種宗教性的教條。拉普拉斯稱「力」為一種已知功用的「不明物」；牛頓想像其為一種「超距作用」的虛構力量。萊布尼茲說是一種量子，它與物質合起來形成一種單元，就是他所謂的「單子」（monad）；而笛卡兒與一些十八世紀的思想家，都不願相信運動和被移動的物體之間，有什麼基本的區別。

我們甚至發現，在哥德式時代，除了「潛力」、「強力」、「衝力」等觀念之外，尚有一些煩瑣迂迴的名詞，諸如「驅力」（conatus）、「驅動」（nisus）之類，在這些觀念中，「力」與釋放物體的原因，顯然不可分離。而斯賓諾莎（Spinoza），由於是一個猶太人，精神上是馬日文化的一份子，則根本不能吸收「力」的觀念，故而「力」在他的思想體系中，毫無地位。令人訝異的是，赫茲——近代大物理家中唯一的猶太人，竟也正是物理學家中，唯一企圖由消除「力」的概念，來解決力學中的兩難式困境的人。由此可知，基本觀念的秘密力量，實是文化本身的一種表徵，而不是普遍的真理，永恆的原則。

「力」的教條，是浮士德物理學的唯一主題所在。西方並沒有靜力學——這即是說：西方精神在本質上，對於力學事實的解釋，並不是基於「形式」和「實質」的觀念，甚至也不是基於空間和質量的觀念，而實在是注重在「時間」與「力」的方面。讀者可以任意在各方面，試驗以上所說是否正確。

後期的文藝復興運動，不但自信是繼續發揚了古典的雕塑，而且自以為復活了阿基米德的物理學。甚至連伽利略，都仍處在這種文藝復興的情緒的影響之下，所以，他把「力」的概念限制為接觸力（撞擊力），而他的系統敘述，也不能超出「動量守恆」的範圍之外。他僅僅牢握「移動」的現象，而不曾強調到空間的本質。直到萊布尼茲時，才首先在辯論的過程中，超脫了這種具體的限制，繼而經由他在數學上的發明，而發展出真正的**自由而定向**的「力」的概念，也就是所謂的「活力」（living force）。於是，「動量守恆」的觀念，才讓位與「活力守恆」的觀念，而數量的數字，也變成為函數的數字。

牛頓是第一位完全脫離文藝復興情緒的巨人，他定出了「超距力」的觀念，認為物體越過空間本身，而產生引力和斥力。從而，距離的本身，便成為一種力。這種概念太遠離感官所能感覺的內涵，所以連牛頓本人，都感到這概念有些不甚自在，——但是事實上，正是這種空間觀念，主導了牛頓，而不是牛頓主導著它。直到今天，還沒有人能對這種超距作用力，作出適當的定義，甚至還沒有人，能瞭解離心力究竟是什麼。地球繞軸旋轉的力，是這一運動的原因？抑或恰恰相反？抑或這兩者是同一事物？沒有人能知其底蘊。

現代力學中，這一深具象徵意義的難局，並未曾為法拉第所創立的「位能理論」所解除。物理思想的重心，已從物質的動力學，轉向於「以太」（aether）的電動力學，可是情況依然。法拉第是著名的實驗家，也是一位完全的幻想家，在現代的物理大師中，他是唯一的一位不是數學家的巨擘，在一八四六年，他說：「無論空間是空的，抑或是充滿了物質，我認為，空間的任一部分，除了『力』，以及『力』所作用的線之外，沒有任何事物是真實的。」

在此，法拉第與牛頓，在形上方面，是完全一致的。因為牛頓的超距力，所指向的神話背景，也是一般虔誠的物理家，不能看出的。然而，這樣一條可能引致一種明白清楚的「力」之定義的途徑——同時也即導致了「能量」觀念的出現。而能量的概念，與力的概念之不同，乃是在於它代表的是一種定向的**數量**，而不是一種**向量**，只能在數量上近似於萊布尼茲的「活力」觀念。換句話說，能量的概念，其實只是力的延伸。值得注意的是，如此一來，質量概念的精義，已被能量所取代；而事實上，連能量的「原子結構」之類的古怪觀念，也曾被嚴肅地討論過。

然而，儘管物理學上，這些基本字彙已經重新安排，可是並不曾改變我們的感受，我們仍然認為一種無往不在的力（world—force），歸根結底，畢竟是存在的。而運動的問題，一如以往一樣，不得解決。從牛頓到法拉第的物理——或者說，從柏克萊（Berkeley）到彌爾（Mill）的哲學——所發生的事，只是宗教的**行為概念**，被那非宗教的**功能觀念**所取代而已。在現代物理學的自然圖像中，**自然是在作功的**（doing work）；因為，「熱力學第一定律」

中的每一「過程」，都須以能量的消耗來加以度量，而能量的消費量，即是對應於「束縛能」（bound energy）形式的功之數量。

從這種發展看來，很自然地，我們發現美以爾那決定性的發明：「能量守恆原理」，在時代上，恰可呼應於社會主義理論的誕生。甚至連經濟學的系統，也使用了這些功能的觀念，從亞當斯密（Adam Smith）以來，價值問題便與作功的數量，發生了關係。亞當斯密，加上奎斯內（Quesney）與涂爾淦（Turgot），正標示了經濟領域內，從有機結構，轉向機械結構的變遷。於是，我們可以在經濟學家的語言中，發現一些詞話，恰恰對應於物理學中的能量「守恆」、「能趨疲」或「熵」（entropy）、與「最小作用」等的命題。

如果我們重溫一下，自從「力」的中心概念，在巴鏤克產生後，所經過的諸個連續的階段，以及其與偉大的藝術與數學的形式世界，所具有的密切關係，我們可以發現：(一)、在十七世紀（伽利略、牛頓、萊布尼茲），力的概念之形成，是趨向於「圖像式」的，而與偉大的油畫藝術頗為調和，油畫藝術約於一六三〇年告終；於是(二)、在十八世紀（拉普拉斯與拉格雷基的「古典」力學），力的概念獲得了「複調風格」的抽象特性，而與巴哈的音樂相一致；再後來(三)、在文化已達到終點，而文明化的心智，已壓到了精神的時候，力的概念，則出現在純粹分析的領域中，尤其在多項複變函數中。力的最現代的形式，若沒有純粹分析與多項複變的知識，已絕難獲得理解。

進一步理論發展的極限

但到了純粹分析與複變函數的階段，不容否認地，西方的物理學，正趨於其可能潛力的極限。歸結而言，作為一種歷史的現象，西方物理學的使命，只是把浮士德的自然感受，轉形為理性知識；把**文化春天的信仰形式**，轉形為**精確科學的機械形式**。這項使命，已經達成了，故而，雖然目前它仍將繼續探索更多實際的、「純粹理論的」結果，可是不論這些成果是何種類，都將只屬於一個科學的表面歷史之中了。事實上，只有它的象徵意義、只有它的風格，才是屬於它的深度所在。而明顯得不消說的，以這些深度而言，我們科學的精華和核心，已在飛快地崩解之中。直到十九世紀之末，物理學的每一步驟，還在趨向於把物理學，帶往一種內在的完成狀態、一種漸增的純粹程度、一種嚴格而完滿的動態自然圖像——可是時候一到，這種曾把物理學，帶向理論上最高的明晰性的原動力，本身突然間變成了一種**溶劑**，足以溶化一切的科學進展。

這種發展，並不是有意為之的——事實上，現代物理學的一些高級心智，根本還不曾意識到所發生的事實——而是一種先天固定的歷史必然。這情況就正如同古典科學，約在西元前二百年左右，內在地完成了自身的命運時，處在同樣的相對階段。解析學到了高斯、歌西、和黎曼，已到達了它的目標所在，而今天，剩下來的工作，只是在彌補它結構上的缺漏而已。

如今，在甚至昨天還是物理學理論中，**不可挑戰的基礎上**，在能量原理、質量、空間、絕對時間等觀念，以及一般的因果律上，**出現了突然而致命的懷疑**。這種懷疑，已不再是巴鏤克時代，那帶來豐碩成果的懷疑，已不再能把求知的人，與他知識的目標結合起來；而是一種針對自然科學，本身的可能潛力，所產生的懷疑。不妨略舉一例：目前不斷增加的、對運算和統計方法的應用，其目標已只求獲知結論的「或然率」（Probability），而放棄了進一步絕對性的科學精確度。但絕對性的科學精確度，本是充滿希望的較早世代的科學家所念念不忘的信條，這整個的事實，豈不正代表一種無意識之下的，深度懷疑主義？

一種自給自足、自我一致的力學，其發展的可能性，目前已將永遠地止息了。如我以上所示，每一種物理學，必定在運動問題上，慘遭失敗的下場，因為在運動問題之中，求知者活生生的個人，必須在方法上，硬擠進已知的無機形式世界中去，故而難逃失敗的命運。但是在今天，不但此一難局，仍然存在於一切最新的理論之中，而且三世紀以來的心智工作，已使我們尖銳地面對一項事實：即我們毫無可能，無視於此一問題。

自牛頓以降，萬有引力的理論，已成為顛撲不破的真理，可是如今，已只能被當作一項短暫而侷限的、相當靠不住的假設而已。而如果假定在無窮空間之中，能量是無窮大的，則能量守恆的原理，也毫無意義可言；接受此一原理，便與空間的三度結構不能相容，無論此結構是無限的、歐幾里得式的、或是非歐的球面空間，而具有「有限，但無界」的體積，結果都是一樣。於是，能量守恆原理的真確性，便只能侷限於一種「自給自足，不受外力影響的物體系統」之中，可是這樣的一種限制，實際上卻不可能存在。然而，象徵性的無窮空間，正是浮士德的世界感受。所要表達的基本理念，正是浮士德的文化，對世界靈魂的不朽觀念，浮現在機械而廣延的世界中的意念，故而便造成了顧此失彼的弔詭局面。

事實上，我們可以感受到：知識永遠不可能成功地，形成一個清晰的系統。不妨再看一下：物理學上假設的一種發光的「以太」。這是現代動力學的一項理想假設，經由「以太」的存在，每一項運動可以獲得載動的介質。但是，每一條關於「以太」的結構的可能假設，均因內在的矛盾，而告破裂。尤有甚者，凱爾文爵士（Lord Kelvin）已以數學證明：不可能有這樣一種不受抗力的光導體結構存在。另外，如弗瑞斯尼（Fresnel）的實驗所闡明者，光波是橫的（transversal）；故而「以太」若為一種剛體（而帶有確實奇怪的性質），則彈性定律也必適用於「以太」，於是，這樣一來，光波便又成為縱的（longitudinal）了，這顯然又不可能。馬克斯威爾——赫茲的光電方程式，也排除了任何以力學來解釋「以太」的可能性[23]。因此，若再加上相對論的結論，如今的物理學家，已認定「以太」只是純粹的真空。然而，這便又與推翻了動態物理圖像的本身，相差無幾了。

自牛頓以還，**質量恆定**的假認，一直被認為是不可爭論的真確。但是，普朗克（Plank）的「量子論」，以及波爾（Niels Bohr）關於原子的精微結構的結論，已經經由實驗的證明，而摧毀了這一假認。每一個自我圓足的系統，除了動能之外，還具有一種與此系統不可分離的輻射熱能，故而，已經不可能只以質量的觀念，來代表此一系統。因為若質量只以活動能量，來加以界定，則它將不再能在「熱力學狀態」（thermodynamic state）上維持恆定。但是，我們也不可能把量子的理論，和構成巴鏤克「古典」力學的一些假設相湊合；尤有甚者，依照「因素連續的原理」（principle of causal continuity），連牛頓與萊布尼茲所奠定的極限微積分的基礎，都為此而受到威脅。

更可怕的是，若以上這些，只是足夠嚴重的「懷疑」，則相對論中，一些尖銳而不容情的假設，卻實在擊中了動力學的心臟要害。經由密契孫（A.A. Michelson）實驗的支持，相對論已證明光速不受介質的運動所影響，而透過羅倫茲（Lorentz）和閔可夫斯基

---

23 因為光速證明為一恆定的常數，故而「以太」已無從成立。

（Minkowski）[24]，在數學上的預備工作，相對論的特定傾向，正是要摧毀「**絕對時間**」的觀念。天文上的發現，既不能確定相對論，也不能反駁它；而「正確」與「不確」，也不能作為檢驗相對論假設的基準，問題只在它本身能否成為一種有用的假設而已。但是無論如何，相對論已經**消除了所有物理量的恆定性，而加入了「時間」的因素**。而西方的動力學，不像古典的靜力學，它所知的，也**只是**這些物理量而已，如今已被從根搖撼。沒有絕對的「長度」度量，也沒有絕對的「剛體」，絕對的數量既有如此的界限，於是，「古典」的質量觀念——力與加速的比值 F/a——便告墜殞於地，而另一種作用量——能量和時間的乘積，——乃成為一種新的常數。

如果我們能弄清楚：拉塞福（Rutherford）與波爾所型塑的原子觀念[25]，所表示的，無非是：實驗觀察的數字結果，已忽然被配以原子內的一幅行星圖像，而不再是從前所以為的原子星群圖像；如果我們注意到，這個時候有多少的假設，飛速地產生，而每一項矛盾，立刻被一種趕造出來的新假設所掩蓋；如果我們反省一下：我們何等忽視，這些意象互相間的矛盾，及其與「古典」的巴鏤克力學的牴觸之處，我們不得不承認：大風格的科學觀念，已經

24 閔可夫斯基的非歐幾何，與羅倫茲的轉換公式，均為愛因斯坦的「相對論」在數學上的基礎與先驅者。

25 拉塞福的原子模型，與波爾的原子能階理論，在很多情形中，常導致誤信原子的「實際存在」，已經終被證明——其實，這只是對前一代唯物主義的一種反擊，並不就是確定的真理——原註。

走到了終點，而如同在建築及形式藝術的情形中一樣，一種專門玩弄科學「假設建構」的「工藝」，已取代了它的地位。只是，在實驗技術中，我們那極端的傑出成就，隱藏了這樣一種，文化象徵已告崩解的事實。

動態物理學的自我摧毀；歷史觀念的出現

在以上這些沒落的象徵之中，最為明顯彰著的，是構成「熱力學第二定律」的——「能趨疲」或「熵」（entropy）的觀念。熱力學第一定律，即是能量守恆的原理，是對動力學本質的明白陳述，但並沒有說到西歐靈魂的構造狀態。事實上，在西歐的**自然**，必然只表現為一種，對位法式的動態因果律的形式（以相對於亞里斯多德的雕塑式的靜態因果律）。浮士德型的世界圖像，其基本要素不是「姿態」，而是「行為」和「過程」，而第一定律，只是將這些「過程」的數學性質，置入於變數和常數的形式之中而已。但是第二定律，卻更進一步，對自然的變化，表示了一定的態度，而這種態度，不會在任何方面，受到動力學的概念基礎，所先驗地施予的驅迫。

數學上看來，「熵」是一種數量，由一個自我圓足的物體系統的瞬間狀態所固定，而在一切物理與化學的變化下，只能增加，而絕不減少；我們最樂於見到的，是「熵」保持不變的情況。「熵」，像**力**與**意志**一樣，是一種內在地清晰而有意義的事物，但它的具體呈述，卻因人而異，絕不能使人人都感滿意。這又是一種：世界感受要求表達，但科學心智無能為力的情境。

一般而言，按照「熵」的增加與否，自然過程可以分為兩類：即是**可逆的**（reversible）、與**不可逆的**（irreversible）。在任何一種不可逆過程中，「自由能」先被轉變為「束縛能」，而這種死的能量，若要再次變成為有用的活能量，惟有經由一種瞬間的能量變換，方能發生；最有名的例子是煤炭的燃燒——即是，儲存在煤炭中的活能量，轉化為二氧化碳的氣體形式，所束縛的熱能；進而把水的潛能（latent energy）轉變為蒸汽的壓力，而造成了運動。由此看來，在世界的整體中，「熵」不斷地在增加；也即是，動力系統很明顯地，在趨向於某一終極的狀態[26]。不論此狀態究竟是什麼，這一趨向是不變的。不可逆過程的例子，有熱的傳導、擴散的作用、摩擦的現象、光的閃亮、以及化學的反應等等；而可逆過程，則有萬有引力、電的振動、電磁波與聲波等。

26 史賓格勒的此一敘述，曾受到嚴厲的攻擊。但這是由熵的理論創立者之一克勞塞士（Clausius）處導衍出來的，而直到現在，這敘述仍不能真正被駁倒。至少可以說：世界的每一有限部分，皆有一有限的能量供應現象，而在此限度內，第二定律可以適用。

迄今還沒有人能完全體會到，但卻是導致我們把「熵」的理論（一八五〇），當作是西方心智的傑構崩毀的開始、是陳舊的動態物理學崩毀的起點，其關鍵即在於：深刻的理論和實際的對立，在此處，第一次被引入到「理論的本身」之中。第一定律已經畫出了一種，因果性自然變化的嚴格圖像；但是第二定律，由於引進了不可逆性的概念，而第一次把屬於**臨即的生命**（immediate life）的趨向，帶入到了機棄邏輯的領域之中，以致在基本上，和該領域的本質，發生了衝突。

如果把「熵」的理論，一直推展到結論，則結果是，第一、在理論上，所有的過程都**必須為「可逆的」**——這是動力學的基本肯定之一，而在能量守恆的原理中，加以嚴格的再度確認[27]——但是，第二、在事實上，自然過程全部**都是「不可逆的」**。甚至在實驗室的實驗，那種人工控制的情況下，都沒有任一種最簡單的過程，能夠成為確實地「可逆」，即是說：一個狀態一旦過去，便永不可能再重新設出了。

故而，現在的系統科學，最重要的成就，即是引介了一種「基本不規則」（elementary disorder）的假設，以緩和心智的假說、與實際的經驗之間的衝突。一個物體的「最小粒

27 如美以爾所認為的。而在「能量守恆」的範圍內，能量定律確是普遍的因果律則之中，一種較為精確的敘述。在現代對因果理論的解釋中，熱力學第一定律與第二定律，彼此也並不衝突——原註。

子」，雖然當作是行「可逆」過程的，可是在實際事象中，最小的粒子也不規則，而且會交互干涉，所以，觀察者所能經驗到的，只有「不可逆的」過程；而不可逆過程，便可以經由取其發生次數的平均或然率，而算出「熵」的增加量[28]。如此一來，「熵」的理論，變成了或然率計算法中的一章。而我們也以統計的方法，取代了精確的科學。

無可置疑地，此一事實的重要意義，一直沒有人注意到。「統計學」，正如「編年學」一樣，是屬於有機的範疇、屬於**流變的生命**、屬於**命運**和**偶然**，而不屬於定律的世界，也不屬於沒有時間因素的因果原則。如所週知，「統計學」主要是用於政治和經濟方面，換句話說，它是研究歷史的發展的學問。在伽利略和牛頓的「古典」力學中，「統計學」是毫無地位的。而現在，突然之間，力學的內涵，要在或然率的觀點下，經由統計的方法，才能獲得理解——而不再依賴巴鏤克的思想家們；共同一致所主張的「先驗確定性」（a priori exactitude）——這意味了什麼？這表示：我們所理解的對象，其實正是**我們的自身**。在這種情形下，「已知」的**自然**，即是我們經由活生生的生命經驗，所瞭解的自然，即是我們在我們自身的生命中，所體會的自然。而**定理**所確定的事物，只代表了陳舊的嚴格理智形式的遺

28 在統計熱力學中，以或然率方法計算「熵」的公式，是$S=K\ln\Omega$，其中S為熵，K為波茲曼常數，而Ω即為一或然率導出的數值。

骸，代表了偉大的巴鏤克傳統的遺跡，而與對位法的音樂，形成一對孿生的姊妹。訴諸「統計」的方法，即是表示：由傳統所規範支配、賦予效力的力量，已經整個用盡了。於是，**生成變化的過程**，與**已經生成的事物**，**命運與因果**，**歷史**科學與**自然**科學的因素，開始交互混淆。而生命的律則，生長、老衰、導向、與死亡，乃告紛紛地湧現出來。

從這一觀點看來，世界過程中的「不可逆性」，必定意味著歷史觀念的抬頭。「不可逆性」，不再代表**物理時間**t的表達，而是表現了真正的**歷史時間**，內在的經驗的**時間**。這與**命運**，是彼此認同為一的[29]。自然知識所表現的，批判性形式世界，是開始於與自然感受、上帝感受相反的方向，如今，在**文化**的後期時代終結時，它已抵達到最遠的距離，而開始折向回來。於是，越來越緊湊的事實，一件接一件地出現：動力學在接近到其目標時，已發揮盡它一切的內在可能潛力，而自然圖像中的歷史特性，乃決定性地浮顯出來：而**命運**的有機必然性，也不斷地強調了自身，與**因果**的無機必然性，相並而行，毫不遜色；**導向**的感受，更

---

29 因為熵只會增加不會減少，故而正對應於時間的歷程。於是可以說：我們對時間的度量，實際上即是朝向最終絕對平衡狀態進行的，一種狀態變遷的或然率，所作的度量。最近的發展，趨向於認為地球上的生命，整體而言，不受熵的運作所操縱，故而定性的假設與生物的理論，被引進於物理學之中，這實在是嚴格物理思考的一種犧牲。可以確定的是：「形式」的發展與第二定律並不衝突。宇宙中一切生命，不論宏大或渺小，皆可視為於原始的混沌與最終的凝聚之間，一種永遠變化的發展歷程。故而第二定律與「形式」發展，實遵循歷史世界的同一結構而來——原註。

已與純粹廣延的要素——容量與強度，互為長短，不相上下。這一過程的經過情形，已經由目前所有的科學上，大膽的假設，所顯現的外觀，明確地標示了出來。這些假設，都是同一類的心態，表面上，固然是由實驗的結果所導致的，而事實上，早在哥德式時代，浮士德的世界感受和神話，已在夢想這些假設的出現了。

最明顯的例證，莫過於「原子分裂」這一古怪的假設；原子分裂闡釋了放射性的現象，而根據放射現象，鈾原子雖在所有外力作用之下，猶能保持不變，達數百萬年之久。但是倏忽之間，沒有什麼確定的原因，卻告爆發，將其最小的微粒，散布於空間之中，而速度高達每秒數百萬呎。在放射性原子群中，只有一小撮能被命運所選中，而造成放射現象，其鄰接的原子，卻根本全不受到影響。故而，此處所呈現的，也是一種**歷史**的圖像，而不是「**自然**」圖像；雖然在這方面，統計學已證明為必要的學科，我們仍幾乎可以這樣說：在放射性原子中，數學的數字，已被編年的數字所取代了。[30]

有了這一些觀念，我們可以看出：浮士德靈魂中的神話創造能力，正在返回於其起源處。力，意志，都有一個目標，而一旦這目標已經達成，則靈魂的探索之眼，便告闔閉。油

30 事實上，將「生命期」的概念利用到元素中，便造成了元素「半衰期」（half—transformation times）的概念，例如：鐳的放射性半衰期為三點八五天——原註。

畫的透視法，利用其「消逝點」（vanishing point）所表達的；巴鏤克的公園，利用共「視景觀點」（point de vue）所表達的；以及解析學，利用其無窮數列的第n項所表達的——一言以蔽之，都是一種「**意志導向**」（willed directedness）——而到了此時，已經確定了觀念的形式。於是，「浮士德」劇本第二部中的浮士德，已將死亡，因為他已達到了他的目標。華格納「諸神的黃昏」（Götterdämmerung）一劇，表現了這一事實的古老的、非宗教的形式；而「熵」的理論，則顯示了它在今日的形式[31]。

31 今日，物理科學已經達到知識可能的極限，這一類的觀念，已經公開表述出來了。而如何克服困難，卻又眾說紛紜。科學家林德賽（R.B.Lindsay）一方面堅持在事象的本質之中，每一項度量本身即可能帶有錯誤，一方面又攻擊海森堡的「測不準原理」，認為由此導出的原理，是對知識作普遍的否定。維也納學派，則主張人的思考力，實是一種障礙，世界所呈現的面貌，只是因襲而來的，而因果的思想，只能由另一完全精確的思想形式來予以取代。終至，惠特克爵士（Sir E.Whittaker）提議：應用所謂的「無能律則」（Postulates of Impotence），這等律則在理論上的意義，即是認為：到了最後，物理學的每一枝節，都可如歐幾里得幾何一般，閉關自守，而無法會通。

這種爭論所透示的事態，史賓格勒較其同時的科學家們，預見得早。事實上，史賓格勒在熵的理論、與原子運動對物象的巨視狀態的相對關係中，所欲指出的觀念，已為今日的原子物理學家所追隨沿用。「熵」在因果律上，仍可推斷，可是量子力學中的要素，已不能用因果律來加以推衍。若是承認了物理學上決定性的破斷即將到來，則史賓格勒對未來趨向的診斷，就顯得更其重要。科學家魏塞克（Weizsäcker），對於他自己在「熵」方面的觀察，說了這樣的話：「思考物理學的物象，而不帶主觀的感覺，實在戛戛乎難。這一事實，已由原子物理學透示予我們。」以及：「古典物理學家想要獲知『存有本身』的形上希望，已經崩潰，今日的物理學，已強迫物理學家，把自己當作一個對象來思考。」——英譯者註。

最後階段：溶入於形態學關係系統之中

現在剩下的工作，是要描繪出西方科學的最後階段。從我們今日的觀點看來，日漸緩緩傾墜的沒落之路，已是明晰可見的了。

向前矌觀那不可避免的**命運**的能力，是歷史才能的一部分，而歷史的才能，乃是浮士德文化所特具的天賦。古典文化死亡了，如我們行將面臨的命運一樣，但它死得無知無覺。它相信一種永恆的**存有**，故而到了最後，它的日子過得非常地滿意，把每一天都看作是神所賜予的禮物。但是，我們自己知道我們的歷史。在我們的面前，所出現的，是一種最終的精神危機，行將席捲整個的西歐和美洲。它的過程究竟如何，後期的希臘歷史已經告訴了我們。**理性**的獨裁——我們並不意識到它的嚴重性，因為我們本身，正是它的最高峰——在每一個文化中，都代表了成人與老人之間那一段的時間，此外無他。而它最明顯的表達，即是對精確科學、對辯證法、對理論演證、對因果原則的崇拜。在古典文化中的愛奧尼克時代，以及我們文化中的巴鏤克時代，是理性上升的時刻。而現在的問題是：它下降的曲線，將表現為如何的形式？

我預言，就在這一世紀——相應於古典「亞歷山大城主義」的科學批判的世紀、偉大收穫的世紀、出現最終律則的世紀——一種感受的變遷，將會壓服了科學本身的勝利意志。精確科學，必然向它本身的利劍，發動攻擊。這是因為：首先，在十八世紀，科學的方法已經用盡；然後，在十九世紀，它的能力也告衰竭，而現在，它的歷史角色，已被加以批判地研究。但是，從懷疑論的立場看來，我發現還有一段通向「第二度宗教狂熱」的路途要走。然而，這已是**文化**的尾聲，而不是序幕了。在那時，人們不再需要證明，所希欲的，只是信仰，而不是解析，科學已完全沒有用武之地。

科學只存在於數代偉大學者的活思想之中，而書本如果不能活在人們身上，產生有力的影響，也就毫無價值可言了。科學的結果，只是一個心智傳統中的一些項目，故而長達兩世紀之久的，對精確科學成就的狂歡慶祝，不免帶來煩厭的感覺。古典科學的偉大世紀，是在亞里斯多德死後不久的西元前第三世紀；而等到阿基米德死亡，羅馬人登場的時候，便告走到了終點。我們的偉大時代，則在十九世紀，而才華煥發的學者，如高斯、洪保特（Humboldt）、漢姆荷茲等，到了一九〇〇年，已凋零殆盡。在物理學方面、化學方面、生物學方面、數學方面，諸偉大的宗匠均已死亡。我們正經驗著能力和成就，逐漸遞減的局面，只剩下一些落日餘輝中的拾穗者，在排列、收集、和結束科學的成果，一如羅馬時代的亞歷山大城學者那般。任何事物，只要不屬於生命之中實際的一面——諸如政治學、技術學、或經濟學——便都呈現出共同的徵象。

但是，在**文化**的幔幕落下之前，具有歷史才賦的浮士德精神，尚有一項工作可做，這是一項迄今從未做過、也從未有人以為是可能的工作。這即是：尚待寫下一種**包含各門精確科學的「形態學」**。這種「**形態學**」將要研究：所有的定律、概念、理論，如何內在地互相懸絞起來，而構成**文化**的諸般形式；而在浮士德文化的生命歷程中，它們所代表的意義，終竟是什麼?這就要把理論物理學、化學、數學，作為一些象徵的組合，而予以再處理——這將是以一種直觀的、再度宗教性的世界景觀，對機械的世界景觀，作確定性的征服；以一種最終而有效的觀相方法，將系統的方法擊潰壓服，並將之作為一種表達和象徵，而吸納於自己的領域之中。

終有一天，我們將不再如十九世紀那般，追問有關「化學親和力」、或者「物理反磁性」的真確定律，究是如何?甚至，我們將會驚異：第一流的心靈，何以竟曾被這一類的問題，完全縈繞住了?到那時候，我們所將追詰的，毋寧是：屬於浮士德精神的這些形式，是從何處來的?它們何以只專屬於這一個文化?我們所獲得的圖像，具有如此的外觀，其中是否有何深刻的意義?可以這樣說，我們今天甚至尚不曾覺知到：我們著名的「客觀」價值和經驗之中，有甚多的部分，只是形象的「裝束」（disguise），只是文化的意象和表達而已。

諸般分離的科學——知識論、物理學、化學、數學、天文學——正在加速地彼此趨近，而輻合於一種完全相同的結果之中去。這種科際輻合的主題，將是一種諸個**形式世界**之間的鎔合反應。在一方面，表現為一個數字的系統，本質上是函數性的，而被約簡為一些基本的公式；另一方面，則是一小組的定理，成為各種科學共同的分母。這些歸納的定則，最終可以看出來，是在現代掩幕覆蓋之下的，文化春天的神話。故而必然可以簡化為一些：可以用圖像來描摹、用觀相的方法來掌握的，深具象徵意義的基本性徵。這一輻合的現象，迄今還不能見諸行事，理由是因為，自從康德——事實上，自從萊布尼茲——以來，還沒有一個哲學家，能掌握所有的精確科學中的各項問題。

在五十年以前，化學的精華本質，不需要利用數學，就可以描述出來。而今天，化學的元素，已經逐漸變成了複變關係之中的數學常數。生理學變成了有機化學中的一章，而開始利用到極限微積分的方法。對知識論所作的最新的考察，已離不開高級的解析科學和理論物理學，而這些合起來，幾乎已成為一個無法企及的領域，例如，相對論的理論，就屬於這樣的一個領域之中。而輻射體的放射理論，所表達的符號語言，已經完全失去了可以感覺的具象形式，而剩下一大堆神乎其神的抽象符號。

化學一旦想要儘可能明銳直截地，界定元素的諸般性質——諸如化學價、原子量、親和力、反應性等等——之時，卻反而驅除了這些可以感覺的特徵。問題就出在元素的「**衰變**」（degradation）之上。元素在性質上的不同，是依其出自何種化合物而定，但它們本身，是不同的單元所構成的複合物，而構成元素的這些高級單元，本身實際上並不可分，但卻在放射性方面，呈現出深刻的差異。透過輻射能的放射現象，「衰變」不斷在進行之中，所以我們可以提到所謂元素的「**生命期**」（lifetime）。而這，便與元素的原始概念、以及由拉瓦錫（Lavoisier）所創造的，現代化學的精神，形成正面的衝突。所有這一些的傾向，使得化學的觀念，非常地接近於「熵」的理論，而暗示了**因果**與**命運**、**自然**與**歷史**的對立。它們指出了我們的科學，正在追求的道路是：——一方面，趨向於使邏輯與數字的結果，能與推理的結構，認同一致；而另一方面，卻趨向於呈現一項事實：即這個覆以數字外衣的全盤理論，本身只代表了浮士德生命的，一種象徵的表達。

到了此處，我們最後必須提到一項真正的浮士德型的理論——「集合論」。這是我們科學整個的形式世界之中，最有分量的理論之一。它與較早的數學，形成尖銳的對比；它不處理單純的數值，而只處理由所有的、具有特定的形態上相類性（morphological similarity）的數量（或物象），所構成的集合體，例如所有平方數的集合，或是某特定類型的所有微分方程式的集合。像這樣的集合，便是一種新的單元，一種新的較高等級的「數字」；而它的一些基準律則，也是全新的，迄今仍很難想像的，例如：「勢」（potency）、「次」（order）、

「對等」（equivalence）、「可算性」（computability）等[32]，並基於這些基準，而設定了一些定律和運算的方法。漸漸地，這集合的理論，吸收了我們整個的數學。到了現在，它已利用「群論」，處理了變數的函數特性；以及「集合論」，解決了變數的數值問題。數學的哲學（mathematical philosophy），已經發現到：這些對於數字的本質，所作的終極沉思，正在與對純粹邏輯方面的思考融合起來，而匯為一流；並且還討論到一種「邏輯的代數」的可能性問題。於是，對於幾何公設的研究，也變成了知識論中的一章[33]。

一切自然科學所追求的目標，每一位自然研究者心中的推動力，即是要獲致一種純粹的「數字超越」概念（numberical transcendence），而完全征服可見的外表；並以一種意象的語言，來取代現象的外觀。這種語言，是一般人不能領會的。也是感官認知不能達致的——但卻是浮士德文化那「無窮空間」的基本象徵，所賦予的內在而必然的語言。對這些最終的判

32 有理數的「集合」，是可算的（computable），實數的「集合」則否。複數的集合是二度集合，由此而有幾度集合的理論，而這也將幾何領域包攝入「集合論」之中——原註。

33 如今「次」（order）的概念，已發展至更遠的境界，尤其是在無窮集合的研究中，更是如此。固定的關係，例如：位置對周界的關係，已可認為是不變的。這些「次」的性質，轉入到新的系統之中，既非古典數學中的平面，也非連續體。這一新的數學流別，即是「拓樸學」（topology），而此等新知，史賓格勒當時不可能知道，可是他的結論，卻極為確切。事實上，拓樸學可以看作是數學運算的一種普遍形態學——英譯者註。

斷，發揮深刻的懷疑主義，便把我們文化的靈魂，重新與早期哥德式的宗教形式，聯接了起來。這是因為：無機的、已知的、解析的世界——即是**自然與系統**的世界——一直在向深處發展，直到它已成為，只剩下函數數字的純粹領域為止；但是，如我們已知的，數字是每一文化之中，最最基本的象徵。故而，通向純粹數字的道路，即是使覺醒意識，回返到它自身的秘密中去，呈現出它自己的形式必然性。一旦目的達成，則纏繞於自然科學周圍的龐大、陳舊、而無意義的結構，便告分崩離析。

這一種結構，無非只是「理性」的文字結構，自以為能夠征服表象，而抽取真理，可是，其現在這結構之下的，卻終究是一個文化最早期的、也最深刻的——**神話**、臨即的**生成變化過程**、**生命的本身**。科學越是自以為脫離了「人神同形」（anthropomorphic）的始源，便越是逃離不了「人神同形」的表現。科學在自然的圖像之中，一一驅除了不同的人為特徵，可是到了最後，它手中自以為是純粹的自然，卻其實是：——人性的本身，純粹而完整的人性。自然科學所代表的，本是一種「城市精神」（spirit of City），是非宗教的精神，它從哥德式的靈魂中，成長起來，終至籠蓋了整個宗教的世界圖像。但是如今，勝利的懷疑主義已經興起，而在科學時代的落日高暉中，雲彩已經消失，早晨的寂靜風景，已經再度出現，格外分明。

浮士德的智慧，所指向的最終課題——雖然它只能在其最高的時刻，才能看出這一課題

——是把一切的知識，融入於一個龐大的「形態學」關係系統之中。事實上，在意識、實質、形式語言各方面，**動力學**和**解析學**，其實與羅曼斯克的裝飾、哥德式的教堂、基督教——日耳曼的教條、以及中古王朝的國邦，是吻合一致的。它們所表出的，是**相同的世界感受**。它們的誕生、成長、老衰，都與浮士德文化相終始，它們使這一文化，在世界上、在空間中，上演了**一齣歷史的戲劇**。

統一諸種科學的觀點，而融合為一，將表現出偉大的對位法藝術的一切性徵。因為「無窮空間」的永恆音樂，正是浮士德的靈魂，深邃悠遠、永不止息的希祈之情；正如那秩序井然的、雕像形式的、歐幾里得的「宇宙」，是古典靈魂的最大滿足一樣。這一種科學的統一，是浮士德的靈魂，對世界的瞭解，所必將達臻的境界。緊隨在動態規制的因果律公式之後，它將發展成為一種單一的「**世界形變**」（world transforming）科學[34]。這將是浮士德的靈魂遺留給未來文化的靈魂的偉大遺產，是一種後代人很可能會忽視的，無限超越形式的遺贈。然後，經過了這一切的掙扎追尋之後，西方的科學精衰力竭了，它遂回返到它的精神故鄉之中。

34 即是指世界歷史的「形態學」觀念。

表一 各大文化相應的精神階段（Contemporary Spiritual Epochs）

約略年代	季節及階段	印度文化	古典文化	阿拉伯文化	西方文化
春季	鄉野直覺的靈魂，從睡夢中覺醒，凝成偉大的創造活動，超個人的統一和充實。				
○～二○○	1. 一個大風格的神話誕生，對神表現全新的熱忱，宇宙敬畏，人世熱情。	阿利安族英雄史詩	伊里亞得史詩	啟示錄	尼布龍之歌
二○○～六○○	2. 新世界觀早期的神秘與形上思想完成，經院主義之高峯。	吠陀經典	神譜學 宇宙開闢論	新柏拉圖主義三位一體之神學論爭	基督教經院哲學
夏季	日趨成熟的意識，早期城市的活躍與批判的運動。				
五五○～七五○	3. 宗數改革，內在的對過去春季成就的反抗。 4. 純粹哲學的世界觀出現；理想主義與現實主義之對抗。	奧義書	愛奧尼亞人哲學家	穆罕默德	文藝復興 宗教改革 馬丁路德 克倫威爾
六○○～八○○	5. 新的數學概念形成，宇宙形式與內容確定。 6. 清教思想：——理性主義與神秘主義開始下坡。	叢林哲學經典；幾何學大要	畢達哥拉斯 詭辯學派柏拉圖	迪迦法(Djafar)	布魯諾、哥白尼、加里略、刻卜勒、笛卡兒、牛頓、巴斯卡
秋季	城市的的智慧，純粹心智創造的最高峰。				
七五○～九○○	7. 啟蒙運動，理性萬能，對自然與理性之崇拜。 8. 數學思想的最高崇，數學的形式世界闡明無遺。 9. 偉大的成熟階段。	迦比羅，瑜珈	詭辯學派，蘇格拉底，德模克利特斯 阿基塔斯，柏拉圖 柏拉圖，亞理斯多德	阿凡西那(Aveicenna)	英國的理性派(洛克)、法國的百科全書派、服爾泰、盧梭 尤拉、拉格雷基、拉普拉斯 歌德、康德、黑格爾
冬季	大都市文明的早晨，精神創造力量的消失，生命本身成了問題，非宗教而反形上的國際主義，已表現在實際倫理方面。				
九○○～一四○○	10. 唯物主觀，科學崇拜，功利與繁榮。 11. 倫理性與社會性的思想，懷疑論。 12. 數學思想的完成，終結的開始。 13. 抽象思考墮落為職業性的課堂哲學，一切書籍的手冊化。 14. 「世界末日」思想的傳播。	釋迦牟尼 耆那教 佛教 佛教	伊比鳩學派 斯多噶學派 犬儒派 懷疑派 斯多噶學派 神秘派 伊比鳩學派	阿拉伯科學 阿弗羅士(Averroes) 阿爾迦西(Algazzi) 神秘派 奧瑪哈耶(Omar Khayam)	邊沁、孔德、達爾文、斯賓塞、馬克斯 叔本華、尼采、社會主義 華格納、無政府主義、易卜生、高斯、黎曼 康德派、邏輯學派、心理學派 一九○○年之後的倫理社會主義

表二 各大文化相應的文化階段（Cotemporary Cultural Epochs）

先文化時期：原始的表達形式混沌未開，神秘的象徵，淳樸的模仿。
文化：包括整個內在風格之形成的生命歷程，深邃的基本象徵，必然的形式語言。

約略年代	文化的階段	埃及文化	古典文化	阿拉伯文化	西方文化
文化早期	建築與裝飾，表達為年輕的、民族的世界感受之外在形式。				
〇~二〇〇	1.誕生與崛起，形式由母土之中迸躍而出，不自覺地形成了。	第四王朝	荷馬史詩中的阿加曼農時代	戴克里先時代	查里曼時代
二〇〇~四〇〇	2.早期形式語言之完成。	第六王朝	荷馬史詩中的奧迪賽時代	凱散匿王國時代	君主與教皇專政時代 哥德式建築
四〇〇~六〇〇	3.創造性可能潛力之衰竭，內在的矛盾出現。	第七至第九王朝	愛奧尼亞之商業城市	拜占庭時代	百年戰爭 薔薇戰爭
文化晚期	在藝術家的手中，形成都市中有意識的藝術。				
六〇〇~八〇〇	1.成熟的藝術處理方法之完成。	第十一至十二王朝	獨裁、民治、僭主政治	查士丁尼至哈路姆(Haroum)時代	中古王朝至路易十四
	2.心智化的形式語言，趨於完美。	第十三至十四王朝	社會革命	塞耳柱土耳其時代	法國革命
	3.嚴格的創造性之衰竭，偉大的形式之解消，風格之終結，「古典主義」與「浪漫主義」之出現。		希臘悲劇 雕塑藝術	阿拉伯式鑲嵌	拿破崙 文藝復興至巴鏤克時代 藍布朗、貝多芬、莫札特
文明時期	缺乏內在的形式，大都會的藝術變成了日常的瑣務，奢侈的運動，神經的刺激，花式的變幻、復古、胡混、模仿、剽竊。				
九〇〇~一一〇〇	1.「現代藝術」，「藝術問題」，竭力去描寫或鼓動大都會中雜居的意識。音樂、建築、繪畫，淪落為工藝性的技術。	希克索時代	大希臘風時代	巴格達回教時代	印象主義與華格納的音樂
一一〇〇~一二〇〇	2.形式發展的完全終止，無意識的、空虛的、人工的、矯飾的建築與裝飾。模仿古代的與異地的題旨。	第十八王朝	蘇拉至凱撒	撒拉森人的裝飾藝術	西元後二〇〇〇年
一二〇〇~一四〇〇	3.最後的一幕：形成一套固定的形式，淪為純粹的工藝技術。	第十九王朝	奧古斯都大帝	回教鄂圖曼土耳其時代	西元後二一〇〇年
一四〇〇以後	文化生命之終結，完全陷入於停滯。	西元前一一〇〇年	西元後一一〇〇年	西元後一四〇〇年	

表三　各大文化相應的政治階段（Contemporary Political Epochs）

先文化時期：原始人類、部族與首領，尚無「政治」與「國家」可言。
文化：確定的風格與獨特的世界感受，形成了不同的文化民族與「國家」，內在的理念發揮了作用。

約略年代	文化的階段	埃及文化	古典文化	中國文化	西方文化
文化早期	政治存有的有機體形成，貴族與僧侶兩大階級出現，封建經濟開始，純粹著重於耕地成土地的價值。				
○~二○○	1.封建初期，鄉土精神，「城市」作為交易中心，騎士與宗教，諸侯與君主。	第四王朝	荷馬史詩中的阿加曼農時代	早期周期：貴族封建	查理曼，神聖羅馬帝國，十字軍，教皇統治。
二○○~四○○	2.貴族國家的出現。	第六王朝	荷馬史詩中的奧迪賽時代	懿王，皇室缺位	地方諸侯，文藝復興時的大城市；一二五四年的皇室缺位。
四○○~六○○	3.封建後期	第七至第九王朝	愛奧尼亞之商業城市	晚周（西元前八○○~五○○）五霸，會盟	王室的家族權力及諸侯「食邑」，黎息留，華倫斯坦、克倫威爾。
文化晚期	成熟的國家觀念之實現，都市對抗鄉村，第三階級——市民興起，金錢邁向勝利，壓倒了土地的資產。				
六○○~八○○	1.嚴格形式的國家之形成，政黨鬥爭。 2.國家形式之高潮，城市與鄉村之統一。	第十一至十二王朝	獨裁政治、城邦民主、僭主政治。	春秋時代（西元前五九○~四八○）七國並立：國家狀態之出現。	哈布斯堡王朝，波本王朝，路易十四，腓特烈大帝。
八○○~九○○	3.國家形式之衰弛（革命與拿破崙主義），城市壓服了鄉村。	第十三至十四王朝	西元四世紀希臘社會革命	西元前四八○年，戰國開始；四四一年，周室滅亡，革命與混戰。	美國獨立，法國革命　拿破崙
文明時期	人民的團體，至此已在構造上，成為都市性格的樣態，解消為漫無形式的群眾，大都會與鄉野分離，第四階級——暴民崛起，這些人是無體制的，國際性的，世界性的。				
九○○~一一○○	第四階級之興起，金錢摧殘了民主，經濟的力量滲透了政治的形式與權力。	希克索時代	大希臘風時代	戰國到秦王嬴政的統一帝國	自拿破崙至第一次世界大戰，強權政治，帝國主義，獨裁巨頭之出現。
一一○○~一二○○	凱撒主義的形式，武力克服了金錢，政治形式趨於原始化，國家解離為一批無形式的人口，獨裁政體日趨野蠻。	第十八王朝	蘇拉至凱撒	秦；西漢；武帝	二○○○~二二○○
一二○○~一四○○	帝國時代，最後形式完成，「家天下」的政治；世界成為戰利品；一切文化僵化；野蠻及年輕民族開始劫掠「文明民族」及帝國本身；一切文明生活進入原始化的狀態。	第十九王朝	奧古斯都大帝	西元前二二五—二二○年：東漢五八—七一：明帝。	二二○○年以後
一四○○以後	文化生命之終結，完全陷入於停滯。				

風雲思潮

西方的沒落(上)形式與實際【全新譯校】

作者：〔德〕史賓格勒 Oswald Spengler
譯者：陳曉林
發行人：陳曉林
出版所：風雲時代出版股份有限公司
地址：10576台北市民生東路五段178號7樓之3
電話：(02) 2756-0949
傳真：(02) 2765-3799
執行主編：朱墨菲
美術設計：吳宗潔
業務總監：張瑋鳳

初版日期：1993年1月(桂冠)
最新版日期：2025年1月
ISBN：978-626-7510-18-6

風雲書網：http://www.eastbooks.com.tw
官方部落格：http://eastbooks.pixnet.net/blog
Facebook：http://www.facebook.com/h7560949
E-mail：h7560949@ms15.hinet.net
劃撥帳號：12043291
戶名：風雲時代出版股份有限公司

風雲發行所：33373桃園市龜山區公西村2鄰復興街304巷96號
電話：(03) 318-1378
傳真：(03) 318-1378
法律顧問：永然法律事務所 李永然律師
北辰著作權事務所 蕭雄淋律師

行政院新聞局局版台業字第3595號 營利事業統一編號22759935

國家圖書館出版品預行編目資料

西方的沒落 / 史賓格勒著；陳曉林譯. -- 初版. -- 臺北市：風雲時代出版股份有限公司, 2024.11 冊； 公分

ISBN 978-626-7510-18-6 (上冊：平裝)

1.CST: 西洋文化 2.CST: 文明史

740.3 113014232